KNAUR

Von Leigh Bardugo sind bereits folgende Titel im Knaur Verlag erschienen:

- Das Lied der Krähen
- Das Gold der Krähen

Über die Autorin:

Leigh Bardugo wurde in Jerusalem geboren und wuchs in Los Angeles auf. Nach Stationen im Journalismus und im Marketing kam sie schließlich als Special-Effects-Designerin zum Film. Leigh lebt und schreibt in Hollywood. Ihr Roman »Das Lied der Krähen« stand in den USA ein Jahr lang auf der *New York Times*-Bestsellerliste und wurde in 35 Länder verkauft.

Leigh Bardugo

Die Sprache der Dornen

Mitternachtsgeschichten

Ins Deutsche übertragen
von Michelle Gyo

Für Gamynne -
The Babe with the Power

Die amerikanische Originalausgabe erschien 2017
unter dem Titel »The Language Of Thorns« bei Imprint.

Besuchen Sie uns im Internet:
www.knaur.de

Facebook:
https://www.facebook.com/KnaurFantasy/

Instagram:
@KnaurFantasy

Deutsche Erstausgabe Oktober 2018

Ein Imprint der Verlagsgruppe Droemer Knaur GmbH & Co. KG, München

Redaktion: Catherine Beck
Covergestaltung: Guter Punkt, München
nach einem Originaldesign von Natalie C. Sousa
Karte Seite 282, 283: ©Keith Thompson
Satz: Nadine Clemens, München
Druck und Bindung: CPI books GmbH, Leck
ISBN 978-3-426-22679-7

2 4 5 3

Ayama und der Dornenwald

IN DEM JAHR, IN DEM DER SOMMER ZU LANGE BLIEB, lag die Hitze schwer wie ein Leichnam auf der Prärie. Das hohe Gras verbrannte unter der unbarmherzigen Sonne, und die Tiere fielen tot auf den ausgedörrten Feldern um. In diesem Jahr waren nur die Fliegen glücklich, und Sorgen kamen über die Königin des westlichen Tales.

Wir alle kennen die Geschichte, wie die Königin zur Königin wurde, wie sie trotz ihrer zerlumpten Kleider und ihrer niederen Stellung mit ihrer Schönheit die Aufmerksamkeit des jungen Prinzen auf sich zog, wie sie zum Palast gebracht wurde, wo man sie in Gold kleidete und ihr Haar mit Juwelen schmückte und alle vor dem Mädchen niederknien mussten, das nur Tage zuvor noch eine Dienstmagd gewesen war.

Das war, bevor der Prinz zum König wurde, als er noch wild und verwegen war und jeden Nachmittag auf dem roten Pony jagte, das er selbst zugeritten hatte. Er fand Freude daran, seinen Vater zu reizen, indem er sich eine Bauernbraut aussuchte, statt um eines politischen Bündnisses willen zu heiraten, und da seine Mutter schon lange tot war, fehlte ihm eine kluge Beraterin. Die Menschen waren von seinen Possen amüsiert und bezaubert von seiner lieblichen Frau, und für eine Zeit war das junge Paar es zufrieden. Seine Frau gebar ein pausbäckiges Prinzlein, das fröhlich in seinem Bettchen gluckste und mit jedem Tag mehr geliebt wurde.

Doch dann starb der alte König in dem Jahr des schrecklichen Sommers. Man krönte den verwegenen Prinzen, und als seine Königin rund wurde mit dem zweiten Kind, blieb der Regen aus. Der Fluss verbrannte und ließ eine ausgetrocknete Felsader zurück. Die Quellen füllten sich mit Staub.

Jeden Tag ging die schwangere Königin auf den Zinnen oben auf der Burg spazieren und betete, dass ihr Kind weise und stark und schön würde, doch am innigsten betete sie, dass ein freundlicher Wind ihre Haut kühlte und ihr etwas Erleichterung verschaffte.

In der Nacht, in der ihr zweiter Sohn geboren wurde, stieg der Vollmond braun wie alter Grind am Himmel auf. Präriewölfe umringten den Palast, heulten und kratzten an den Mauern und rissen dem Wächter, den man schickte, sie zu vertreiben, die Innereien heraus. Ihr wildes Geheul übertönte die Schreie der Königin, als diese auf die Kreatur herabsah, die kreischend aus ihrem Schoß geglitten war. Dieser kleine Prinz hatte zwar annähernd die Gestalt eines Jungen, doch sah er mehr wie ein Wolf aus, der Körper von glänzendem schwarzem Fell bedeckt vom Scheitel bis zu den Füßen, an denen Krallen saßen. Seine Augen waren rot wie Blut, und die Stummel zweier knospender Hörner ragten aus seinem Kopf hervor.

Der König wollte keinen Präzedenzfall schaffen, indem er begann, Prinzen zu töten, doch eine solche Kreatur konnte man nicht im Palast aufziehen. Also wandte er sich an seine klügsten Berater und besten Ingenieure, die ein weites Labyrinth unter dem königlichen Anwesen erbauen ließen. Es erstreckte sich über viele Meilen, bis hinab zum Marktplatz, und schlängelte sich dabei immer und immer wieder hin und her. Es dauerte Jahre, bis das Labyrinth vollendet war, und die Hälfte der Arbeiter, die man mit seiner Erbauung betraute, verlor sich in seinen Mauern, und man hörte niemals wieder von ihnen. Als es fertig war, nahm der König seinen mons-

trösen Sohn aus dem Käfig in der königlichen Kinderstube und ließ ihn in das Labyrinth bringen, damit er seine Mutter und das Königreich nicht mehr plagte.

In dem Sommer, in dem das Biest geboren wurde, kam ein weiteres Kind zur Welt. Kima wurde in eine sehr viel ärmere Familie geboren, eine, die kaum genug Land besaß, um sich davon zu ernähren. Doch als dieses Kind seinen ersten Atemzug tat, da schrie es nicht, sondern es sang, und in diesem Moment öffnete sich der Himmel, und der Regen fiel, und die lange Dürre war endlich vorbei.

Die Welt ergrünte an diesem Tag, und man sagte, dass, wo auch immer Kima ging, man den süßen Duft von neuem Leben roch. Sie war groß und schlank wie eine junge Linde, und sie bewegte sich mit einer Anmut, die beinahe beunruhigend war – als ob sie jederzeit davongeblasen werden könnte, so leichtfüßig war sie. Sie hatte glatte Haut, die braun leuchtete wie die Berge in der honigsüßen Stunde, bevor die Sonne unterging, und sie trug ihr Haar offen – eine schwere Gloriole aus schwarzen Locken, die ihr Gesicht umrahmten wie eine Blume, die erblühte.

Niemand in der Stadt konnte bestreiten, dass Kimas Eltern gesegnet worden waren mit ihrer Geburt, denn sie war gewiss dazu bestimmt, einen reichen Mann zu heiraten – vielleicht sogar einen Prinzen – und ihnen so Glück zu bringen. Doch dann, kaum ein Jahr später, kam ihre zweite Tochter auf die Welt, und die Götter lachten. Denn als dieses neue Kind aufwuchs, wurde bald deutlich, dass ihm all die Gaben fehlten, die Kima in solchem Überfluss besaß. Ayama war ungeschickt und ließ häufig Dinge fallen. Ihr Körper war robust und plattfüßig, klein und rund wie ein Bierkrug. Kimas Stimme war sanft und so beruhigend wie der Regen, während das grelle Licht der Mittagsstunde einen zu blenden schien, sodass man zusammenzuckte und sich abwandte, wenn Ayama sprach. Vor Scham baten Ayamas Eltern ihre zweite Tochter, weniger zu sprechen. Sie behielten sie drinnen, beschäftigten sie mit Hausarbeiten und erlaubten ihr den langen Gang zum Fluss und zurück nur, um die Kleider zu waschen.

Damit Kimas Ruhe ungestört blieb, richteten die Eltern auf den warmen Steinen der Herdstelle in der Küche ein Lager für Ayama her. Ihre Zöpfe wurden unordentlich, und ihre Haut sog die Asche auf. Bald war sie weniger braun als grau, und sie schlich scheu von Schatten zu Schatten, immer in der Sorge, Anstoß zu erregen, und mit der Zeit vergaßen die Menschen, dass es zwei Töchter im Haus gab, und man hielt Ayama für eine Dienstmagd.

Kima versuchte oft, mit ihrer Schwester zu reden, doch man bereitete sie darauf vor, die Braut eines reichen Mannes zu werden, und sobald sie sich Ayama in der Küche näherte, rief man sie fort zur Schule oder zu ihren Tanzstunden. Am Tag arbeitete Ayama schweigend, und in der Nacht schlich sie an Kimas Bett, hielt ihrer Schwester Hand, lauschte ihrer Großmutter, die Geschichten erzählte, und ließ sich vom Knarzen von Ma Zils uralter Stimme einlullen. Waren die Kerzen niedrig gebrannt, stocherte Ma Zil mit ihrem Stock nach Ayama und sagte ihr, dass sie zurück an das Herdfeuer gehen sollte, bevor ihre Eltern erwachten und merkten, dass sie ihre Schwester störte.

So ging es eine lange Zeit. Ayama plagte sich in der Küche, Kima wurde immer schöner, die Königin zog ihren menschlichen Sohn im Palast an der Klippe auf und tat ihm spät in der Nacht Wolle in die Ohren, wenn das Heulen seines jüngeren Bruders tief unter ihnen zu hören war. Der König führte einen scheiternden Krieg im Osten. Die Menschen murrten, als er ihnen neue Steuern auferlegte oder ihnen die Söhne nahm, damit sie Soldaten wurden. Sie beschwerten sich über das Wetter. Sie hofften auf Regen.

Dann, an einem klaren und sonnigen Morgen, erwachte die Stadt vom Grollen des Donners. Nicht eine Wolke war am Himmel zu sehen, doch das Geräusch ließ die Dachziegel beben, und ein alter Mann torkelte in einen Graben, wo er zwei Stunden ausharrte, bevor ihn seine Söhne herausfischten. Da wusste man bereits, dass kein Sturm den schrecklichen Lärm verursacht hatte. Das Biest war aus dem Labyrinth entkommen, und sein Brüllen war von den Talwänden widergehallt und hatte die Berge beben lassen.

Jetzt hörten die Menschen auf, sich wegen der Steuern und der Ernten und dem Krieg zu sorgen, und sie sorgten sich stattdessen, dass es sie aus den Betten holen und fressen würde. Sie verriegelten die Türen und schärften die Messer. Sie behielten ihre Kinder drinnen und ließen ihre Laternen die ganze Nacht lang brennen.

Doch niemand kann für immer in Angst leben, und als die Tage ohne Zwischenfälle vergingen, begannen die Menschen sich zu fragen, ob das Biest ihnen vielleicht einen Gefallen getan und ein anderes Tal gefunden hatte, um dieses zu terrorisieren. Dann ritt Bolan Bedi los, um sich um seine Herden zu kümmern, und er fand sein Vieh abgeschlachtet im Gras auf den westlichen Feldern, die rot von Blut getränkt waren – und er war nicht der Einzige. Die Nachricht von dem Gemetzel verbreitete sich, und Ayamas Vater ging ebenfalls hinaus zu den weit entfernt liegenden Weiden. Er kehrte zurück und erzählte schaurige Geschichten, von neugeborenen Kälbchen, denen der Kopf abgerissen worden war, und Schafen, von der Kehle bis zur Leiste aufgeschlitzt, deren Wolle die Farbe von Rost hatte. Nur das Biest konnte eine solche Zerstörung in einer einzigen Nacht angerichtet haben.

Die Menschen des westlichen Tales hatten ihren König nie für einen Helden gehalten wegen seiner Kriege, die er verlor, seiner Bauernbraut und seinem Gefallen an Annehmlichkeiten. Doch als er jetzt das Kommando übernahm und schwor, das Tal zu beschützen und sich ein für alle Mal um seinen monströsen Sohn zu kümmern, da waren sie voller Stolz. Der König versammelte eine große Jagdgesellschaft, die in die wilden Lande reiste, in denen das Biest laut den Ratgebern vermutlich Zuflucht gesucht hatte, und seiner eigenen königlichen Garde befahl er, als Eskorte zu dienen. Die Hauptstraße marschierten sie hinab, einhundert Soldaten, die mit ihren Stiefeln den Staub aufwirbelten, angeführt von ihrem Hauptmann, dessen bronzefarbenen Handschuhe in der Sonne glänzten. Ayama stand hinter dem Küchenfenster und sah ihnen zu, als sie vorbeizogen, und sie bewunderte ihren Mut.

Am nächsten Morgen, als die Dorfbewohner zum Marktplatz kamen, um den Handel aufzunehmen, bot sich ihnen ein grauenhafter Anblick: Die Knochen von einhundert

Männern waren wie Treibholz neben dem Brunnen in der Mitte des Platzes aufgetürmt – und obenauf die bronzenen Handschuhe des Hauptmannes des Königs, die in der Sonne glänzten.

Die Menschen weinten und zitterten. Jemand musste sie und ihre Herden beschützen. Konnte kein Soldat das Biest erschlagen, so musste der König einen Weg finden, seinen jüngeren Sohn zu besänftigen. Der König befahl seinen klügsten Ministern, in die wilden Lande zu reisen und einen Frieden mit dem Monster auszuhandeln. Die Minister stimmten zu, gingen, ihre Taschen zu packen, und rannten dann so schnell sie konnten aus dem Tal und wurden niemals mehr gesehen. Der König konnte keinen finden, der mutig genug war, in die wilden Lande zu reisen und in seinem Namen zu verhandeln. In seiner Verzweiflung bot er jedem drei Truhen Gold und dreißig Ballen Seide, der mutig genug war, als sein Gesandter zu dienen, und in dieser Nacht wurde viel geredet in den Häusern des Tales.

»Wir sollten diesen Ort verlassen«, sagte Ayamas Vater, als sich seine Familie zum abendlichen Mahl versammelte. »Habt ihr die Knochen gesehen? Wenn der König keinen Weg findet, das Monster zu beschwichtigen, wird es ohne Zweifel hierherkommen und uns alle verschlingen.«

Ayamas Mutter stimmte ihm zu. »Wir werden nach Osten reisen und uns ein neues Heim an der Küste schaffen.«

Ma Zil saß auf ihrem niedrigen Hocker am Feuer und kaute auf einem Blatt Jurda. Die alte Großmutter verspürte nicht den Wunsch, eine so lange Reise zu machen. »Schickt Ayama«, sagte sie und spuckte ins Feuer.

Lange herrschte Schweigen, während die Flammen zischten und knisterten. Trotz der Hitze vom Kochfeuer, an dem Ayama stand und die Hirse röstete, erschauderte Ayama.

Fast als wäre es ihre Aufgabe, dem zu widersprechen, sagte Ayamas Mutter: »Nein, nein. Ayama ist ein schwieriges Mädchen, aber nichtsdestotrotz ist sie meine Tochter. Wir werden ans Meer gehen.«

»Außerdem«, sagte ihr Vater, »sieh dir nur ihren schmutzigen Kittel an und die unordentlichen Zöpfe. Wer würde glauben, dass Ayama ein königlicher Gesandter sein könnte? Das Biest würde sie aus den wilden Landen verlachen.«

Ayama wusste nicht, ob Monster lachen konnten, doch sie hatte keine Zeit, darüber nachzudenken, denn Ma Zil spuckte erneut ins Feuer.

»Er ist ein Biest«, sagte die alte Frau. »Was weiß er schon von feinen Kleidern oder hübschen Gesichtern? Ayama wird des Königs Gesandte sein. Wir werden reich, und Kima wird sich einen besseren Ehemann suchen können, um für uns alle zu sorgen.«

»Doch was, wenn das Biest sie frisst?«, fragte die freundliche Kima mit Tränen in den lieblichen Augen.

Ayama war ihrer Schwester dankbar, denn obwohl sie verzweifelt dem Plan ihrer Großmutter widersprechen wollte, so hatten ihre Eltern ihr doch so lange beigebracht, den Mund zu halten, dass ihr das Sprechen nicht leichtfiel.

Ma Zil wischte Kimas Worte mit einer Geste beiseite. »Dann singen wir ihr ein Knochenlied, und wir werden dennoch reich sein.«

Ayamas Eltern sagten nichts, doch sie erwiderten ih-

ren Blick nicht, und ihre Gedanken wandten sich bereits den Truhen königlichen Goldes zu.

In dieser Nacht wälzte sich Ayama unruhig auf den harten Steinen des Herdes und konnte aus Angst nicht schlafen, als Ma Zil zu ihr kam und eine schwielige Hand an ihre Wange legte.

»Mach dir keine Gedanken«, sagte sie. »Ich weiß, dass du Angst hast, doch nachdem du des Königs Belohnung verdient hast, wirst du eigene Diener haben. Du wirst niemals mehr einen Boden schrubben oder einen Eintopf aus einem alten Topf kratzen müssen. Du wirst blaue Sommerseide tragen und weiße Nektarinen essen und in einem richtigen Bett schlafen.«

Ayamas Stirn war immer noch vor Sorge gefurcht, und so sagte ihre Großmutter: »Komm schon, Ayama. Du weißt, wie die Geschichten gehen. Die spannenden Dinge widerfahren nur den hübschen Mädchen; du wirst bei Sonnenuntergang wieder zu Hause sein.«

Dieser Gedanke tröstete Ayama, und als Ma Zil ihr ein Schlaflied sang, träumte sie und schnarchte laut – denn im Schlaf konnte niemand ihre Stimme zum Schweigen bringen.

Ayamas Vater schickte eine Botschaft zum König, und obwohl viel darüber gespottet wurde, dass ein solches Mädchen die Aufgabe übernehmen sollte, so hatte der König doch als einzige Bedingung an seinen Boten, dass er Mut hätte. Also wurde Ayama des Königs Gesandte, und man hieß sie, in die wilden Lande zu reisen, das Biest zu finden und seine Forderungen anzuhören.

Ayamas Haar wurde geölt und frisch geflochten. Sie bekam eines von Kimas Kleidern, das ihr überall zu eng war und kürzer gemacht werden musste, damit es nicht durch den Staub schleifte. Ma Zil band eine himmelblaue Schürze um die Taille ihrer Enkeltochter und setzte ihr einen großen Hut mit einem Band aus rotem Mohn auf den Kopf. Ayama steckte eine kleine Axt, die sie zum Holzhacken benutzte, in die Tasche ihrer Schürze, zusammen mit einem trockenen Einsiedlerkuchen und einem Kupferbecher zum Trinken – falls sie so viel Glück hätte, Wasser zu finden.

Die Dorfleute jammerten und tupften sich die Augen und sagten Ayamas Eltern, wie tapfer sie doch wären, und sie bestaunten, wie fein Kima aussah trotz ihrer tränenbefleckten Wangen. Dann kümmerten sie sich wieder um ihre Angelegenheiten, und Ayama ging davon in die wilden Lande.

Man kann wohl sagen, dass Ayama ein wenig niedergeschlagen war. Wie sollte sie das auch nicht, wo doch ihre Familie sie aussandte, zu sterben für ein wenig Gold und eine gute Ehe für ihre Schwester? Doch sie liebte Kima, die Ayama kleine Stückchen Honigwaben zusteckte, wenn ihre Eltern nicht hinsahen, und die ihr die neuesten Tänze beibrachte. Ayama wünschte sich, dass ihre Schwester alles bekam, was sie auf dieser Welt wollte.

Und in Wahrheit tat es ihr sogar nicht allzu sehr leid, von zu Hause fort zu sein. Jemand anderes würde nun die Kleider zum Fluss schleppen müssen, um sie zu waschen, die Böden schrubben, das abendliche Mahl zubereiten, die Hühner füttern, sich um das Flicken kümmern und die Reste des Eintopfs aus dem Topf kratzen.

Nun, dachte sie, denn sie hatte gelernt, still zu sein, selbst wenn sie allein war. *Immerhin muss ich heute nicht arbeiten, und ich werde etwas Neues sehen, bevor ich sterbe.* Und obwohl die Sonne gnadenlos auf ihren Rücken herabbrannte, ließ allein dieser Gedanke sie mit fröhlicherem Schritt vorangehen.

Ihre Freude hielt nicht lange an. Die wilden Lande waren bloß vertrocknetes Gras und ödes Gestrüpp. Kein Insekt summte. Kein Schatten unterbrach das unerbittliche, grelle Licht. Schweiß durchnässte den Stoff von Ayamas zu engem Kleid, und ihre Füße fühlten sich in den Schuhen an wie aufgeheizte Backsteine. Sie erschauderte, als sie die ausgebleichten Knochen eines Pferdekadavers erblickte, doch nach einer weiteren Stunde freute sie sich über einen sauberen weißen Schädel oder die Knochen eines Brustkorbs, aufgefächert wie der Anfang eines geflochtenen Korbs. Sie zerrissen die Eintönigkeit und waren ein Zeichen dafür, dass etwas hier überlebt hatte, wenn auch nur für eine Weile.

Vielleicht, so dachte sie, *falle ich einfach tot um, bevor ich das Biest finde, und dann habe ich überhaupt nichts zu befürchten.* Doch nach einiger Zeit sah sie eine schwarze Linie am Horizont, und als sie näher kam, erkannte sie, dass sie einen schattigen Wald erreicht hatte. Die Grauborkenbäume waren hoch, und das dornenbedeckte Gestrüpp dazwischen so dicht, dass Ayama nichts als Dunkelheit erkennen konnte. Sie wusste, dass sie hier den Sohn des Königs finden würde.

Ayama zögerte. Sie mochte nicht daran denken, was sie in dem Dornenwald erwartete. Ihr letzter Atemzug konnte nur Minuten entfernt sein. *Wenigstens wirst du ihn im Schatten tun,* überlegte sie sich. *Und wirklich, ist denn der Wald so viel schlimmer als ein Garten, der von Stacheln überwuchert ist? Es ist vermutlich sehr trist dort drinnen, und es wird mich nur anöden.* Sie zog Ma Zils Versprechen um sich wie eine Rüstung, erinnerte sich daran, dass sie nicht für Abenteuer bestimmt war, und fand eine Lücke in den eisernen Schlingpflanzen, durch die sie schlüpfte und zischte, als die Dornen in ihre Arme stachen und ihre Hände aufrissen.

Mit zitternden Beinen durchschritt Ayama das Dickicht und ging in den Wald. Sie fand sich in Dunkelheit. Ihr Herz raste und klopfte, und sie wollte sich umdrehen und davonlaufen, doch sie hatte einen großen Teil ihres Lebens in den Schatten verbracht, und so kannte sie diese gut. Sie zwang sich dazu, still stehen zu bleiben, während der Schweiß auf ihrer Haut kühlte. Nach ein paar Minuten stellte sie fest, dass der Wald nur im Vergleich mit der Helligkeit der wilden Lande, die sie hinter sich zurückgelassen hatte, dunkel war.

Als ihre Augen sich daran gewöhnt hatten, fragte Ayama sich, ob die Hitze ihr vielleicht den Geist verwirrt hatte. Der Wald war von Sternen erhellt – obwohl sie sehr gut wusste, dass es mitten am Tag war. Die hohen Äste der Bäume waren schwarze Umrisse vor dem leuchtenden Blau des dämmrigen Abendhimmels, und überall, wo Ayama hinblickte, sah sie weiße Quittenblüten, die sich in den stachligen Büschen sammelten. Nur Augenblicke zuvor war da noch nichts als Dornen gewesen. Sie hörte den süßen Ruf der Nachtvögel und die durchdringende Musik der Grillen – und von irgendwoher das Gemurmel von Wasser, auch wenn sie sich sagte, dass das unmöglich war. Das Licht der

Sterne fing sich auf jedem Blatt und Kiesel, sodass die Welt um sie herum silbern zu glühen schien. Sie wusste, dass sie wachsam bleiben musste, doch sie konnte nicht widerstehen, streifte die Schuhe ab und spürte den Boden kühl und moosig unter ihren schmerzenden Füßen.

Sie zwang sich, die Zuflucht des Dickichts hinter sich zu lassen und loszulaufen. Nach einer Weile kam sie an die Ufer eines Flusses, dessen Oberfläche so hell glänzte vom Sternenlicht, dass es aussah, als hätte jemand dem Mond die Rinde abgezogen wie einer Frucht und sie in glänzenden Bändern auf den Waldboden gebreitet. Ayama folgte dem gewundenen Pfad tiefer und tiefer in den Wald hinein, bis sie endlich eine stille Lichtung erreichte. Hier sprühten die Bäume vor Glühwürmchen, und der Himmel war so lila wie eine reife Pflaume. Sie hatte das Herz des Waldes erreicht.

Der Fluss speiste einen großen Teich, der von Farnen und glatten Steinen gesäumt war, und als Ayama das klare, süße Wasser sah, musste sie einfach darauf zulaufen und sich niederknien. Die Mohnblumen auf ihrem Hut waren längst verwelkt, und ihre Kehle war so trocken wie alte Getreidespelzen. Sie zog den kleinen Kupferbecher aus der Schürze und tauchte ihn ins Wasser, doch als sie ihn an die Lippen führen wollte, um zu trinken, hörte sie ein donnerndes Grollen und spürte, wie ihr der Becher aus der Hand geschlagen wurde. Er segelte über die Lichtung, und Ayama stürzte beinahe kopfüber in den Teich.

»Dummes Mädchen!«, sagte eine Stimme, die wie eine Lawine grollend von dem Berg widerhallte. »Willst du zum Monster werden?«

Ayama duckte sich ins Gras, die Hände auf den Mund gepresst, um den Schrei zurückzuhalten, der ihr zu entgleiten drohte. Sie spürte mehr, als dass sie sah, wie die gewaltige Gestalt des Monsters in der Dunkelheit hin und her schlich.

»Antworte mir«, forderte er.

Ayama schüttelte den Kopf und fand irgendwie ihre Stimme, obwohl sie in ihren Ohren so brüchig wie Kreide klang. »Ich war nur durstig«, sagte sie.

Sie hörte ein scharfes Knurren und spürte, wie der Boden erzitterte, als das Biest auf sie zukam. Er stellte sich auf die Hinterbeine und ragte hoch über ihr auf, verdrängte die Sterne. Er hatte den Körper eines schwarzen Wolfes und doch die Haltung eines Menschen. Um das dicke Fell am Kragen trug er eine Schleife aus Gold mit Rubinen, und die gedrehten Hörner, die aus seinem Kopf wuchsen, waren mit Rillen markiert, die glühten, als erhellte ein geheimes Feuer sie von innen. Doch am furchterregendsten waren seine schimmernden roten Augen und die Schnauze mit den scharfen Zähnen, die sich hungrig vorreckte.

Ayamas Gedanken füllten sich mit dem Gerede, das seine Geburt begleitet hatte. Bei welchem Biest hatte die Königin gelegen, um ein solches Monster zu schaffen? Was hatte der König getan, dass ihn ein solcher Fluch ereilte? Das Monster ragte über ihr auf wie ein Bär, der bereit war, zuzuschlagen.

Eine Waffe!, dachte sie und zog die Axt aus ihrer Schürze.

Doch das Biest lächelte nur – es gab kein anderes Wort dafür, seine Lippen zogen sich zurück und enthüllten schwarzes Zahnfleisch und die schrecklichen Spitzen seiner langen Zähne.

»Schlag zu«, forderte er sie heraus. »Hack mich in Stücke.«

Bevor Ayama auch nur darüber nachdenken konnte, der Aufforderung nachzukommen, riss er ihr mit einer Pfote mit großen Klauen die Axt aus den Händen und zog sich die Klinge über die Brust. Sie hinterließ kein Mal. »Keine Klinge kann meine Haut durchdringen. Glaubst du, mein Vater hätte das nicht versucht?«

Das Monster senkte den riesigen Kopf und schnüffelte ausgiebig an Ayamas Hals, dann schnaubte es. »Er schickt eine Bäuerin, bedeckt mit Asche und dem Gestank nach Küchenfeuer. Du taugst nicht einmal zum Essen. Vielleicht werde ich dich häuten und den anderen Tieren des Dornenwaldes vorwerfen, um sie mit dieser Beleidigung herauszufordern.«

Ayama hatte sich daran gewöhnt, beleidigt zu werden, so sehr, dass sie es kaum noch bemerkte. Doch sie war elend müde und elend wund und so verängstigt, dass sogar die Knochen in ihrem Leib zitterten. Vielleicht war das der Grund, der sie aufstehen, den Mund öffnen und mit der durchdringenden Stimme, die ihre Eltern so quälte, bitter verkünden ließ: »So viel zu dem furchterregenden Biest. Seine schwachen Zähne brauchen wohl weiche Fräulein.«

Ayama wollte die Worte zurückholen, doch das Biest lachte nur, und dieser so menschliche Laut, der aus dem so monströsen Körper drang, sorgte dafür, dass sich die Haare auf Ayamas Armen sträubten.

»Du bist so dornig wie der Wald«, sagte er. »Sag mir, warum befiehlt der König einer stummeligen kleinen Dienstmagd, mich zu belästigen?«

»Der König wählte mich, damit …«

In einem Atemzug verschwand die Heiterkeit des Biestes. Er warf den Kopf zurück und heulte auf, der Klang ließ die Blätter an den Bäumen zittern, und weiße und rosafarbene Blütenblätter wirbelten von den Ästen. Ayama stolperte zurück und bedeckte den Kopf mit den Armen, so als könnte sie sich darunter verstecken. Doch das Biest beugte sich so weit herab, dass sie den seltsamen Tiergeruch seines Felles roch und den warmen Schwall seines Atems spürte, als er sprach.

»Es gibt nur eine Regel in meinem Wald«, knurrte er. »Sprich die Wahrheit.«

Ayama dachte daran, ihm ihre Familie und das Angebot mit den Truhen voll Gold und die Ballen mit Seide zu erklären, doch die Wahrheit war noch viel einfacher. »Niemand sonst wollte kommen.«

»Nicht des Königs mutige Soldaten?«

Sie schüttelte den Kopf.

»Nicht der perfekte Menschenprinz?«, fragte er.

»Nein.«

Das Lachen des Biestes erklang erneut, und es war, als könnte Ayama das Knirschen von Knochen in seinem Echo hören.

Doch jetzt, da sie ihre Stimme wiedergefunden hatte, stellte Ayama fest, dass sie sie gern benutzte. Sie hatte nicht Meilen voll Durst und Langeweile und Blasen an den Füßen ertragen, um sich auslachen zu lassen. Also schob sie die Angst beiseite, sammelte ihren Mut, stellte ihre platten Füße fest auf den Boden und schmetterte klar und durchdringend wie eine Trompete: »Man sandte mich, dich zu bitten, unsere Herden nicht mehr abzuschlachten.«

Das Biest hörte auf zu lachen. »Warum sollte ich das tun?«

»Weil wir hungrig sind!«

»Was kümmert mich euer Hunger?«, knurrte er und lief auf der Lichtung hin und her. »Habt ihr euch um meinen schmerzenden Bauch geschert, als ich ein Kind war, das man allein in einem Labyrinth gelassen hatte? Hast du da diese laute Stimme dazu benutzt, den König um Gnade zu bitten, kleine Botin?«

Ayama wickelte die Bänder ihrer Schürze um die Finger. Sie war zu dieser Zeit selbst nur ein Kind gewesen, doch es stimmte, sie hatte nie gehört, dass ihre Eltern oder ein anderer Bewohner des Tales ein mitfühlendes Wort für das Biest übriggehabt hätten.

»Nein«, sagte das Monster und beantwortete so seine eigene Frage. »Das hast du nicht. Soll der gute König euch mit seinen königlichen Herden füttern, wenn er sich so um seine Leute sorgt.«

Es war möglich, dass der König genau das tun sollte, doch es war nicht an Ayama, das zu sagen. »Ich wurde gesandt, um mit dir zu verhandeln.«

»Der König hat nichts, das ich will.«

»Dann möchtest du deine Gnade vielleicht aus freien Stücken geben.«

»Mein Vater lehrte mich keine Gnade.«

»Und kannst du sie nicht lernen?«

Das Biest hielt in seinem Herumstreifen inne und wandte sich sehr langsam zu Ayama um, die ihr Bestes tat, nicht zu zittern, selbst als der Blick seiner blutroten Augen sich auf sie richtete. Sein Lächeln war listig.

»Ich habe ein Angebot für dich, kleine Botin, nicht für den König. Erzähl mir eine Geschichte, die mich etwas anderes spüren lässt als Wut, und wenn du das schaffst, lasse ich dich vielleicht am Leben.«

Ayama wusste nicht, was sie mit diesem Angebot anfangen sollte. Es konnte ein Trick sein oder einfach eine unmögliche Aufgabe. Das Biest war vielleicht in großzügiger Stimmung oder satt nach seinem letzten Mahl, und nun suchte es nach ein wenig müßiger Unterhaltung. Dann wiederum hatte Ayama einen großen Teil ihres Lebens damit verbracht, nicht zu sprechen oder angesprochen zu werden. Sie dachte, dass es auch durchaus möglich war, dass sich das Biest einfach nach einer Unterhaltung sehnte.

Sie räusperte sich. »Und du wirst dann aufhören, unsere Herden heimzusuchen?«

Das Biest schnaubte. »Wenn du mich nicht langweilst. Aber du langweilst mich bereits.«

Ayama holte tief Luft, um sich zu beruhigen. Es war sehr schwer zu denken, während eine solche Kreatur über ihr aufragte.

»Würdest du dich hinsetzen?«, bat sie.

Das Biest grollte, doch es gehorchte und ließ sich neben dem Wasser nieder, und der dumpfe Aufprall schreckte die Vögel aus den dunklen Bäumen auf.

Ayama setzte sich ein gutes Stück entfernt auf den Boden, zupfte die Schürze zurecht und zog die Schuhe wieder an. Sie schloss die Augen, um den Anblick des Biestes auszusperren, das sich neben dem Wasser zusammengerollt hatte und sich bereits die Lippen leckte.

»Du schindest Zeit«, sagte er.

»Ich will nur sichergehen, dass ich die Geschichte richtig erzähle.«

Er lachte ein leises, hässliches Lachen. »Sprich die Wahrheit, kleine Botin.«

Ayama zitterte, denn sie war nicht sicher, welche von Ma Zils Geschichten wahr waren und welche falsch. Außerdem machte es ihr die Aussicht auf den Tod schwer, überhaupt irgendetwas zu denken. Doch nur, weil sonst niemand Ayama zuhörte, bedeutete es nicht, dass sie nichts zu sagen hatte. Tatsächlich hatte sie viel zu sagen. Und wenn es wahr war, dass es dem Biest gefiel, wenn man mit ihm sprach, dann war es vielleicht auch wahr, dass es Ayama gefiel, wenn man ihr zuhörte.

DIE ERSTE GESCHICHTE

»Es war einmal ein Junge, der aß und aß, doch er wurde nicht satt. Er verschlang ganze Gänsescharen, ohne sie vorher von den Federn zu befreien. Er trank ganze Seen, schluckte alle Fische darin und spie nur die Steine aus. Er füllte sich den Mund mit einem Dutzend Eier in einem einzigen Bissen, dann briet er eintausend Rinderköpfe auf eintausend Spießen und aß einen nach dem anderen auf und hielt nur inne, um ein kurzes Nickerchen zu machen. Und doch erwachte er mit einem hungrigen Grollen in seinem Magen. Er verschlang ganze Mais- und Getreidefelder, und doch war er so ausgehungert wie zu Beginn, wenn er die letzte Reihe erreichte.

Dieser Hunger machte ihn ganz elend, denn er war immer

bei ihm, ein schreckliches Loch, und manchmal schien es so groß und weit, dass er hätte schwören können, zu spüren, wie der Wind direkt durch ihn hindurchblies. Seine Familie verzweifelte, da sie es sich nicht leisten konnte, ihn zu ernähren, und der Junge sehnte sich nach einer Heilung, doch kein Medik und kein Zowa-Heiler konnte ihm helfen. Seine Geschichte machte die Runde, wie solche Geschichten das immer tun, und schließlich hörte sie ein junges Mädchen in einer entfernten Stadt. Sie ging sofort zu ihrem Vater, der ein Doktor vieler Künste war und der weiseste Mann, den sie kannte. Er hatte die gesamte Welt bereist und überall, wo er hingekommen war, Geheimnisse gesammelt. Sie wusste, er würde ein Heilmittel finden, also packten sie ihre Taschen und gingen zu dem Dorf des Jungen. Als sie Felder erblickten, auf denen die Halme bis auf die Wurzeln abgenagt waren, und Flüsse ohne Fische, da wussten sie, dass sie beinahe dort sein mussten.

Schließlich erreichten sie das Dorf und sagten der Familie des Jungen, dass sie gekommen waren, um ihre Hilfe anzubieten. Der Junge hatte kaum Hoffnung, doch er ließ den Doktor in seine Augen und Ohren schauen, und als der Doktor ihn bat, ihm in den Hals sehen zu dürfen, legte der Junge den Kopf gehorsam zurück.

»Aha!«, sagte der weise Doktor, nachdem er einen Blick in die Speiseröhre des Jungen geworfen hatte. »Als deine Mutter dich in ihrem Leib trug, schlief sie da bei offenem Fenster?«

Die Mutter des Jungen sagte, dass sie das getan hatte, denn in dem Jahr war der Sommer sehr heiß gewesen.

»Nun denn«, sagte der Doktor, »dann ist es einfach. Deine Mutter verschluckte im Schlaf ein Stück des Nachthimmels, und diese ganze Leere ist immer noch in dir. Iss einfach ein bisschen von der Sonne, um den Himmel zu füllen, und du wirst dich nicht länger leer fühlen.«

Der Doktor sagte, dass es einfach wäre. Der Junge war sich da aber nicht so sicher. Es gab keinen Baum und keine Leiter, die hoch genug waren, um die Sonne zu erreichen, und bald schon stürzte er noch tiefer in die Verzweiflung. Doch die Tochter des Doktors war so klug, wie sie gütig war, und sie wusste, dass die Sonne jeden Abend so tief sank, dass sie das Meer berührte und das Wasser in Gold verwandelte. Also baute sie ein kleines Boot, und gemeinsam segelten sie nach Westen. Sie reisten viele Meilen, und der Junge aß auf dem Weg zwei Wale, und schließlich erreichten sie den goldenen Ort, an dem die Sonne auf das Meer traf. Das Mädchen nahm eine Kelle aus weißem Eschenholz aus der Tasche und schöpfte etwas Sonne aus dem Wasser. Als der Junge es trank …«

Das Biest knurrte grollend, und Ayama zuckte zusammen, da sie so in die Geschichte vertieft gewesen war und in das Vergnügen, dass ihr jemand zuhörte, dass sie beinahe vergessen hatte, wo sie war.

»Lass mich raten«, knurrte das Biest. »Der elende Junge nahm einen Schluck vom Meer, und danach war er ein vergnügter, glücklicher Kerl, der in sein Dorf zurückkehrte und die hübsche Tochter des Doktors heiratete, und sie hatten viele Kinder, die ihm halfen, die Felder um sein Heim herum zu bestellen.«

»Was für ein Blödsinn!«, sagte Ayama und hoffte, dass das

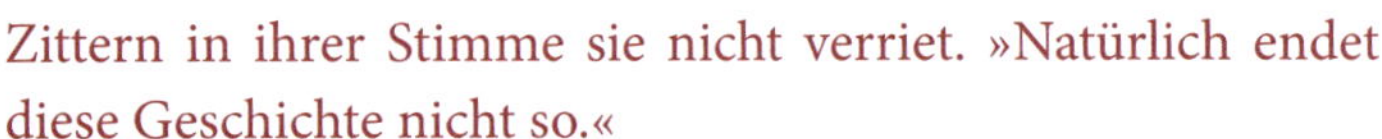

Zittern in ihrer Stimme sie nicht verriet. »Natürlich endet diese Geschichte nicht so.«

Es war kein Blödsinn. Die Geschichte endete genau so, wie das Biest gesagt hatte, zumindest jedes Mal, wenn Ayama sie gehört hatte. Doch sie musste zugeben, dass sie danach jedes Mal ein wenig melancholisch und unzufrieden gewesen war, so als hätte man eine falsche Note gespielt. Doch welches Ende könnte das Biest besänftigen? Denn Ayama war so oft zum Schweigen gezwungen worden, dass sie eine sehr gute Zuhörerin geworden war, und sie erinnerte sich an die eine Regel des Dornenwalds. Die Geschichte brauchte ein Ende, das wahr war.

Ayama sammelte ihre Gedanken, dann nahm sie den Faden der Geschichte wieder auf und spulte ihn von Neuem ab.

»Es ist wahr, dass der Junge die Sonne aus der weißen Eschenkelle trank«, sagte sie. »Und ja, es ist wahr, dass er nicht länger eine Viehherde zum Frühstück oder einen See brauchte, um sie hinunterzuspülen. Er heiratete wirklich die hübsche Tochter des Doktors, und er arbeitete jeden Tag auf seinen Feldern. Doch trotz alledem stellte der Junge fest, dass er immer noch unglücklich war. Siehst du, manche Menschen werden mit einem Stück der Nacht in sich geboren, und dieser leere Ort kann niemals gefüllt werden – nicht mit allem guten Essen oder allem Sonnenschein der Welt. Diese Leere kann nicht verbannt werden, und so erwachen wir an manchen Tagen mit dem Gefühl, dass der Wind durch uns hindurchbläst, und wir müssen es einfach ertragen, so wie der Junge.«

Erst als sie geendet hatte, begriff Ayama, dass sie

von ihrer eigenen Traurigkeit erzählt hatte, als sie nach der Wahrheit gesucht hatte, doch es war zu spät, die Worte zurückzunehmen.

Das Monster war eine lange Zeit still. Dann stand er auf, und sein buschiger schwarzer Schwanz streifte über den Boden, als er Ayama den Rücken zukehrte und sagte: »Ich werde eure Herden in Ruhe lassen. Geh jetzt und kehre nicht zurück.«

Und weil der Wald die Wahrheit verlangte, wusste sie, dass sein Versprechen wahr war.

Ayama konnte ihr Glück kaum fassen. Sie sprang auf, um eilig die Lichtung zu verlassen, doch als sie sich hinabbeugte, um die Axt und den Kupferbecher aufzuheben, sagte das Biest: »Warte.«

Sie sah kaum mehr als seinen Umriss in der Dunkelheit, und sie konnte nur das rote Glühen seiner Augen und die glänzenden Rillen seiner Hörner erkennen.

»Nimm einen Zweig von den Quittenblüten mit dir, und lass ihn nicht fallen, wenn du die wilden Lande wieder durchquerst.«

Ayama hielt nicht inne, um seinen Befehl zu hinterfragen, sondern sie pflückte einen schlanken Ast und rannte am Fluss entlang zurück. Sie wurde nicht langsamer, bis sie sich den Weg durch die grausamen Dornen des Dickichts erkämpft hatte und sie die Sonne wieder auf ihrem Gesicht spürte.

Ayama lief zurück durch die wilden Lande, den Blütenzweig sicher in der Schürze verwahrt, und der heiße Sand schien diesmal ihre Füße nicht zu berühren, und die Sonne

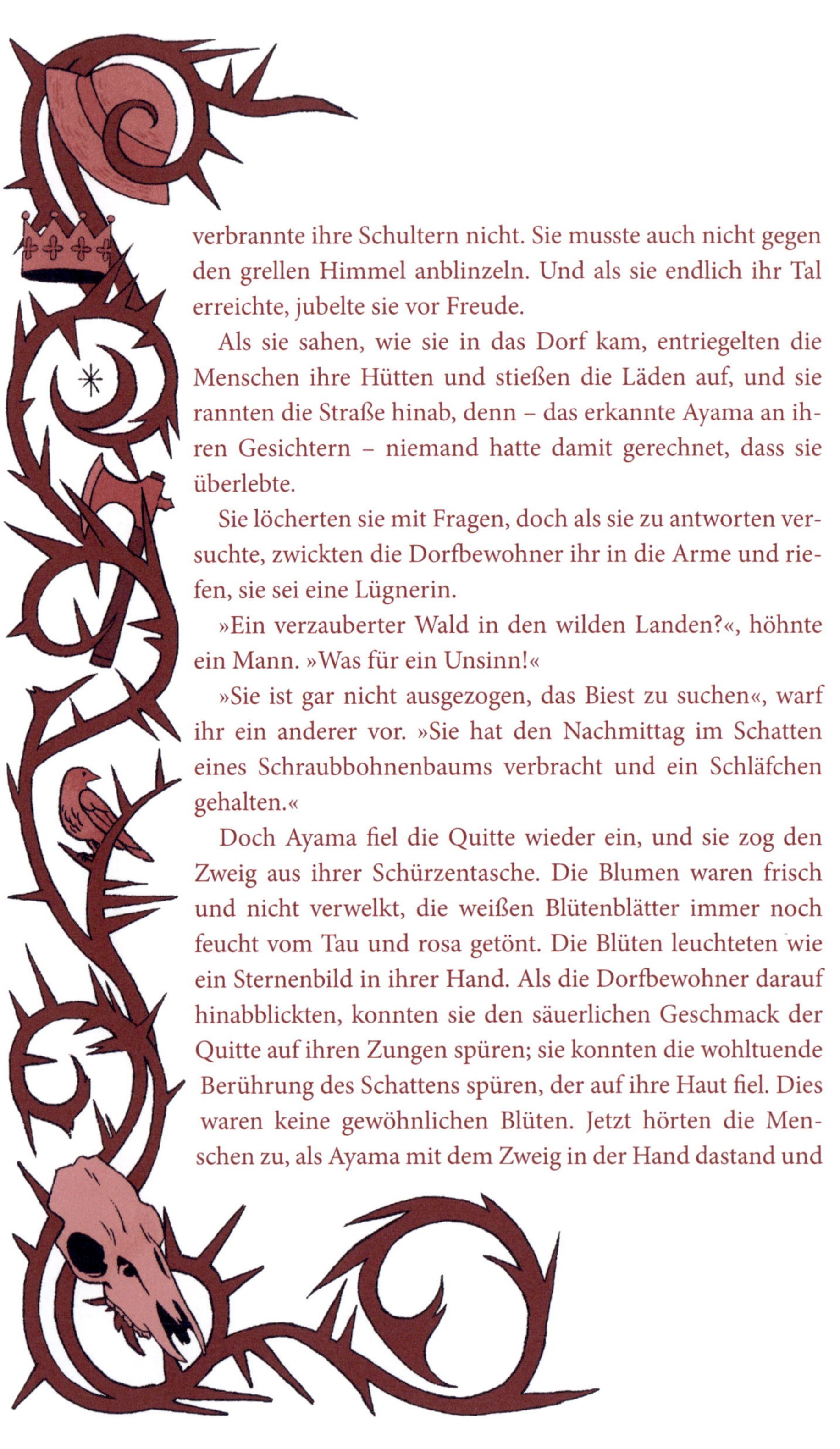

verbrannte ihre Schultern nicht. Sie musste auch nicht gegen den grellen Himmel anblinzeln. Und als sie endlich ihr Tal erreichte, jubelte sie vor Freude.

Als sie sahen, wie sie in das Dorf kam, entriegelten die Menschen ihre Hütten und stießen die Läden auf, und sie rannten die Straße hinab, denn – das erkannte Ayama an ihren Gesichtern – niemand hatte damit gerechnet, dass sie überlebte.

Sie löcherten sie mit Fragen, doch als sie zu antworten versuchte, zwickten die Dorfbewohner ihr in die Arme und riefen, sie sei eine Lügnerin.

»Ein verzauberter Wald in den wilden Landen?«, höhnte ein Mann. »Was für ein Unsinn!«

»Sie ist gar nicht ausgezogen, das Biest zu suchen«, warf ihr ein anderer vor. »Sie hat den Nachmittag im Schatten eines Schraubbohnenbaums verbracht und ein Schläfchen gehalten.«

Doch Ayama fiel die Quitte wieder ein, und sie zog den Zweig aus ihrer Schürzentasche. Die Blumen waren frisch und nicht verwelkt, die weißen Blütenblätter immer noch feucht vom Tau und rosa getönt. Die Blüten leuchteten wie ein Sternenbild in ihrer Hand. Als die Dorfbewohner darauf hinabblickten, konnten sie den säuerlichen Geschmack der Quitte auf ihren Zungen spüren; sie konnten die wohltuende Berührung des Schattens spüren, der auf ihre Haut fiel. Dies waren keine gewöhnlichen Blüten. Jetzt hörten die Menschen zu, als Ayama mit dem Zweig in der Hand dastand und

ihnen von dem Versprechen des Biestes erzählte, und als sie fertig war, liefen sie den ganzen Weg zum Palast mit ihr und murmelten voller Staunen und vergaßen darüber, dass das Mädchen, das sie jetzt voller Bewunderung ansahen, immer noch die Zeichen ihrer zwickenden Finger auf dem Arm trug.

Der König blickte mit kalten Augen von seinem Thron herab, als Ayama von dem Schwur des Biestes erzählte, doch er konnte die Magie der Quitte nicht leugnen, die süß und seltsam in Ayamas Hand blühte und deren Blätter erst jetzt begannen, rot zu werden.

»Solch ein Wunderding!«, sagte der gutaussehende Menschensohn des Königs und lächelte strahlend. »Und was für ein mutiges Mädchen, das eine solche Aufgabe erfüllte. Ihre Taschen sollen mit Juwelen beladen werden, und alle sollen Lieder über ihren Mut singen.«

Ayama erwiderte sein Lächeln, denn es war unmöglich, unter des Prinzen sonnigem Blick nicht zu erblühen. Doch was sie wirklich wollte, war ein Glas Wasser.

Die Königin nahm die Blumen von Ayama entgegen, und ihre Augen glänzten, vielleicht vor Tränen. »Du musst tun, was du versprochen hast«, sagte sie zu ihrem Mann.

Also rief der König nach drei Truhen Gold und dreißig Ballen Seide, die man Ayamas Familie bringen sollte.

In dieser Nacht jubelten Ayamas Eltern, und Kima küsste die Wangen ihrer Schwester, während Ma Zil zusah und eine selbstgefällige Miene zog, während sie auf ihrem Jurda kaute.

Ayama sah, dass niemand den Rost gereinigt hatte, dass die Kleider nicht gewaschen worden und die Töpfe nicht einmal

zum Spülen gestapelt waren, sondern immer noch auf dem Herd standen, verkrustet von dem Essen des vergangenen Tages. Sie dachte an die sanfte Stille des Dornenwaldes und seufzte, als sie sich vor den Herd legte. Als sie am nächsten Morgen aufwachte, war sie nicht ganz sicher, dass sie alles nicht nur geträumt hatte. Erst als sie auf ihre Arme hinabblickte und die Kratzer und Schnitte sah, die die Dornen auf ihrer Haut hinterlassen hatten, da wusste sie, dass alles, was sie im Wald hinter den wilden Landen gesehen hatte, echt gewesen war.

Das Monster hielt sein Wort, und die Herden wurden von nichts als dem Wetter berührt. Der König kehrte zu seinem scheiternden Krieg zurück, die Menschen arbeiteten auf ihrem Land und handelten auf dem Markt, und bald erinnerten sie sich ihrer alten Beschwerden, als die Steuern stiegen und ihre Söhne und Brüder an der Front begraben wurden. Doch dann, eines schrecklichen Morgens, erwachte Nemila Eed und fand ihre Jurdafelder zerstört, ihre ganze Ernte entwurzelt und unter der Sonne welkend. Das galt auch für die Felder ihrer Nachbarn im Norden und im Süden. Seltsame Spuren führten in den Staub der wilden Lande.

Die Menschen riefen nach dem König, damit er ihnen half, und manche flüsterten sogar, man solle die Königin hinrichten lassen, da sie ein solches Monster geboren hatte. Wieder rief der König nach einem Boten, und dieses Mal versprach er ein Stück von seinem eigenen guten Land als Belohnung.

»Wir sind jetzt reich«, sagte Ma Zil, als sie an diesem Abend am Feuer saßen. »Doch denkt nur, wie fein es wäre, in einem großen Haus zu leben, in dem Kima Bewerber empfangen könnte. Dann würde sie sicher eine gute Ehe schließen. Ayama, würdest du nicht auch gern weiße Felle tragen im Winter, und süße Dattelpflaumen essen wollen und in einem richtigen Bett schlafen?«

Ayama war ganz und gar nicht sicher, dass sie eine zweite Begegnung mit dem Biest überleben würde, und sie konnte schlecht die Dattelpflaumen und die weichen Kissen genießen, nachdem sie gefressen worden war. Doch ihre Großmutter legte eine raue Hand an ihre Wange und schwor, dass kein Leid über sie kommen würde. Und wenn Ayama ehrlich war, so wollte ein kleiner Teil von ihr in den Wald zurückkehren. Ihre Familie war jetzt reich und hatte viele Diener, doch sie hatten sich so sehr daran gewöhnt, sie herumzukommandieren, dass sie vergessen hatten, sie als Tochter zu behandeln. Sie schlief immer noch in der Küche und schrubbte die Töpfe und sah zu, wie die Seidenballen für Kimas Kleider zugeschnitten wurden und das Haar ihrer Mutter von einer anmutigen Magd gerichtet wurde, die eine geblümte Schürze trug. Die Menschen tippten sich jetzt an den Hut, wenn sie ihr auf der Straße begegneten, aber sie blieben nie stehen, um sich zu unterhalten oder zu fragen, wie es Ayama erging. Das Biest mochte schreien und knurren, und es würde sie vielleicht verschlingen, aber wenigstens hatte es beim letzten Mal so viel Interesse für sie gezeigt, dass es ihr zugehört hatte.

Als der Morgen kam, nahm Ayama also ihren kleinen Kupferbecher und die Axt, mit der sie Holz hackte, und

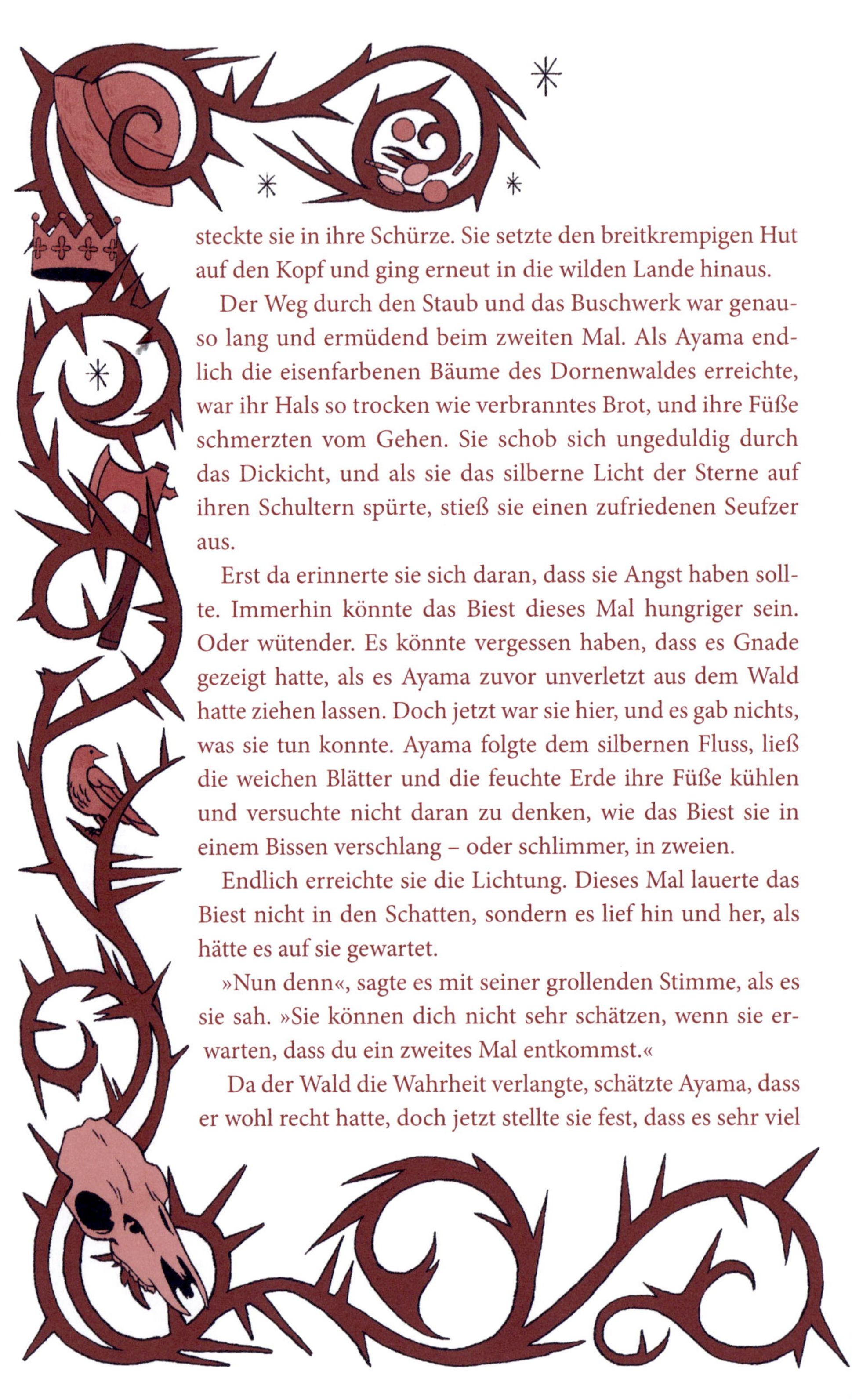

steckte sie in ihre Schürze. Sie setzte den breitkrempigen Hut auf den Kopf und ging erneut in die wilden Lande hinaus.

Der Weg durch den Staub und das Buschwerk war genauso lang und ermüdend beim zweiten Mal. Als Ayama endlich die eisenfarbenen Bäume des Dornenwaldes erreichte, war ihr Hals so trocken wie verbranntes Brot, und ihre Füße schmerzten vom Gehen. Sie schob sich ungeduldig durch das Dickicht, und als sie das silberne Licht der Sterne auf ihren Schultern spürte, stieß sie einen zufriedenen Seufzer aus.

Erst da erinnerte sie sich daran, dass sie Angst haben sollte. Immerhin könnte das Biest dieses Mal hungriger sein. Oder wütender. Es könnte vergessen haben, dass es Gnade gezeigt hatte, als es Ayama zuvor unverletzt aus dem Wald hatte ziehen lassen. Doch jetzt war sie hier, und es gab nichts, was sie tun konnte. Ayama folgte dem silbernen Fluss, ließ die weichen Blätter und die feuchte Erde ihre Füße kühlen und versuchte nicht daran zu denken, wie das Biest sie in einem Bissen verschlang – oder schlimmer, in zweien.

Endlich erreichte sie die Lichtung. Dieses Mal lauerte das Biest nicht in den Schatten, sondern es lief hin und her, als hätte es auf sie gewartet.

»Nun denn«, sagte es mit seiner grollenden Stimme, als es sie sah. »Sie können dich nicht sehr schätzen, wenn sie erwarten, dass du ein zweites Mal entkommst.«

Da der Wald die Wahrheit verlangte, schätzte Ayama, dass er wohl recht hatte, doch jetzt stellte sie fest, dass es sehr viel

leichter war, zu sprechen und etwas zu erwidern. »Du musst aufhören, unsere Ernte zu vernichten.«

»Warum?«

»Wir werden keine Baumwolle und keinen Flachs zu spinnen haben, wenn der Winter kommt.«

»Was kümmert mich der Winter? Keine Jahreszeiten berühren diesen Wald. Hat jemand an den Winter gedacht, als ich in meines Vaters Labyrinth zitterte? Lass den König euch speisen und kleiden aus seinen Speichern.«

Dieses Mal konnte sie zugeben, dass das keine so schlechte Idee war, und so sagte sie: »Benimm dich nicht wie ein Tyrann und sag mir dann, dass ich einen Tyrannen schelten soll, dass er sich benehmen soll. Zeige Gnade, und vielleicht erweist man dir Gnade.«

»Mein Vater lehrte mich keine Gnade.«

»Und du kannst sie nicht lernen?«

Es war schwer zu sagen, doch es schien, als lächelte das Biest vielleicht ein wenig darüber.

»Du kennst den einzigen Handel, den ich eingehen werde, kleine Botin.« Das Biest setzte sich neben den Fluss, ein Berg schwarzen Fells und goldener Klauen. »Erzähl mir eine Geschichte, die mich etwas anderes als Wut fühlen lässt, und vielleicht, wenn sie mich zufriedenstellt, lasse ich dich am Leben.«

Das war die Einladung, auf die Ayama gewartet hatte, und sie begriff, dass sie in all den stummen Tagen und Nächten, seit sie den Wald verlassen hatte, Worte in sich angesammelt hatte, um sie dem Sohn des Königs anzubieten. Ayama setzte sich an das Ufer des Flusses und begann zu sprechen.

DIE ZWEITE GESCHICHTE

»Es war einmal eine Frau, die sehr schwermütig war. Sie kam in ein Dorf, und da traf sie einen Mann, der sich nach einer Frau sehnte, und so heirateten sie. Sie hatten zwei feine Kinder, einen Jungen und ein Mädchen, doch als diese Kinder älter wurden, wurden sie schwierig und ungehorsam. Sie waren oft kränklich, und das machte sie launisch und müde, und sie waren eine große Prüfung für ihre Mutter, Mama Tani. Alle Frauen im Dorf hatten Mitleid mit Mama Tani, deren Miene sogar noch trauriger geworden war, die jedoch die Klagen und die Krankheiten ihrer Kinder mit großer Würde ertrug.

All das änderte sich, als ein böser Geist in Mama Tanis Haus kam und begann, der ganzen Familie Ärger zu bereiten. Der Geist zerschlug Mama Tanis kostbare Gefäße mit Cremes und die in Flaschen gefüllten Tinkturen, mit denen sie ihre Haut glatt hielt. Er zerbrach den Pflug ihres Mannes, sodass er zu Hause bleiben musste und immer im Weg war. Doch am liebsten lauerte der Geist den Kindern auf, als ob er von ihrem schlechten Benehmen angelockt würde. Wenn sie zu schlafen versuchten, rüttelte der Geist an den Fenstern und schüttelte die Betten, sodass sie keine Ruhe fanden. Wenn sie essen wollten, zerbrach der Geist ihre Schüsseln und verschüttete das Abendessen auf dem Boden.«

Das Biest grollte, und Ayama sah, dass es ihr sehr nahe gekommen war. Obwohl ihr Herz verängstigt hüpfte, saß sie so still da, wie sie konnte.

»Lass mich raten«, sagte das Biest. »Die Kinder weinten und beteten und sagten, dass sie in alle Ewigkeit gut sein würden, und so ging der Geist davon, und Mama Tani wurde von allen Frauen im Dorf beneidet, und das ist eine Lehre für undankbare Kinder überall.«

Das war natürlich die Art, wie Ayama die Geschichte gelernt hatte, doch sie hatte viel darüber nachgedacht, wie sie die Geschichte erzählen würde, wenn sie ihr gehörte.

Sie richtete ihre Schürze und sagte mit all der Autorität ihrer lauten Stimme: »Was für ein Blödsinn! Natürlich endet die Geschichte nicht so.« *Sprich die Wahrheit,* rief sie sich in Erinnerung. Dann rollte sie den Faden der Geschichte auf und ließ ihn erneut abspulen.

»Nein, eines Tages, ihre Eltern waren nicht zu Hause, da saßen die Kinder stumm da und hielten einander an den Händen, statt zu weinen wie sonst, wenn der Geist wie ein wütender Wind ums Haus flog und daran rüttelte und brüllte. Dann sangen sie ein Schlaflied wie die, die ihre Mutter gesungen hatte, als sie kleiner gewesen waren, und wirklich beruhigte sich der Geist nach einer langen Zeit – und nach einer noch längeren Zeit, da sprach der Geist. Nur dass es nicht ein Geist war, sondern zwei.«

»Zwei Geister?«, wiederholte das Biest und beugte sich vor.

»Kannst du dir das vorstellen? Es waren die Geister von Mama Tanis erstgeborenen Kindern, ein Junge und ein Mädchen, die sie dazu gebracht hatte, krank zu werden und zu sterben – nur damit sie das Mitgefühl der Frauen in ihrem alten Dorf bekam. Sie war weit gereist von diesem Ort, und es hatte viele Jahre gedauert, bis die Geisterkinder sie fanden,

doch dann hatten sie alles in ihrer Macht Stehende getan, um Mama Tanis neue Familie zu retten. Sie hatten die Krüge zerschmettert, in denen Mama Tani ihre Gifte versteckte. Sie hatten den verdorbenen Haferbrei verschüttet und ihre neuen Kinder vom Schlafen abgehalten, wenn sie wussten, dass Mama Tani sich hereinschleichen wollte, um Kräuter zu verbrennen, die ihre Lungen entzündeten. Sie hatten sogar den Pflug zerbrochen, damit ihr Vater öfter zu Hause bleiben musste und sie nicht mit ihrer Mutter allein ließ. Nun, Mama Tanis lebende Kinder erzählten ihrem Vater all das, und obwohl er zweifelte, stimmte er zu, einen Boten in das Dorf zu schicken, das die Geisterkinder genannt hatten. Als der Bote zurückkehrte, um ihnen zu erzählen, dass alles, was die Geister gesagt hatten, stimmte, war Mama Tani längst verschwunden. Daran sieht man, dass das Unsichtbare manchmal nicht zum Fürchten ist, und dass die, die uns am meisten lieben sollten, nicht immer die sind, die es tun.«

Wieder hatte Ayama, ohne es gewollt zu haben, über ihre eigene Traurigkeit gesprochen, und wieder schwieg das Biest für eine lange Weile.

»Was ist mit Mama Tani geschehen?«, fragte er endlich.

Ayama hatte keine Ahnung. Sie hatte nicht ganz so weit gedacht. »Wer kann das sagen? Ein schlechtes Schicksal folgt nicht immer denen, die es verdienen.« Selbst in dem schwachen Licht konnte sie sehen, wie das Biest die Stirn runzelte. Sie strich die Krempe ihres Hutes glatt. »Doch ich glaube, dass sie von Steppenwölfen gefressen wurde.«

Das Biest nickte zufrieden, und Ayama stieß einen leisen, erleichterten Seufzer aus.

»Ich werde eure Felder nicht länger heimsuchen«, sagte das Biest. »Nimm einen Zweig von dem Dornenwald und trag ihn mit dir durch die wilden Lande. Geh jetzt und kehre nicht wieder.« In seiner Stimme klang vielleicht eine leise Traurigkeit mit, vielleicht war es aber auch nur sein Grollen gewesen.

Ayama pflückte einen schlanken Ast mit Blüten aus dem Dickicht und ließ die Lichtung hinter sich. Als sie zurückblickte, hockte das Biest immer noch auf den Hinterbeinen da, und seine roten Augen sahen sie an, und einen Moment lang dachte Ayama: *Warum bleibe ich nicht noch ein wenig länger? Warum ruhe ich mich nicht eine Weile hier aus? Warum erzähle ich nicht noch eine Geschichte?*

Doch sie suchte sich ihren Weg aus dem Wald nach draußen und zurück über die heiße Ebene. Sie steckte sich den Zweig mit den Quittenblüten in ihre Zöpfe, und es war, als ob sie die kühlen Blätter und den Schatten des Waldes mit sich trug.

Dieses Mal sahen die Menschen in ihrem Dorf die weißen Blüten in ihrem Haar, und sie zwickten Ayama nicht und schrien sie nicht an. Stattdessen reichten sie ihr süßes Wasser, führten sie ruhig zum Palast und erwiesen ihr gegenüber eine neue Achtung, da sie nicht mehr nur ein Küchenmädchen war, sondern das Mädchen, das sich zweimal dem Monster gestellt und das zweimal überlebt hatte.

Als sie vor den König trat, erzählte Ayama ihm von dem Versprechen des Biestes, und der Prinz

rief: »Außerordentlich! Wir sollten eine Statue zu Ehren dieses Mädchens errichten und ihre Geburt jedes Jahr feiern.«

Ayama dachte, das wäre eine feine Idee, doch noch viel lieber wollte sie sich setzen und ihre Schuhe ausziehen. Das hätte der Prinz gewusst, wenn er sich die Mühe gemacht hätte, sie zu fragen, dachte sie. Fragen mochte er jedoch wohl nicht so gern wie sein Bruder.

Die Königin nahm die sich rot färbenden Blüten der Quitte in die Hände, und wieder einmal sagte sie zu ihrem Mann: »Du musst dein Versprechen ehren.«

Also befahl der König, dass man die besten Länder seines feinsten Anwesens Ayamas Familie übergeben und seine Diener all ihre Besitztümer dorthin bringen sollten.

Doch als sich Ayama verbeugen und gehen wollte, da fragte der König: »Vertraut das Monster dir, Mädchen?«

Mittlerweile war Ayama daran gewöhnt, ihre Gedanken auszusprechen, und das auch recht laut, und so sagte sie: »Es liegt ein großer Unterschied dazwischen, einen Menschen nicht zu fressen und einem Menschen zu vertrauen.« Außerdem, dachte sie, wäre es für jeden besser, wenn man das Biest einfach im Dornenwald lässt.

Wie es in Ayamas Leben jedoch zumeist der Fall gewesen war, hörte der König entweder nicht zu oder hörte sie einfach nicht, trotz ihrer lauten Stimme.

»Du wirst ein Messer mit in den Dornenwald nehmen«, befahl er. »Du wirst das Biest erschlagen, damit wir alle in Frieden und Sicherheit leben können. Wenn du das tust, so

wirst du meinen Sohn heiraten, den Prinzen, und ich werde deiner Familie einen Titel verleihen, dann wird niemand außer denen, die meinen Namen tragen, höher im Land stehen.«

Der Prinz sah ein wenig bestürzt aus, doch er widersprach nicht.

»Keine Klinge kann die Haut Eures zweiten Sohnes durchdringen«, sagte Ayama. »Ich habe es selbst gesehen.«

Die Königin wrang die Seide ihres Rocks in ihrem Schoß, doch der König rief nach einem Diener, der ihm eine eisenfarbene Kiste brachte.

Der König hob den Deckel und zog ein seltsames Messer daraus hervor. Der Griff war aus Knochen, und die Klinge war aus dem gleichen düsteren Grau wie die Kiste gefertigt – wie der Dornenwald. »Diese Klinge wurde von einem mächtigen Zowa geschaffen, sie ist aus den Dornen des Quittenbaumes gefertigt. Nur dieses kann ihn töten.«

Die Königin wandte das Gesicht ab.

Ayama hoffte, dass ihre Familie etwas sagen würde, dass sie nicht in den Dornenwald zurückkehren müsste, denn sie hatten ein feines Haus, und Kima hatte bereits eine reiche Mitgift. Doch niemand sprach, nicht einmal Ma Zil, die versprochen hatte, dass Abenteuer nur hübschen Mädchen widerfuhren.

Ayama wollte das Messer nicht nehmen, doch sie tat es trotzdem. Es war leicht wie eine trockene Samenhülse, und es schien falsch, dass der Tod sich wie nichts in ihren Händen anfühlte.

»Kehre mit dem Herzen des Biestes zurück,

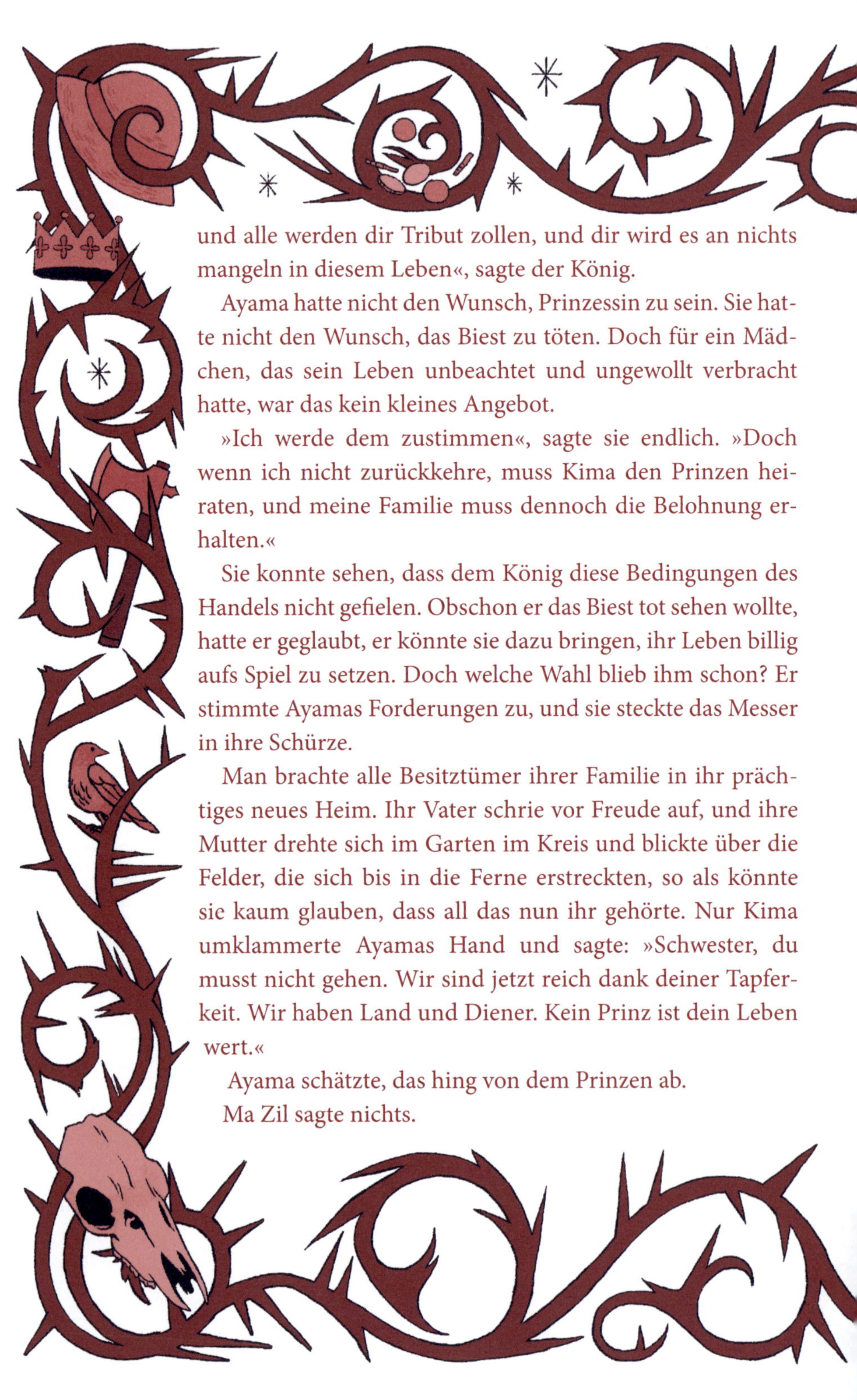

und alle werden dir Tribut zollen, und dir wird es an nichts mangeln in diesem Leben«, sagte der König.

Ayama hatte nicht den Wunsch, Prinzessin zu sein. Sie hatte nicht den Wunsch, das Biest zu töten. Doch für ein Mädchen, das sein Leben unbeachtet und ungewollt verbracht hatte, war das kein kleines Angebot.

»Ich werde dem zustimmen«, sagte sie endlich. »Doch wenn ich nicht zurückkehre, muss Kima den Prinzen heiraten, und meine Familie muss dennoch die Belohnung erhalten.«

Sie konnte sehen, dass dem König diese Bedingungen des Handels nicht gefielen. Obschon er das Biest tot sehen wollte, hatte er geglaubt, er könnte sie dazu bringen, ihr Leben billig aufs Spiel zu setzen. Doch welche Wahl blieb ihm schon? Er stimmte Ayamas Forderungen zu, und sie steckte das Messer in ihre Schürze.

Man brachte alle Besitztümer ihrer Familie in ihr prächtiges neues Heim. Ihr Vater schrie vor Freude auf, und ihre Mutter drehte sich im Garten im Kreis und blickte über die Felder, die sich bis in die Ferne erstreckten, so als könnte sie kaum glauben, dass all das nun ihr gehörte. Nur Kima umklammerte Ayamas Hand und sagte: »Schwester, du musst nicht gehen. Wir sind jetzt reich dank deiner Tapferkeit. Wir haben Land und Diener. Kein Prinz ist dein Leben wert.«

Ayama schätzte, das hing von dem Prinzen ab.

Ma Zil sagte nichts.

In dieser Nacht schlief Ayama schlecht. Ihr neues Bett fühlte sich zu weich an nach den harten Steinen des alten Herdes. Sie stand vor dem Morgengrauen auf, als der Rest des Hauses noch schlief, zog ihre himmelfarbene Schürze an und setzte sich den Hut auf den Kopf. In ihre Tasche schob sie die Axt und den Kupferbecher. Dann berührte Ayama einmal die gezackte Klinge des Messers mit den Fingern, schob sie in ihre Schürze, und zum letzten Mal ging sie los in die wilden Lande.

Der Marsch durch die karge Ebene schien kaum Zeit in Anspruch zu nehmen, vielleicht weil ihre Furcht so groß war. Zu bald schon lief sie durch das eisenfarbene Dickicht und in den Schatten des Waldes. Sternenlicht fiel auf ihre Haut, so süß und kühl und freundlich, dass sie darüber hätte weinen können. Sie sagte sich, dass sie in den Wald zurückkehren könnte, sobald das Biest tot war, dass sie Kima mitbringen oder einfach allein hierherkommen könnte, wann immer sie erschöpft war. Doch sie war nicht sicher, ob das wahr war. Würde der Dornenwald noch stehen ohne das Biest? War er schon immer hier gewesen, oder war er erst entstanden, um ihm Schutz zu bieten? Und was würde sie inmitten all der Stille tun, ohne jemanden, dem sie Geschichten erzählen konnte?

Das Biest wartete auf der Lichtung.

»Bist du so erpicht darauf, gefressen zu werden?«, fragte er.

Ayama wählte sorgfältig nur Worte, die wahr waren. »Ich dachte, du würdest vielleicht lieber eine weitere Geschichte hören, als dass du etwas essen möchtest.«

Also setzten sie und das Biest sich an den

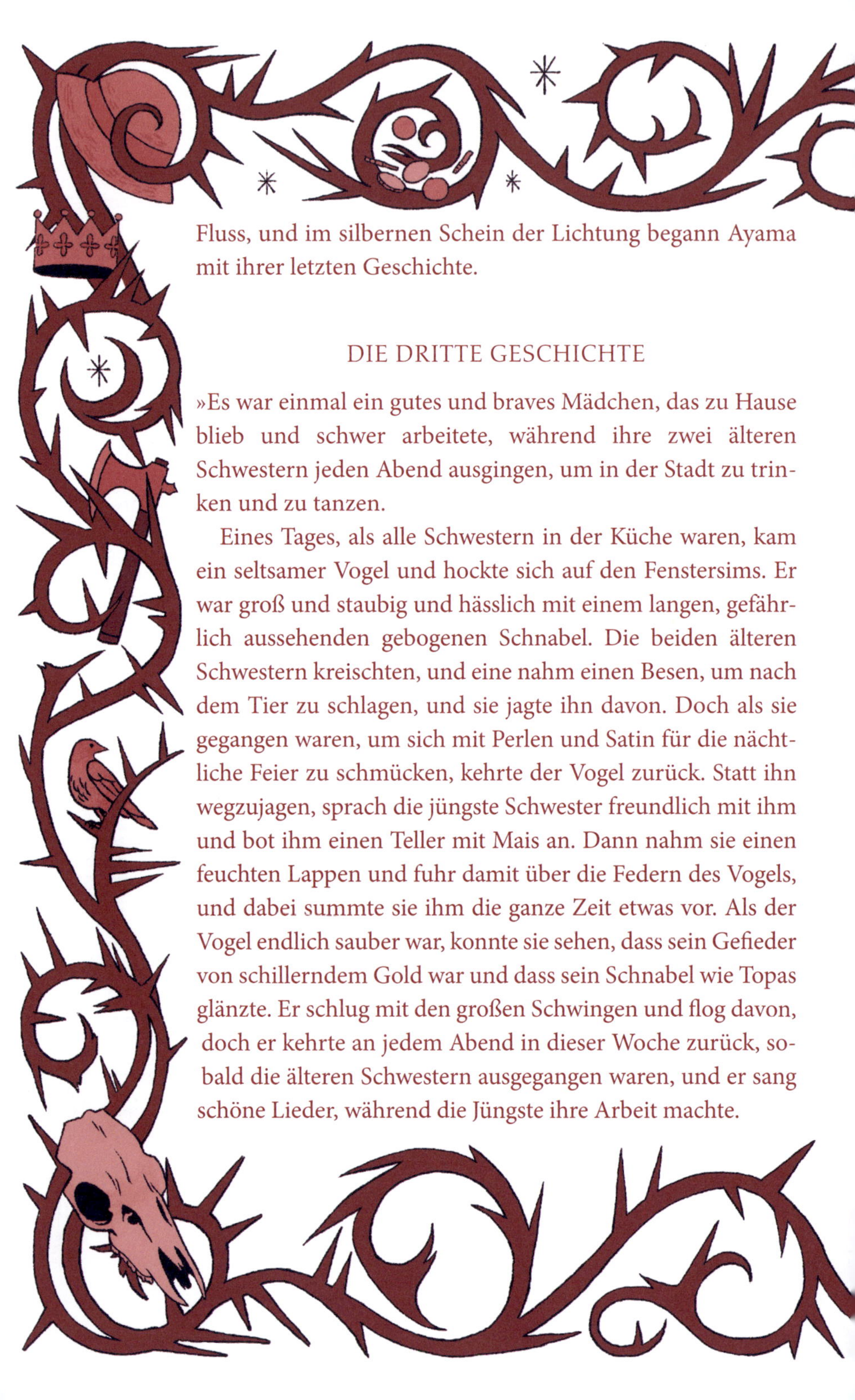

Fluss, und im silbernen Schein der Lichtung begann Ayama mit ihrer letzten Geschichte.

DIE DRITTE GESCHICHTE

»Es war einmal ein gutes und braves Mädchen, das zu Hause blieb und schwer arbeitete, während ihre zwei älteren Schwestern jeden Abend ausgingen, um in der Stadt zu trinken und zu tanzen.

Eines Tages, als alle Schwestern in der Küche waren, kam ein seltsamer Vogel und hockte sich auf den Fenstersims. Er war groß und staubig und hässlich mit einem langen, gefährlich aussehenden gebogenen Schnabel. Die beiden älteren Schwestern kreischten, und eine nahm einen Besen, um nach dem Tier zu schlagen, und sie jagte ihn davon. Doch als sie gegangen waren, um sich mit Perlen und Satin für die nächtliche Feier zu schmücken, kehrte der Vogel zurück. Statt ihn wegzujagen, sprach die jüngste Schwester freundlich mit ihm und bot ihm einen Teller mit Mais an. Dann nahm sie einen feuchten Lappen und fuhr damit über die Federn des Vogels, und dabei summte sie ihm die ganze Zeit etwas vor. Als der Vogel endlich sauber war, konnte sie sehen, dass sein Gefieder von schillerndem Gold war und dass sein Schnabel wie Topas glänzte. Er schlug mit den großen Schwingen und flog davon, doch er kehrte an jedem Abend in dieser Woche zurück, sobald die älteren Schwestern ausgegangen waren, und er sang schöne Lieder, während die Jüngste ihre Arbeit machte.

Am siebten Tag wartete der Vogel, bis die älteren Schwestern sich bereit gemacht hatten, um zu ihren Vergnügungen zu gehen, dann flog er durch das Küchenfenster herein. Plötzlich war da das laute Schlagen von Flügeln, und ein Ton wie von einer Trompete erklang. Da in der Küche, wo noch Augenblicke zuvor der Vogel gewesen war, erblickte das Mädchen einen stattlichen Prinzen, der in goldene Gewänder gekleidet war.

›Komm mit mir in meinen Palast am Meer‹, sagte der Prinz, ›und ich zolle dir Respekt, und dir wird es an nichts fehlen in diesem Leben.‹ Und wie du sicher weißt, ist das kein geringes Angebot, wenn man sehr wenig besitzt und sehr schwer arbeitet.

Also legte das Mädchen seine Hand in die des Prinzen, und sie flogen davon zu seinem Palast am Meer. Doch als sie dort ankamen, stellte das Mädchen fest, dass der König und die Königin nicht so glücklich waren mit seiner Wahl einer Bauernbraut. Also erlegte die Königin ihr drei Aufgaben auf …«

Das Biest knurrte, und Ayama zuckte zusammen, denn sie hatte nicht mitbekommen, dass er so nahe bei ihr gelegen hatte, seine Schnauze berührte beinahe ihr Knie. Seine Lippen waren zu einem höhnischen Grinsen zurückgezogen.

»Was für eine dumme Geschichte du mir dieses Mal mitgebracht hast«, beschwerte er sich. »Sie wird die drei Aufgaben bewältigen und den gutaussehenden Prinzen heiraten. Was für eine Freude für sie beide.«

»Unfug!«, sagte Ayama geradeheraus, denn sie hatte eine lange Zeit über diese Geschichte nachgedacht, während sie durch die wilden Lande gegangen war, und wie das Ende, das man ihr als Kind erzählt hatte, sehr viel zauberhafter auf sie gewirkt hatte, bevor sie tatsächlich den König und seine Familie getroffen und mit ihnen gesprochen hatte. »Natürlich endet es nicht so. Nein. Erinnerst du dich an die älteren Schwestern des Mädchens?«

Das Biest nickte widerwillig und legte den großen Kopf auf seine Vorderpranken.

»Es ist wahr, dass sie selbstsüchtig und dumm waren«, sagte Ayama. »Doch sie liebten ihre jüngere Schwester auch sehr. Als sie sahen, dass sie verschwunden war, und die goldene Feder auf dem Stuhl fanden, da errieten sie sofort, was geschehen sein musste, denn sie hatten viel von der Welt gesehen. Sie sattelten ihre Pferde und ritten den ganzen Tag und die ganze Nacht, um den Palast am Meer zu erreichen, dann hämmerten sie gegen die Türen, bis die Wachen sie einließen.

Als die Schwestern den Thronsaal betraten, Krach schlugen und verlangten, dass ihre Schwester mit ihnen nach Hause zurückkehrte, da behauptete der Prinz, dass sie nur neidisches Pack seien, gern selbst Prinzessinnen sein wollten und lasterhafte Mädchen wären, die gern tranken und tanzten und freigiebig mit ihrer Gunst seien. Tatsächlich gefielen den Schwestern all diese Dinge, und genau deshalb hatten sie so viel gesehen und erlebt und wussten es besser, als gut-

aussehenden Gesichtern und feinen Titeln zu vertrauen. Sie deuteten mit den Fingern und erhoben ihre lauten Stimmen und verlangten zu wissen, warum der Prinz es wohl zuließ, dass ihre Schwester Aufgaben erledigen musste, um ihren Wert zu beweisen, wenn er sie doch so sehr liebte. Und als er nicht antwortete, da stampften sie auf und wollten wissen, warum der Prinz sich dem Willen seiner Eltern so leicht beugte, wenn er ihrer Schwester würdig wäre. Der Prinz hatte keine Antwort, sondern stand nur da und stotterte, immer noch gutaussehend, doch vielleicht ein bisschen weniger, jetzt, da er nichts zu sagen hatte.

Die Schwestern entschuldigten sich dafür, dass sie ihren Anteil an der Arbeit nicht erledigt hatten, und versprachen, das Mädchen mit zu den Festen zu nehmen, damit sie sich nicht mit dem ersten Jungen zufriedengeben musste, der durch ihr Fenster geflogen kam. Die jüngere Schwester sah die Weisheit in diesem Handel, und sie kehrten alle zusammen nach Hause zurück, und dort waren ihre Tage voller Arbeit, die leichter war, jetzt da sie sie aufteilten, und ihre Nächte waren voller Lachen und Feiern.«

»Und welche Lehre soll ich aus dieser Geschichte ziehen?«, fragte das Biest, als sie fertig war.

»Dass es bessere Dinge gibt als Prinzen.«

Jetzt stand Ayama, und das Biest kniete vor ihr, der große zottelige Kopf geneigt, und seine Hörner leuchteten. »Hast du keine Geschichten mehr für mich, kleine Botin?«

»Nur eine«, sagte Ayama, das gezackte Messer in der Hand.

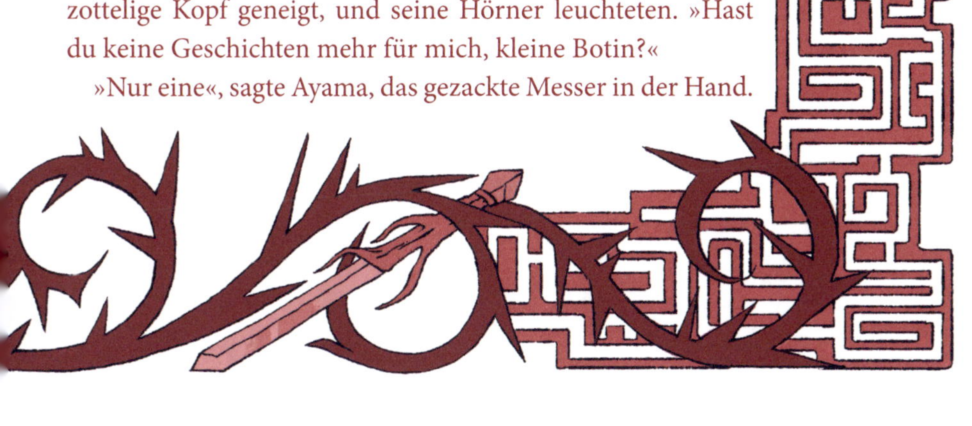

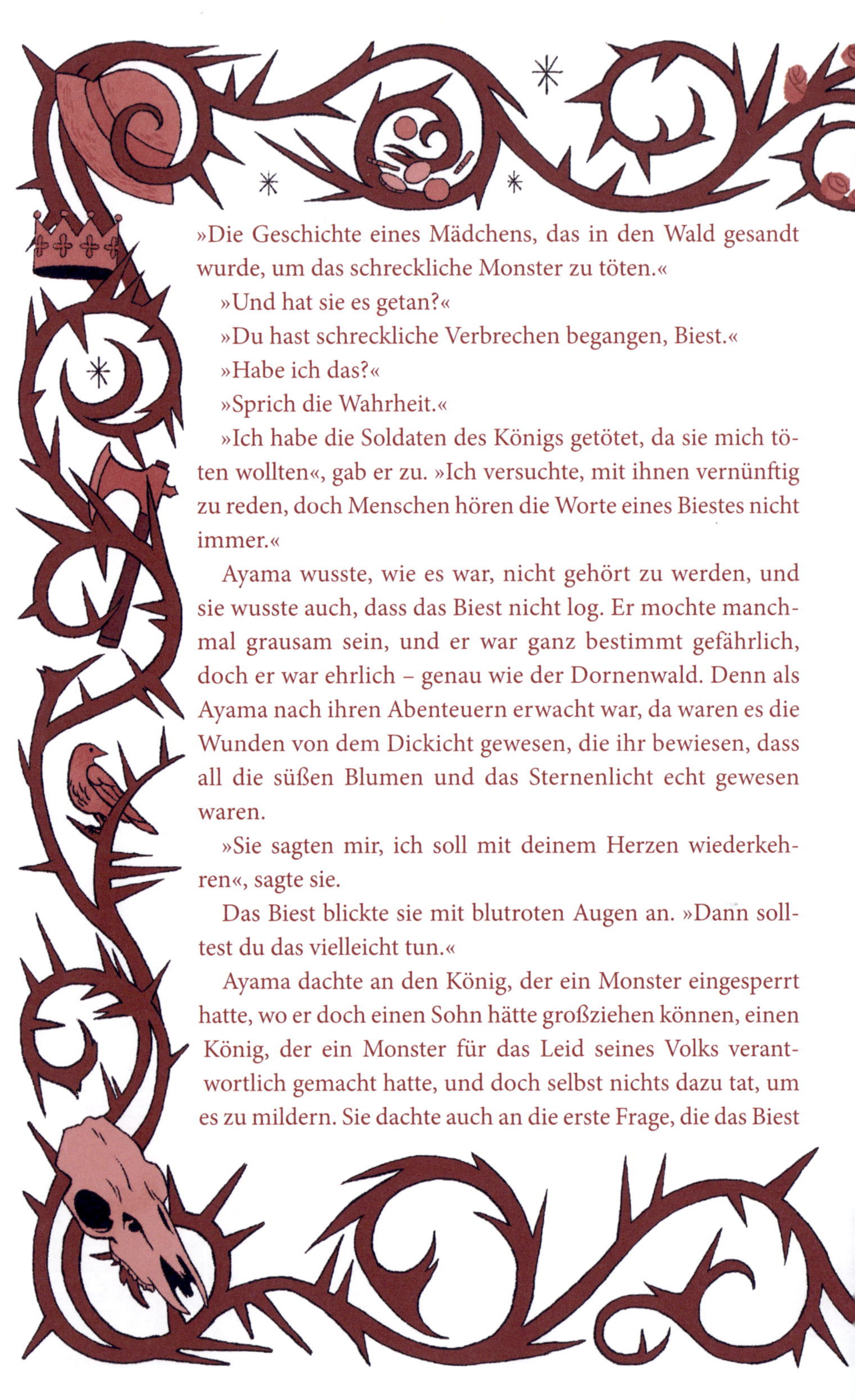

»Die Geschichte eines Mädchens, das in den Wald gesandt wurde, um das schreckliche Monster zu töten.«

»Und hat sie es getan?«

»Du hast schreckliche Verbrechen begangen, Biest.«

»Habe ich das?«

»Sprich die Wahrheit.«

»Ich habe die Soldaten des Königs getötet, da sie mich töten wollten«, gab er zu. »Ich versuchte, mit ihnen vernünftig zu reden, doch Menschen hören die Worte eines Biestes nicht immer.«

Ayama wusste, wie es war, nicht gehört zu werden, und sie wusste auch, dass das Biest nicht log. Er mochte manchmal grausam sein, und er war ganz bestimmt gefährlich, doch er war ehrlich – genau wie der Dornenwald. Denn als Ayama nach ihren Abenteuern erwacht war, da waren es die Wunden von dem Dickicht gewesen, die ihr bewiesen, dass all die süßen Blumen und das Sternenlicht echt gewesen waren.

»Sie sagten mir, ich soll mit deinem Herzen wiederkehren«, sagte sie.

Das Biest blickte sie mit blutroten Augen an. »Dann solltest du das vielleicht tun.«

Ayama dachte an den König, der ein Monster eingesperrt hatte, wo er doch einen Sohn hätte großziehen können, einen König, der ein Monster für das Leid seines Volks verantwortlich gemacht hatte, und doch selbst nichts dazu tat, um es zu mildern. Sie dachte auch an die erste Frage, die das Biest

ihr gestellt hatte, als sie neben dem Teich gekniet und er ihr den Becher aus der Hand geschlagen hatte.

Möchtest du ein Monster werden?

Ayama schob das Messer wieder in ihre Tasche und zog den kleinen Kupferbecher hervor.

»Biest«, sagte sie, »ich bin durstig.«

Das Biest ließ Ayama seine Vorderpfoten mit den Eisensträuchern des Dornenwaldes fesseln, und dann liefen sie über die wilden Lande, Ayama vor der Sonne geschützt durch den Schatten ihres hoch aufragenden Begleiters.

Als sie das Tal betraten und in die Stadt kamen, rannten viele Leute von den Straßen, stieben in ihre Häuser und zogen die Läden zu. Doch andere folgten ihnen vorsichtig, und sie starrten Ayama mit dem großen Hut und dem mit Dornenranken gefesselten Biest an.

Den Hügel hinauf zum Palast liefen Ayama und das Biest, durch die großen Tore, gefolgt von der Menge. Als die Wächter Ayama sahen, nahmen sie rasch Haltung an, denn sie ging mit hoch erhobenem Kopf. Sie war immer noch das robuste, reizlose Küchenmädchen, doch sie war auch das Mädchen, das dreimal dem Monster begegnet war und dreimal überlebt hatte, und jetzt trieb es ihn durch die Straßen der Stadt, während er schnaubte und finster jeden anstarrte, der ihm nahe kam, und seine gewundenen Hörner glänzten in rätselhaftem Licht.

Der König wartete nicht auf sie im Thronsaal, sondern er

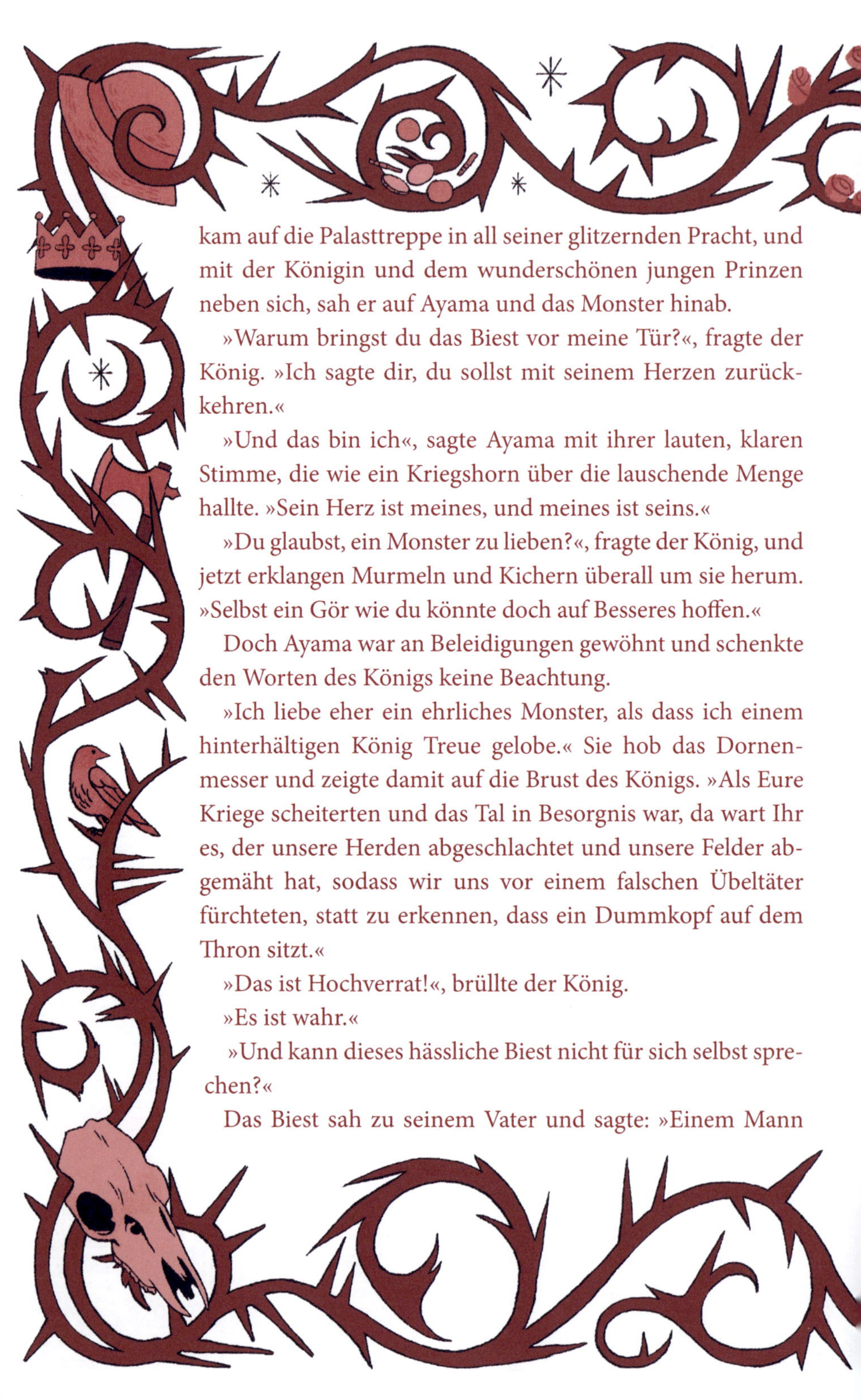

kam auf die Palasttreppe in all seiner glitzernden Pracht, und mit der Königin und dem wunderschönen jungen Prinzen neben sich, sah er auf Ayama und das Monster hinab.

»Warum bringst du das Biest vor meine Tür?«, fragte der König. »Ich sagte dir, du sollst mit seinem Herzen zurückkehren.«

»Und das bin ich«, sagte Ayama mit ihrer lauten, klaren Stimme, die wie ein Kriegshorn über die lauschende Menge hallte. »Sein Herz ist meines, und meines ist seins.«

»Du glaubst, ein Monster zu lieben?«, fragte der König, und jetzt erklangen Murmeln und Kichern überall um sie herum. »Selbst ein Gör wie du könnte doch auf Besseres hoffen.«

Doch Ayama war an Beleidigungen gewöhnt und schenkte den Worten des Königs keine Beachtung.

»Ich liebe eher ein ehrliches Monster, als dass ich einem hinterhältigen König Treue gelobe.« Sie hob das Dornenmesser und zeigte damit auf die Brust des Königs. »Als Eure Kriege scheiterten und das Tal in Besorgnis war, da wart Ihr es, der unsere Herden abgeschlachtet und unsere Felder abgemäht hat, sodass wir uns vor einem falschen Übeltäter fürchteten, statt zu erkennen, dass ein Dummkopf auf dem Thron sitzt.«

»Das ist Hochverrat!«, brüllte der König.

»Es ist wahr.«

»Und kann dieses hässliche Biest nicht für sich selbst sprechen?«

Das Biest sah zu seinem Vater und sagte: »Einem Mann

wie dir schulde ich keine Worte. Ich vertraue auf Ayama, meine Geschichte zu erzählen.«

»Diese Kreatur erschlug meine Soldaten«, tobte der König. »Er erbaute einen Turm aus ihren Knochen!«

»Das tat er«, sagte Ayama. »Denn Ihr schicktet sie, ihn zu töten, wo es doch Ihr wart, der Euren Sohn überhaupt aus dem Labyrinth befreite. Ihr ließet ihn frei, sodass Ihr den Helden spielen konntet und wir unsere Söhne und Brüder vergessen würden, die in Euren Kriegen starben, und die Steuern, die Euer Dach vergoldeten.«

»Erlaubt ihr es diesem Mädchen, solche Lügen zu erzählen?«, schrie der König, und obwohl seine Wache den Befehlen des Königs nicht gehorchen wollten, zogen sie ihre Dolche und stürzten sich auf Ayama.

Doch egal, wie viele Hiebe die Soldaten auch führten, Ayama stand unverletzt dort.

Dann nahm sie den Hut vom Kopf, und all die Menschen sahen, dass sie kein Mädchen mehr war. Ihre Zunge war gespalten, ihre Augen glühten wie Opale, und in ihrem Haar wanden sich Schlangen aus Flammen, die in orangefarbenen und goldenen Bändern an der Luft züngelten. Sie war ein Monster, und keine Klinge konnte ihre Haut durchdringen.

Mit dem Dornenmesser durchschnitt sie die Zweige, die die Handgelenke des Biestes banden.

Die Dorfbewohner schrien und stampften mit den Füßen, und manche wandten sich voller Schrecken ab. Doch Ayama

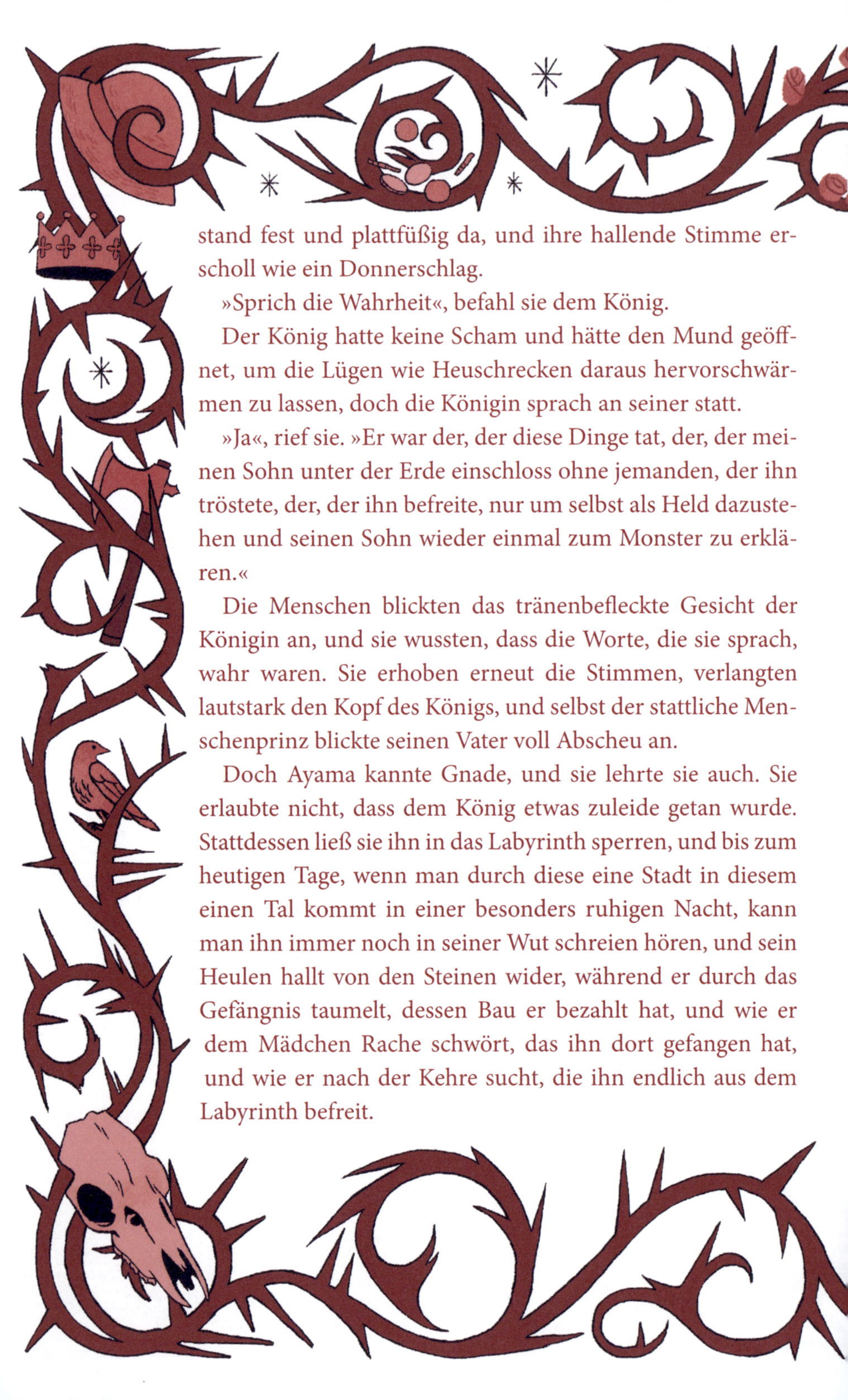

stand fest und plattfüßig da, und ihre hallende Stimme erscholl wie ein Donnerschlag.

»Sprich die Wahrheit«, befahl sie dem König.

Der König hatte keine Scham und hätte den Mund geöffnet, um die Lügen wie Heuschrecken daraus hervorschwärmen zu lassen, doch die Königin sprach an seiner statt.

»Ja«, rief sie. »Er war der, der diese Dinge tat, der, der meinen Sohn unter der Erde einschloss ohne jemanden, der ihn tröstete, der, der ihn befreite, nur um selbst als Held dazustehen und seinen Sohn wieder einmal zum Monster zu erklären.«

Die Menschen blickten das tränenbefleckte Gesicht der Königin an, und sie wussten, dass die Worte, die sie sprach, wahr waren. Sie erhoben erneut die Stimmen, verlangten lautstark den Kopf des Königs, und selbst der stattliche Menschenprinz blickte seinen Vater voll Abscheu an.

Doch Ayama kannte Gnade, und sie lehrte sie auch. Sie erlaubte nicht, dass dem König etwas zuleide getan wurde. Stattdessen ließ sie ihn in das Labyrinth sperren, und bis zum heutigen Tage, wenn man durch diese eine Stadt in diesem einen Tal kommt in einer besonders ruhigen Nacht, kann man ihn immer noch in seiner Wut schreien hören, und sein Heulen hallt von den Steinen wider, während er durch das Gefängnis taumelt, dessen Bau er bezahlt hat, und wie er dem Mädchen Rache schwört, das ihn dort gefangen hat, und wie er nach der Kehre sucht, die ihn endlich aus dem Labyrinth befreit.

Als der König weg war, oblag es dem Biest, seiner Mutter zu vergeben, weil sie ihn bei seiner Geburt und in den langen Jahren danach nicht beschützt hatte. Mit der Zeit vergab er ihr, denn Ayama hatte ihn etwas anderes als Wut fühlen lassen, und sie verbrachte ihre Tage damit, sich um die Quittenbäume in ihrem Garten zu kümmern.

Nach einer Werbung aus vielen Geschichten heirateten Ayama und das Biest unter einem Blutmond, und der Ehrenplatz gehörte Ma Zil, die Ayama wieder und wieder in den Dornenwald geschickt hatte. Sie war in ihrer Jugend kein besonderer Anblick gewesen, und sie wusste sehr gut, dass ein Abenteuer nur Mut erfordert. Kima heiratete den wunderschönen Menschenprinzen, und da keiner von beiden Gefallen an der Politik fand, überließen sie den Thron und all seine Mühen Ayama und dem Biest. Und so wurde das Tal im Westen von einem Monsterkönig und seiner Monsterkönigin regiert, die von ihren Leuten geliebt und von ihren Feinden gefürchtet wurden.

Jetzt kümmern sich die Leute in dem Tal weniger um hübsche Gesichter. Mütter tätscheln ihre schwangeren Bäuche und flüstern Gebete für die Zukunft. Sie beten für Regen im langen Sommer. Sie beten, dass ihre Kinder mutig werden und klug und stark, dass sie wahre Geschichten erzählen statt der leichten. Sie beten um Söhne mit roten Augen und Töchter mit Hörnern.

Der zu kluge Fuchs

DIE ERSTE FALLE, DER DER FUCHS ENTKAM, WAREN die Kiefer seiner Mutter.

Die Füchsin hatte sich ein wenig von der Qual der Geburt erholt, sah ihre Welpen an und seufzte. Es würde schwer, so viele Kinder zu füttern, und um die Wahrheit zu sagen, war sie hungrig nach ihren Mühen. Also schnappte sie sich zwei der Kleinsten und verschlang sie. Jetzt fand sie unter den Welpen einen winzigen, sich windenden Kümmerling von einem Fuchs mit scheckigem Fell und gelben Augen.

»Ich hätte dich zuerst fressen sollen«, sagte sie. »Du bist zu einem elenden Leben verdammt.«

Zu ihrer Überraschung antwortete der Kümmerling. »Friss mich nicht, Mutter. Besser jetzt hungrig, als dass es dir später leidtut.«

»Besser, dich zu verschlingen, als dich ansehen zu müssen. Was werden alle sagen, wenn sie ein solches Gesicht sehen?«

Eine niedere Kreatur wäre über solche Grausamkeit vielleicht verzweifelt, doch der Fuchs erkannte die Eitelkeit in dem sorgfältig gepflegten Pelz seiner Mutter und den schneeweißen Pfoten.

»Ich werde es dir sagen«, erwiderte er. »Wenn wir in den Wald gehen, werden die Tiere sagen: ›Sieh dir diesen hässlichen Welpen mit seiner wunderschönen Mutter an!‹ Und selbst wenn du alt und grau bist, werden sie nicht darüber reden, wie sehr du gealtert bist, sondern wie solch eine wunderschöne Mutter einen so hässlichen, dürren Sohn hat gebären können.«

Sie dachte darüber nach und stellte dann fest, dass sie überhaupt nicht hungrig war.

Die Mutter des Fuchses glaubte, dass der Kümmerling sterben würde, bevor das Jahr zu Ende ging, und so machte sie sich nicht die Mühe, ihm einen Namen zu geben. Doch als ihr kleiner Sohn einen Winter überlebte, und dann den nächsten, mussten die Tiere ihn irgendwie rufen können. Sie tauften ihn Koja – stattlich – zum Scherz, und er gewann bald an Ansehen.

Er war kaum ausgewachsen, da stellte ihn eine Hundemeute in einem Dornengestrüpp vor seinem Bau. Er kauerte sich auf der nasse Erde zusammen, lauschte ihrem schrecklichen Knurren, und eine geringeres Tier wäre vielleicht in Panik geraten, hätte sich im Kreis gedreht und einfach abgewartet, bis der Herr der Meute kam, um ihm den Pelz zu nehmen.

Koja aber rief: »Ich bin ein magischer Fuchs!«

Der größte Hund bellte ein Lachen. »Wir mögen ja am Feuer des Herrn schlafen und seine Reste fressen, doch so weich sind wir nicht geworden. Du glaubst, wir lassen dich wegen ein paar dummer Versprechungen leben?«

»Nein«, sagte Koja und versuchte dabei, so demütig und unterwürfig zu klingen, wie es nur ging. »Ihr habt mich besiegt. Das ist mal klar. Doch ich bin dazu verflucht, einen Wunsch zu gewähren, bevor ich sterbe. Ihr müsst ihn nur nennen.«

»Wohlstand!«, japste da einer.

»Gesundheit!«, bellte ein anderer.

»Fleisch vom Tisch!«, rief der dritte.

»Ich habe nur einen Wunsch zu vergeben«, sagte der hässliche kleine Fuchs, »und ihr müsst eure Wahl schnell treffen, denn wenn euer Meister ankommt, bin ich gezwungen, seinen Wunsch zu erfüllen.«

Die Hunde begannen zu streiten, sie knurrten und schnappten nacheinander, und während sie die Lefzen zurückzogen und sprangen und rangen, da huschte Koja davon.

In dieser Nacht tranken Koja und die anderen Tiere im Schutz des Waldes auf den flinken Geist des Fuchses. In der Ferne hörten sie, wie die Hunde vor der Tür ihres Herrn heulten, weil ihnen kalt war und sie in Ungnade gefallen und ihre Bäuche leer waren.

Obwohl Koja klug war, hatte er nicht immer Glück. Eines Tages, er lief vom Bauernhof der Tupolews mit einer fetten Henne im Maul zurück, geriet er in eine Falle.

Ein geringeres Tier hätte sich vielleicht von seiner Angst überwältigen lassen, als die Metallzähne zuschlugen. Es hätte vielleicht gewinselt und geheult und so den selbstgefällig grinsenden Bauern herbeigelockt, oder es hätte vielleicht versucht, sich die Pfote abzunagen.

Koja aber lag hechelnd da, bis er den schwarzen Bären, Iwan Gostow, durch den Wald poltern hörte. Nun, Gostow war ein blutdurstiges Tier, laut und grob, und bei Festmahlen nicht willkommen. Sein Fell war immer verfilzt und schmutzig, und es war genauso wahrscheinlich, dass er seinen Gastgeber fraß, wie das Essen, das serviert wurde. Mit einem Mörder mochte man jedoch verhandeln können – nicht mit einer Metallfalle.

Koja rief nach ihm. »Bruder, wirst du mich befreien?«

Als Iwan Gostow Koja blutend daliegen sah, lachte er dröhnend. »Mit

Freuden!«, brüllte er. »Ich werde dich aus dieser Falle befreien und heute Abend einen feinen Fuchseintopf essen, der mich nichts kostet.«

Der Bär zerbiss die Kette und warf sich Koja über den Rücken. Der baumelte an seinem verletzten Bein in den Stahlzähnen der Falle herab, und ein geringeres Tier hätte vielleicht die Augen geschlossen und um einen raschen Tod gebetet. Doch solange Koja Worte einfielen, hatte er Hoffnung.

Er flüsterte den Flöhen zu, die im dreckigen Pelz des Bären saßen. »Wenn ihr Iwan Gostow beißt, gestatte ich euch, ein Jahr lang in meinem Fell zu wohnen. Ihr dürft so viel von mir fressen, wie ihr wollt, und ich verspreche, mich nicht zu baden oder mich zu kratzen oder mich mit Paraffinöl zu übergießen. Ihr werdet eine feine Zeit haben, das sage ich euch.«

Die Flöhe flüsterten untereinander. Iwan Gostow war ein übel schmeckender Bär, und er trampelte ständig durch Flüsse oder rollte sich auf dem Rücken, um sie loszuwerden.

»Wir werden dir helfen«, riefen sie endlich im Chor.

Auf Kojas Signal hin griffen sie den armen Iwan Gostow an, sie bissen ihn genau in den Bereich zwischen den Schultern, wo er mit seinen großen Klauen nicht hinkam.

Der Bär kratzte sich und brüllte über sein Elend. Er warf die Kette weg, an der Kojas Falle befestigt war, und wand und wälzte sich auf dem Boden.

»Jetzt, kleine Brüder!«, rief Koja.

Die Flöhe sprangen in den Pelz des Fuchses, und trotz der Schmerzen in seinem Bein rannte Koja den ganzen Weg zurück zu seinem Bau und zog die blutige Kette dabei hinter sich her.

Es war ein unangenehmes Jahr für den Fuchs, doch er hielt sein Versprechen. Obwohl das Jucken ihn verrückt machte, kratzte er sich nicht und bandagierte sich sogar die Pfoten, um der Versuchung zu widerstehen. Er roch so schrecklich, dass niemand in seiner Nähe sein mochte, und doch badete er nicht. Wann immer Koja den Drang verspürte, zum Fluss zu laufen, blickte er zu der Kette, die er in einer Ecke seiner Höhle aufbewahrte. Er hatte sich mit der Hilfe des Roten Dachses aus der Falle befreit, und die Kette hatte er als Erinnerung daran behalten, dass er seine Freiheit den Flöhen und seinem Verstand verdankte.

Nur Lula die Nachtigall kam, um ihn zu besuchen. Sie hockte in den Zweigen des Birkenbaumes und lachte zwitschernd. »Nicht so klug, nicht wahr, Koja? Niemand wird dich einladen wollen, und du bist mit Krusten bedeckt. Du bist sogar noch hässlicher als zuvor.«

Koja ließ sich davon nicht verunsichern. »Hässlichkeit kann ich ertragen«, sagte er. »Ich habe aber festgestellt, dass es ein Ding gibt, mit dem ich nicht leben kann, und das ist der Tod.«

Als das Jahr vergangen war, lief Koja durch den Wald zu Tupolews Bauernhof und achtete dabei auf den Weg, um nicht in die Zähne von Fallen zu tapsen, die im Unterholz verborgen sein mochten. Er schlich sich in den Hühnerhof, und als eine der Mägde die Küchentür öffnete, um das Futter für die Schweine herauszutragen, da huschte Koja in Tupolews Haus hinein. Mit den Zähnen zog er die Decken zurück, die auf dem Bett des Bauern lagen, und hieß die Flöhe, hineinzuhüpfen.

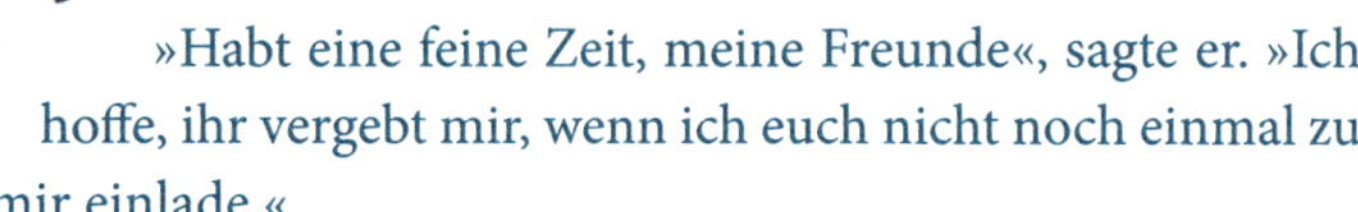

»Habt eine feine Zeit, meine Freunde«, sagte er. »Ich hoffe, ihr vergebt mir, wenn ich euch nicht noch einmal zu mir einlade.«

Die Flöhe riefen einen Abschied und sprangen unter die Decken, und sie freuten sich auf das Mahl, das aus dem Bauern und seiner Frau bestehen würde.

Auf seinem Weg nach draußen schnappte sich Koja eine Flasche Kwass aus dem Schrank und ein Huhn vom Hof und ließ dann beides am Eingang von Iwan Gostows Höhle stehen. Als der Bär auftauchte, beschnüffelte er Kojas Geschenke.

»Zeig dich, Fuchs«, brüllte er. »Hast du vor, mich wieder zu foppen?«

»Du hast mich befreit, Iwan Gostow. Du kannst mich zum Abendessen haben, wenn du möchtest. Ich warne dich aber, ich bin sehnig und zäh. Nur meine Zunge hat Geschmack. Ich bin ein bitteres Mahl, doch leiste hervorragende Gesellschaft.«

Der Bär lachte so laut, dass er die Nachtigall aus den Zweigen im Tal aufscheuchte. Er und Koja teilten sich das Huhn und den Kwass und verbrachten die Nacht damit, sich Geschichten zu erzählen. Von da an waren sie Freunde, und alle wussten, dass einem Iwan Gostows Zorn gewiss war, wenn man den Fuchs verärgerte.

Dann kam der Winter, und der schwarze Bär verschwand.

Die Tiere hatten bereits bemerkt, dass ihre Zahl seit einiger Zeit schrumpfte. Hirsche waren rar, und die kleinen Tiere auch – Hasen und Eichhörnchen, Birkhühner und Feldmäuse. Das war nichts Besonderes. Schwere Zeiten kamen und gingen. Doch Iwan Gostow war kein furchtsames Wild oder eine verschreckte Feldmaus. Als Koja auffiel, dass Wochen vergangen waren, seit er den Bären zuletzt gesehen oder sein Brüllen gehört hatte, begann er, sich Sorgen zu machen.

»Lula«, sagte er, »flieg in die Stadt und sieh, was du in Erfahrung bringen kannst.«

Die Nachtigall streckte ihren kleinen Schnabel in die Luft. »Du wirst mich darum bitten, Koja, und zwar freundlich, oder ich werde an einen warmen Ort fliegen und dich deinen Sorgen überlassen.«

Koja verneigte sich und machte Lula Komplimente für ihre glänzenden Federn, die Reinheit ihres Gesanges und wie lieblich sie ihr Nest hielt, und er machte immer weiter, bis die Nachtigall ihn endlich mit einem schrillen Zirpen unterbrach.

»Nächstes Mal darfst du bei ›Bitte‹ aufhören. Wenn du nur mit dem Reden aufhörst, fliege ich mit Freuden los.«

Lula schlug mit den Schwingen und verschwand in den blauen Himmel, doch als sie eine Stunde später zurückkehrte, glänzten ihre winzigen schwarzen Augen vor Angst. Sie hüpfte und flatterte, und es dauerte lange, bis sie sich auf einem Ast niederließ.

»Der Tod ist hier«, sagte sie. »Lew Jurek ist nach Polwost gekommen.«

Die Tiere verfielen in Schweigen. Lew Jurek war kein gewöhnlicher Jäger. Man sagte, er hinterließe keine Spuren, und sein Gewehr machte kein Geräusch. Er reiste von Dorf zu Dorf durch Rawka, und wo er hinging, da blutete er die Wälder aus.

»Er ist gerade von Balakirew gekommen.« Die hübsche Stimme der Nachtigall zitterte. »Als er die Stadt verließ, waren die Speicher der Stadt prall gefüllt mit Wildbret und Fellen. Die Spatzen sagen, er hat den Wald kahl gemacht.«

»Hast du den Mann selbst gesehen?«, fragte der Rote Dachs.

Lula nickte. »Er ist der größte Mann, den ich je sah, hat breite Schultern und ist so stattlich wie ein Prinz.«

»Und was ist mit dem Mädchen?«

Jurek war dafür bekannt, dass er mit seiner Halbschwester reiste, Sofija. Die Häute seiner Beute, die er nicht verkaufte, zwang Jurek sie zu einem schaurigen Mantel zusammenzunähen, der hinter ihr her über den Boden schleifte, wenn sie ging.

»Ich sah sie«, sagte die Nachtigall, »und ich sah auch den Mantel. Koja … sein Kragen ist aus sieben weißen Fuchsschwänzen gemacht.«

Koja runzelte die Stirn. Seine Schwester lebte in der Nähe von Balakirew. Sie hatte sieben Welpen gehabt, alle mit weißen Schwänzen.

»Ich sehe mir das an«, sagte er, und die Tiere atmeten ein wenig leichter, denn Koja war der Klügste unter ihnen.

Koja wartete, bis die Sonne untergegangen war, dann schlich er sich nach Polwost, Lula immer über sich. Sie hielten sich in den Schatten, schlichen durch Gassen und arbeiteten sich so in die Mitte der Stadt vor.

Jurek und seine Schwester hatten ein prachtvolles Haus in der Nähe der Tavernen gemietet, die am Barshai-Prospekt standen. Koja stellte sich auf die Hinterbeine und drückte die Nase an das Fenster.

Der Jäger saß mit seinen Freunden am Tisch, der beladen war mit reichhaltigem Essen – in Wein getränkter Kohl, und Kalb gefüllt mit Wachteleiern, fette Würste und eingelegter Salbei. Alle Lampen brannten hell mit Öl. Der Jäger war wirklich wohlhabend geworden.

Jurek war ein großer Mann, jünger als erwartet, aber genauso stattlich, wie Lula gesagt hatte. Er trug ein feines Leinenhemd und eine mit Pelz verbrämte Weste mit einer goldenen Uhr in der Tasche. Der Blick seiner tintenblauen Augen huschte immer wieder zu seiner Schwester, die am Feuer saß und las. Koja konnte ihr Gesicht nicht erkennen, doch Sofija hatte ein durchaus hübsches Profil, und ihre zierlichen Füße, die in Pantoffeln steckten, lagen auf dem Fell eines großen schwarzen Bären.

Kojas Blut wurde kalt beim Anblick der Haut seines gefallenen Freundes, die so nachlässig über den polierten Bodenbrettern ausgebreitet lag. Iwan Gostows Fell war sauber und glänzte, so wie es im Leben niemals gewesen war, und das machte Koja umso trauriger. Ein geringeres Tier hätte sich vielleicht von seiner Trauer überwältigen lassen. Es wäre vielleicht in die Hügel gerannt, weit hinauf, und hätte seinen Versuch für weise gehalten, dem Tod davonzulaufen, statt ihn zu überlisten. Doch Koja spürte hier ein Rätsel, eines, dem sein kluger Geist nicht widerstehen konnte: Trotz all seines Gedröhnes war Iwan Gostow das gewesen, was einem König ihres Waldes am nächsten gekommen war, ein tödlicher Gegner für Mann oder

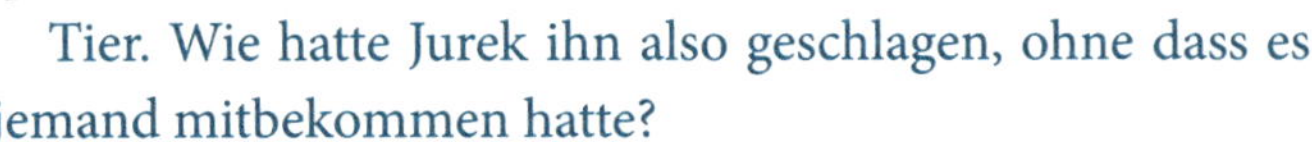

Tier. Wie hatte Jurek ihn also geschlagen, ohne dass es jemand mitbekommen hatte?

In den nächsten drei Nächten beobachtete Koja den Jäger, doch er erfuhr nichts.

Jeden Abend aß Jurek ein großes Mahl. Er ging in eine der Tavernen und kehrte erst in den frühen Morgenstunden zurück. Er trank gern und prahlte viel, und er verschüttete den Wein auf seine Kleider. Er schlief jeden Morgen lang, dann stand er auf und ging hinaus in den Gerberschuppen oder in den Wald. Jurek stellte Fallen auf, schwamm im Fluss, ölte sein Gewehr, doch Koja sah niemals, wie er etwas fing oder tötete.

Und dennoch trat Jurek am vierten Tag aus dem Gerberschuppen, und etwas Großes lag in seinen muskelbepackten Armen. Er ging zu den Holzrahmen und spannte die Haut eines großen grauen Wolfs auf. Niemand kannte den Namen des grauen Wolfs, und niemand hatte je gewagt, ihn danach zu fragen. Er lebte auf einem steilen Felsgrat und blieb für sich, und man sagte, sein Rudel hätte ihn wegen eines schrecklichen Verbrechens verstoßen. Er kam nur in das Tal herab, um zu jagen, und er bewegte sich so leise wie Rauch zwischen den Bäumen hindurch. Und doch hatte Jurek ihm seinen Pelz genommen.

In dieser Nacht brachte der Jäger Musiker in sein Haus. Die Stadtbewohner kamen, um das Fell des Wolfs zu bewundern, und Jurek bat seine Schwester, sich von ihrem Platz am Feuer zu erheben, damit er ihr den grässlichen Flickenmantel um die Schultern legen konnte. Die Dorfbewohner deuteten auf ein Fell nach dem anderen, und Jurek unterhielt sie mit den Geschichten darüber, wie er Illarion, den weißen Bären des Nordens, erlegt und wie er zwei goldene Luchse gefangen hatte, aus denen die Ärmel bestanden. Er beschrieb sogar, wie er sieben kleine Welpen gefangen hatte, die ihre Schwänze für den prächtigen Kragen des Mantels gegeben hatten. Mit jedem Wort, das Jurek sprach, sank das Kinn seiner Schwester tiefer, bis sie schließlich zu Boden sah.

Koja beobachtete, wie der Jäger nach draußen ging und den Kopf vom Wolfsfell trennte, und als die Dorfbewohner tanzten und tranken, saß Jureks Schwester da und fügte dem schrecklichen Mantel eine Kapuze an. Einer der Musiker schlug dröhnend auf seine Trommel, und ihr entglitt die Nadel. Sie zuckte zusammen und legte den Finger an die Lippen.

Was macht schon ein wenig mehr Blut?, dachte Koja da. Der Mantel konnte genauso gut rot gefärbt sein vom Blut.

»Sofija ist die Antwort«, erzählte Koja am nächsten Tag den Tieren. »Jurek muss Magie oder eine List nutzen, und seine Schwester wird davon wissen.«

»Doch warum würde sie uns seine Geheimnisse verraten?«, fragte der Rote Dachs.

»Sie fürchtet ihn. Sie sprechen kaum miteinander, und sie achtet darauf, ihm fernzubleiben.«

»Und jede Nacht verriegelt sie die Tür ihres Schlafzimmers«, zwitscherte die Nachtigall. »Gegen ihren eigenen Bruder. Da ist etwas.«

Sofija durfte das Haus nur alle paar Tage verlassen, um das Heim der alten Witwe auf der anderen Seite des Tales zu besuchen. Sie trug einen Korb, und manchmal zog sie einen Schlitten, hoch beladen mit Fellen und Nahrung, die in wollene Decken geschlagen war. Immer trug sie den schrecklichen Mantel, und als Koja zusah, wie sie sich dahinschleppte, erinnerte sie ihn an einen Pilger, der Buße tat.

Die erste Meile behielt Sofija einen gleichmäßigen Schritt bei und blieb auf dem Pfad. Dann gelangte sie zu einer kleinen Lichtung, weit von den Ausläufern der Stadt entfernt und von der Stille des Schnees erfüllt, und dort hielt sie an. Sie sank auf einen umgestürzten Baumstamm nieder, legte die Hände vor das Gesicht und weinte.

Der Fuchs schämte sich plötzlich, weil er sie beobachtete, doch er wusste auch, dass dies seine Chance war. Er hüpfte leise auf das andere Ende des Baumstammes und sagte: »Warum weinst du, Mädchen?«

Sofija keuchte auf. Ihre Augen waren rot, ihre blasse Haut fleckig, und doch war sie trotz der grässlichen Wolfsmütze immer noch lieblich. Sie sah sich um, und ihre gleichmäßigen Zähne nagten an ihrer Unterlippe. »Du solltest diesen Ort verlassen, Fuchs«, sagte sie. »Du bist hier nicht sicher.«

»Ich war nicht mehr sicher, seit ich jaulend aus dem Leib meiner Mutter glitt.«

Sie schüttelte den Kopf. »Du verstehst das nicht. Mein Bruder …«

»Was würde er mit mir anfangen wollen? Ich bin zu hager, um mich zu braten, und zu hässlich, um mich zu tragen.«

Sofija lächelte ein wenig. »Dein Fell ist ein wenig fleckig, aber du bist nicht so übel.«

»Nein?«, fragte der Fuchs. »Soll ich nach Os Alta reisen, um mein Porträt anfertigen zu lassen?«

»Was weiß ein Fuchs schon über die Hauptstadt?«

»Ich war einmal dort«, sagte Koja, denn er spürte, dass ihr eine Geschichte gefallen könnte. »Ich war der Gast der Königin. Sie band mir eine blaue Schleife um den Hals, und ich schlief jede Nacht auf einem samtenen Kissen.«

Das Mädchen lachte und vergaß die Tränen. »Ah, ja?«

»Ich war recht in Mode. All die Höflinge färbten ihr Haar rot und schnitten Löcher in ihre Kleider, in der Hoffnung, meinen löchrigen Pelz nachzuahmen.«

»Ich verstehe«, sagte das Mädchen. »Warum hast du dann die Annehmlichkeiten des Großen Palastes verlassen und bist in diese kalten Wälder gegangen?«

»Ich habe mir Feinde gemacht.«

»Der Pudel der Königin wurde eifersüchtig?«

»Der König fühlte sich von meinen überlangen Ohren beleidigt.«

»Eine gefährliche Sache«, sagte sie. »Mit so großen Ohren, wer weiß da schon, welches Gerede du hörst.«

Diesmal lachte Koja, erfreut, dass das Mädchen Verstand zeigte, wenn es nicht mit dem Grobian eingesperrt war.

Sofijas Lächeln schwand. Sie sprang auf und nahm ihren Korb, dann ging sie eilig den Pfad entlang zurück. Doch bevor sie verschwand, blieb sie kurz stehen und sagte: »Danke, dass du mich zum Lachen brachtest, Fuchs. Ich hoffe, ich treffe dich hier nicht wieder.«

Später am Abend plusterte Lula ihre Schwingen frustriert auf. »Du hast nichts erfahren! Du hast nur kokettiert.«

»Es war ein Anfang, kleiner Vogel«, sagte Koja. »Am besten geht es langsam.« Dann sprang er auf sie zu und schnappte drohend nach ihr.

Die Nachtigall kreischte und flatterte hinauf in die hohen Zweige, und der Rote Dachs lachte.

»Siehst du?«, sagte der Fuchs. »Wir müssen vorsichtig sein mit den scheuen Wesen.«

Das nächste Mal, als Sofija zum Heim der Witwen ging, folgte der Fuchs ihr wieder. Wieder setzte sie sich auf die Lichtung, und wieder weinte sie.

Koja sprang auf den umgestürzten Baum. »Sag mir, Sofija, warum weinst du?«

»Du bist immer noch hier, Fuchs? Weißt du nicht, dass mein Bruder in der Nähe ist? Er wird dich schließlich fangen.«

»Was sollte dein Bruder mit einem gelbäugigen Sack Knochen und Flöhe wollen?«

Sofija schenkte ihm ein kleines Lächeln. »Gelb ist eine hässliche Farbe«, gestand sie. »Und mit deinen großen Augen siehst du zu viel, denke ich.«

»Willst du mir nicht sagen, was dich bedrückt?«

Sie antwortete nicht. Stattdessen griff sie in ihren Korb und nahm eine Ecke Käse heraus. »Bist du hungrig?«

Der Fuchs leckte sich die Lippen. Er hatte den ganzen Morgen gewartet, dass das Mädchen das Haus seines Bruders verließ, und so hatte er sein Frühstück verpasst. Doch er wusste es besser, als Essen aus der Hand eines Menschen anzunehmen, selbst wenn die Hand weich und fein war. Als er sich nicht bewegte, zuckte sie mit den Schultern und nahm selbst einen Bissen.

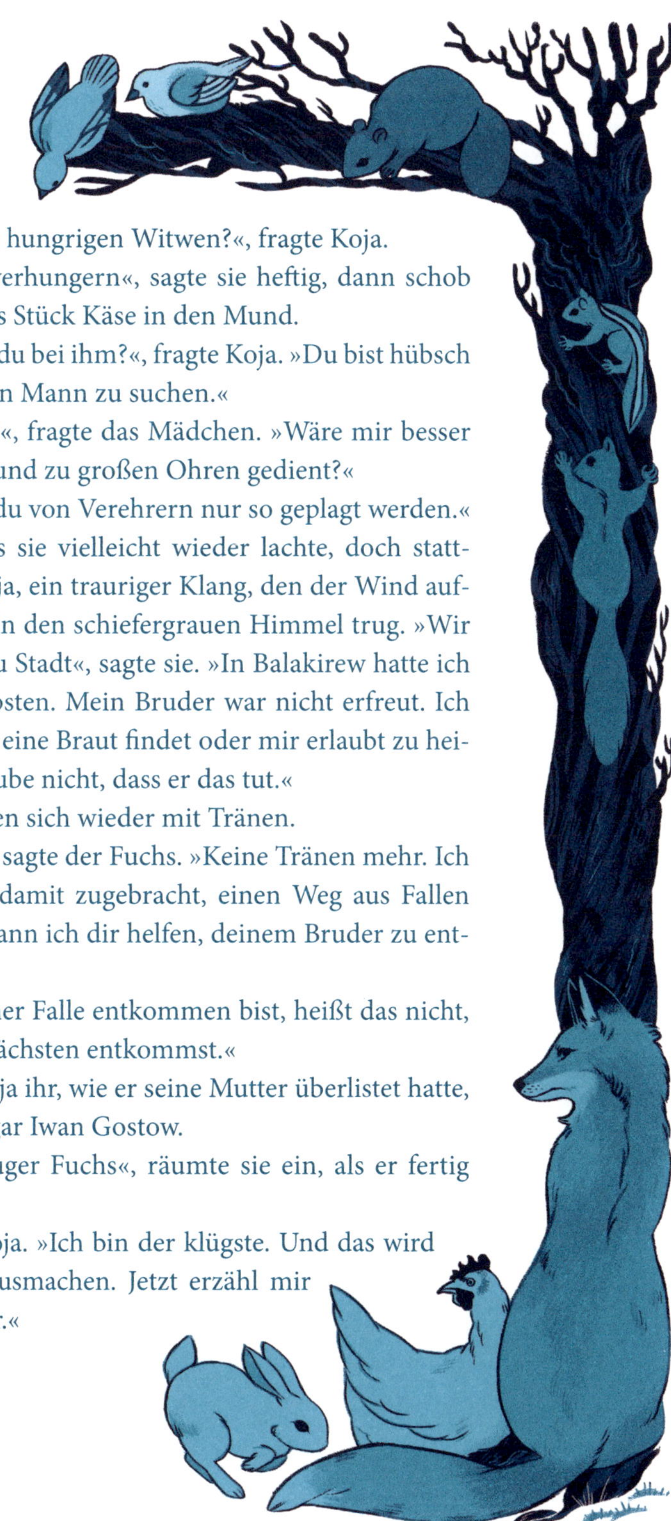

»Was ist mit den hungrigen Witwen?«, fragte Koja.

»Lass sie doch verhungern«, sagte sie heftig, dann schob sie sich ein weiteres Stück Käse in den Mund.

»Warum bleibst du bei ihm?«, fragte Koja. »Du bist hübsch genug, um dir einen Mann zu suchen.«

»Hübsch genug?«, fragte das Mädchen. »Wäre mir besser mit gelben Augen und zu großen Ohren gedient?«

»Dann würdest du von Verehrern nur so geplagt werden.«

Koja hoffte, dass sie vielleicht wieder lachte, doch stattdessen seufzte Sofija, ein trauriger Klang, den der Wind aufnahm und hinauf in den schiefergrauen Himmel trug. »Wir ziehen von Stadt zu Stadt«, sagte sie. »In Balakirew hatte ich beinahe einen Liebsten. Mein Bruder war nicht erfreut. Ich hoffe noch, dass er eine Braut findet oder mir erlaubt zu heiraten, doch ich glaube nicht, dass er das tut.«

Ihre Augen füllten sich wieder mit Tränen.

»Komm schon«, sagte der Fuchs. »Keine Tränen mehr. Ich habe mein Leben damit zugebracht, einen Weg aus Fallen zu finden. Sicher kann ich dir helfen, deinem Bruder zu entfliehen.«

»Nur weil du einer Falle entkommen bist, heißt das nicht, dass du auch der nächsten entkommst.«

Also erzählte Koja ihr, wie er seine Mutter überlistet hatte, die Hunde und sogar Iwan Gostow.

»Du bist ein kluger Fuchs«, räumte sie ein, als er fertig war.

»Nein«, sagte Koja. »Ich bin der klügste. Und das wird den Unterschied ausmachen. Jetzt erzähl mir von deinem Bruder.«

Sofija blickte zur Sonne hinauf. Es war weit nach Mittag.

»Morgen«, sagte sie. »Wenn ich wiederkomme.«

Sie ließ den Kanten Käse auf dem umgestürzten Baum liegen, und als sie weg war, schnüffelte Koja vorsichtig daran. Er sah nach rechts und links, dann verschlang er ihn mit einem Bissen und erübrigte keinen Gedanken an die armen hungrigen Witwen.

Koja wusste, dass er jetzt besonders vorsichtig sein musste, da er hoffte, Sofijas Zunge zu lockern. Er wusste, wie es war, in einer Falle zu sitzen. Sofija hatte lange so gelebt, und eine niedere Kreatur könnte sich dazu entscheiden, in Angst zu leben, statt nach der Freiheit zu greifen. Also wartete er am nächsten Tag an der Lichtung darauf, dass sie vom Haus der Witwen zurückkehrte, doch er blieb außer Sicht. Endlich kam sie über den Hügel, sie zog den Schlitten hinter sich her, die Wolldecken waren mit Kordeln verschnürt, und die Kufen sanken tief in den Schnee ein. Als sie die Lichtung erreichte, zögerte sie. »Fuchs?«, rief sie leise. »Koja?«

Erst da, als sie nach ihm rief, zeigte er sich.

Sofija schenkte ihm ein zittriges Lächeln. Sie sank auf den umgestürzten Baum und erzählte dem Fuchs von ihrem Bruder.

Jurek war ein Spätaufsteher, doch er war fest in seinen Gebeten. Er badete in eiskaltem Wasser und aß jeden Morgen sechs Eier zum Frühstück. An manchen Ta-

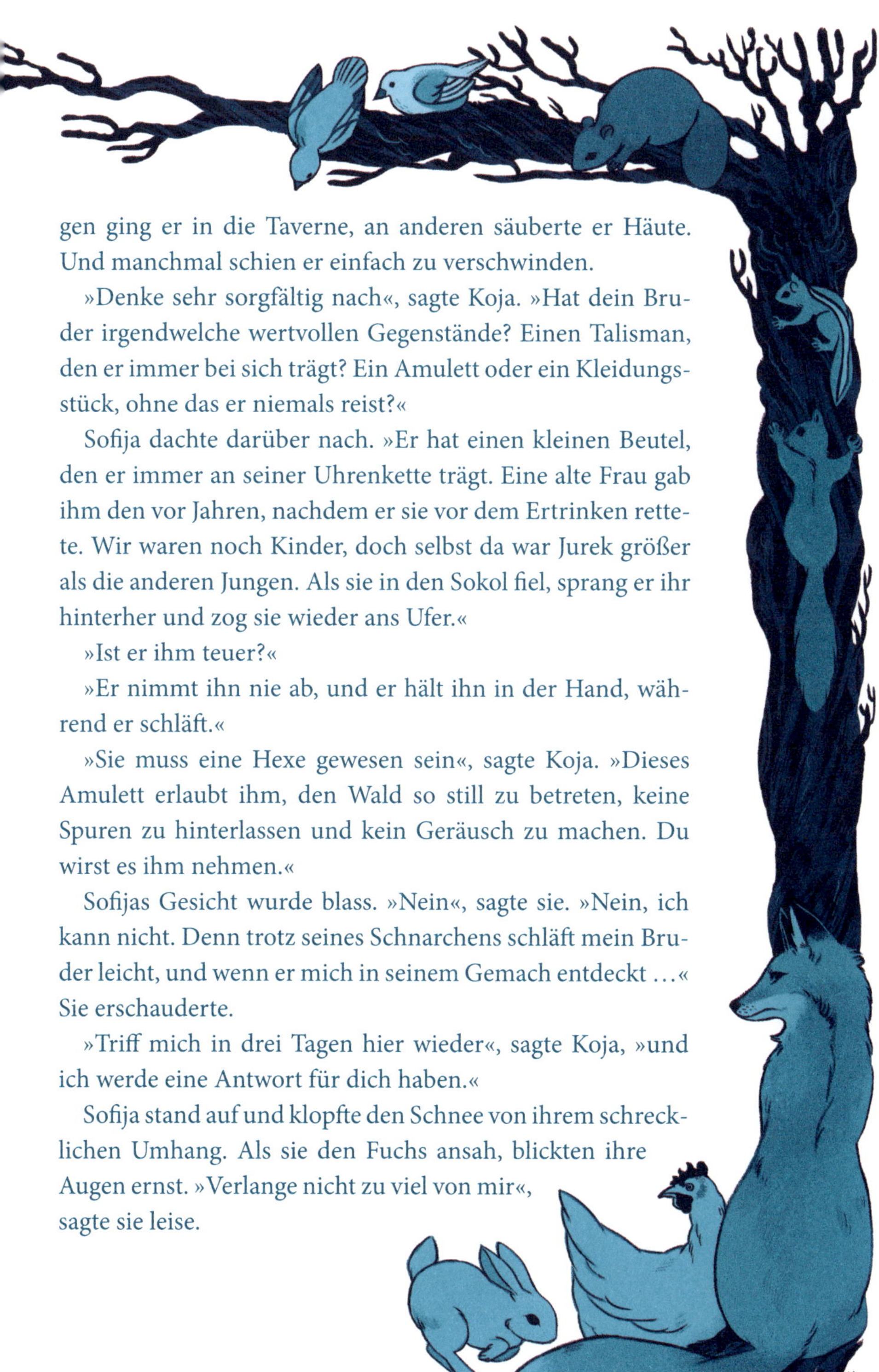

gen ging er in die Taverne, an anderen säuberte er Häute. Und manchmal schien er einfach zu verschwinden.

»Denke sehr sorgfältig nach«, sagte Koja. »Hat dein Bruder irgendwelche wertvollen Gegenstände? Einen Talisman, den er immer bei sich trägt? Ein Amulett oder ein Kleidungsstück, ohne das er niemals reist?«

Sofija dachte darüber nach. »Er hat einen kleinen Beutel, den er immer an seiner Uhrenkette trägt. Eine alte Frau gab ihm den vor Jahren, nachdem er sie vor dem Ertrinken rettete. Wir waren noch Kinder, doch selbst da war Jurek größer als die anderen Jungen. Als sie in den Sokol fiel, sprang er ihr hinterher und zog sie wieder ans Ufer.«

»Ist er ihm teuer?«

»Er nimmt ihn nie ab, und er hält ihn in der Hand, während er schläft.«

»Sie muss eine Hexe gewesen sein«, sagte Koja. »Dieses Amulett erlaubt ihm, den Wald so still zu betreten, keine Spuren zu hinterlassen und kein Geräusch zu machen. Du wirst es ihm nehmen.«

Sofijas Gesicht wurde blass. »Nein«, sagte sie. »Nein, ich kann nicht. Denn trotz seines Schnarchens schläft mein Bruder leicht, und wenn er mich in seinem Gemach entdeckt …« Sie erschauderte.

»Triff mich in drei Tagen hier wieder«, sagte Koja, »und ich werde eine Antwort für dich haben.«

Sofija stand auf und klopfte den Schnee von ihrem schrecklichen Umhang. Als sie den Fuchs ansah, blickten ihre Augen ernst. »Verlange nicht zu viel von mir«, sagte sie leise.

Koja trat noch einen Schritt auf sie zu. »Ich werde dich aus dieser Falle befreien«, sagte er. »Ohne sein Amulett wird dein Bruder seinen Unterhalt wie ein gewöhnlicher Mann verdienen müssen. Er wird an einem Ort bleiben müssen, und du wirst einen Liebsten finden.«

Sie wand die Seile des Schlittens um ihre Hand. »Vielleicht«, sagte Sofija. »Doch zuerst muss ich meinen Mut finden.«

Es dauerte einen Tag und einen halben, bis Koja die Marschen erreichte, wo ein Büschel Rebendolde wuchs. Er grub die kleinen Pflanzen vorsichtig aus. Die Wurzeln waren tödlich. Die Blätter würden ausreichen, um Jurek zu erledigen.

Als er in seinen Wald zurückkehrte, waren die Tiere in Aufruhr. Das Wildschwein, Tatija, war verschwunden, zusammen mit seinen drei Ferkeln. Am nächsten Nachmittag steckten sie auf Spießen, und man briet sie über einem fröhlichen Lagerfeuer auf dem Marktplatz. Der Rote Dachs und seine Familie packten, um zu gehen, und sie waren nicht die Einzigen.

»Er hinterlässt keine Spuren!«, rief der Dachs. »Sein Gewehr macht kein Geräusch! Er ist nicht natürlich, Fuchs, und dein kluger Geist ist ihm nicht gewachsen.«

»Bleib«, sagte Koja. »Er ist ein Mann, kein Monster, und sobald ich ihm seine Magie genommen habe, werden wir ihn kommen sehen. Der Wald wird wieder sicher sein.«

Der Rote Dachs sah nicht glücklich aus. Er versprach, noch

eine kleine Weile zu warten, doch er ließ seine Kinder nicht mehr von seinem Bau weg.

»Koch sie ein«, sagte Koja zu Sofija, als er sie auf der Lichtung traf, um ihr die Blätter der Rebendolde zu geben. »Dann gib das Wasser in seinen Wein, und er wird schlafen wie ein Toter. Du kannst ihm das Amulett ungehindert nehmen; lass nur etwas Nutzloses an seiner statt da.«

»Bist du dir da sicher?«

»Tu diese kleine Sache, und du wirst frei sein.«

»Doch was wird aus mir werden?«

»Ich werde dir Hühner von Tupolews Bauernhof bringen, und Feuerholz, um dich warm zu halten. Wir werden deinen schrecklichen Umhang gemeinsam verbrennen.«

»Das scheint kaum möglich.«

Koja flitzte vor und stupste ihre zitternde Hand einmal mit seiner Schnauze an, dann huschte er zurück in den Wald. »Die Freiheit ist eine Last, doch du wirst lernen, sie zu ertragen. Triff mich morgen, und alles wird gut.«

Trotz seiner mutigen Worte verbrachte Koja die Nacht damit, in seinem Bau hin und her zu laufen. Jurek war ein großer Mann. Was, wenn die Rebendolde nicht ausreichte? Was, wenn er erwachte, während Sofija versuchte, sein wertvolles Amulett zu nehmen? Und was, wenn sie Erfolg hatten? Sobald Jurek den Schutz der Hexe verloren hatte, würde der Wald sicher sein, und Sofija wäre frei. Würde sie dann gehen? Würde sie zu ihrem Liebsten in Balakirew zurückkehren? Oder konnte er seine Freundin davon überzeugen, zu bleiben?

Koja kam früh am nächsten Morgen zu der Lichtung. Er tapste über den kalten Boden. Der Wind schnitt wie ein Messer durch die Luft, und die Äste waren kahl. Machte der Jäger weiter Jagd auf die Tiere, würden sie diese Jahreszeit nicht überleben. Die Wälder von Polwost wären dann leer.

Da tauchte Sofijas Gestalt in der Ferne auf. Er war versucht, ihr entgegenzulaufen, doch er zwang sich zu warten. Er sah ihre pinken Wangen und wie sie unter der Kapuze des schrecklichen Umhangs grinste, und sein Herz hüpfte.

»Nun?«, fragte er, als sie die Lichtung betrat, leise wie immer. Mit dem Saum, der hinter ihr über den Pfad schleifte, war es beinahe, als hinterließe sie keine Spuren.

»Komm«, sagte sie, und ihre Augen blitzten. »Setz dich neben mich.«

Sie breitete eine Wolldecke auf dem umgestürzten Baum aus und öffnete ihren Korb. Sie packte ein Stück des leckeren Käses aus, einen Laib Schwarzbrot, ein Glas Pilze und eine Stachelbeertorte, die mit Honig glasiert war. Dann streckte sie ihm die geschlossene Faust entgegen. Koja stupste mit der Nase dagegen. Sie öffnete die Finger.

In ihrer Handfläche lag ein winziges Stoffbündel, gebunden mit einem blauen Zwirn und einem Stück Knochen. Es roch faulig.

Koja stieß die Luft aus. »Ich fürchtete, dass er aufwacht«, sagte er endlich.

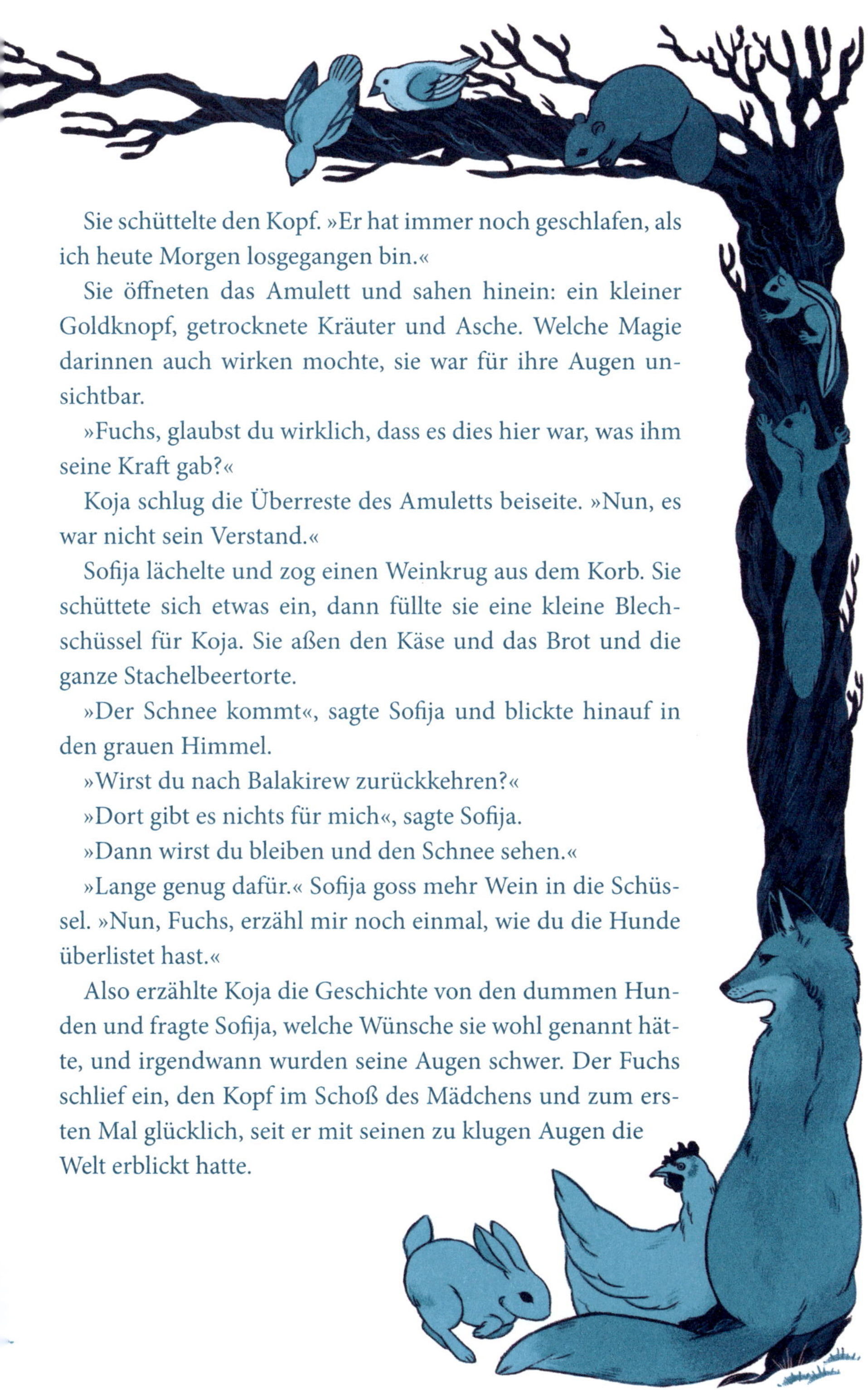

Sie schüttelte den Kopf. »Er hat immer noch geschlafen, als ich heute Morgen losgegangen bin.«

Sie öffneten das Amulett und sahen hinein: ein kleiner Goldknopf, getrocknete Kräuter und Asche. Welche Magie darinnen auch wirken mochte, sie war für ihre Augen unsichtbar.

»Fuchs, glaubst du wirklich, dass es dies hier war, was ihm seine Kraft gab?«

Koja schlug die Überreste des Amuletts beiseite. »Nun, es war nicht sein Verstand.«

Sofija lächelte und zog einen Weinkrug aus dem Korb. Sie schüttete sich etwas ein, dann füllte sie eine kleine Blechschüssel für Koja. Sie aßen den Käse und das Brot und die ganze Stachelbeertorte.

»Der Schnee kommt«, sagte Sofija und blickte hinauf in den grauen Himmel.

»Wirst du nach Balakirew zurückkehren?«

»Dort gibt es nichts für mich«, sagte Sofija.

»Dann wirst du bleiben und den Schnee sehen.«

»Lange genug dafür.« Sofija goss mehr Wein in die Schüssel. »Nun, Fuchs, erzähl mir noch einmal, wie du die Hunde überlistet hast.«

Also erzählte Koja die Geschichte von den dummen Hunden und fragte Sofija, welche Wünsche sie wohl genannt hätte, und irgendwann wurden seine Augen schwer. Der Fuchs schlief ein, den Kopf im Schoß des Mädchens und zum ersten Mal glücklich, seit er mit seinen zu klugen Augen die Welt erblickt hatte.

Er erwachte, weil er Sofijas Messer an seinem Bauch spürte, von dem Stoß, als sich die Klinge unter sein Fell grub. Er versuchte, von ihr wegzukriechen, doch er merkte, dass seine Pfoten gefesselt waren.

»Warum?«, keuchte er, als Sofija das Messer tiefer hineinstieß.

»Weil ich eine Jägerin bin«, sagte sie schulterzuckend.

Koja stöhnte. »Ich wollte dir helfen.«

»Das tun sie immer«, murmelte Sofija. »Wenige können dem Anblick eines hübschen Mädchens widerstehen, wenn es weint.«

Eine geringere Kreatur hätte vielleicht um ihr Leben gebettelt, angesichts des stetig in den Schnee tropfenden Blutes, doch Koja mühte sich zu denken. Es war schwer. Sein kluger Geist war von der Rebendolde verwirrt.

»Dein Bruder …«

»Mein Bruder ist ein Dummkopf, der es kaum erträgt, im gleichen Zimmer mit mir zu sein. Doch seine Gier ist größer als seine Angst. Also bleibt er und ertränkt seine Angst, und während du ihn und sein Gewehr beobachtet und von Hexen geredet hast, bin ich durch den Wald gegangen.«

Konnte es wahr sein? War es Jurek, der Abstand hielt, der seine Angst mit Wein ertränkte, der seiner Schwester so gut es ging aus dem Weg blieb? Hatte Sofija den grauen Wolf nach Hause gebracht, und Jurek das Haus mit Menschen gefüllt, damit er nicht mit ihr allein sein musste? Wie Koja

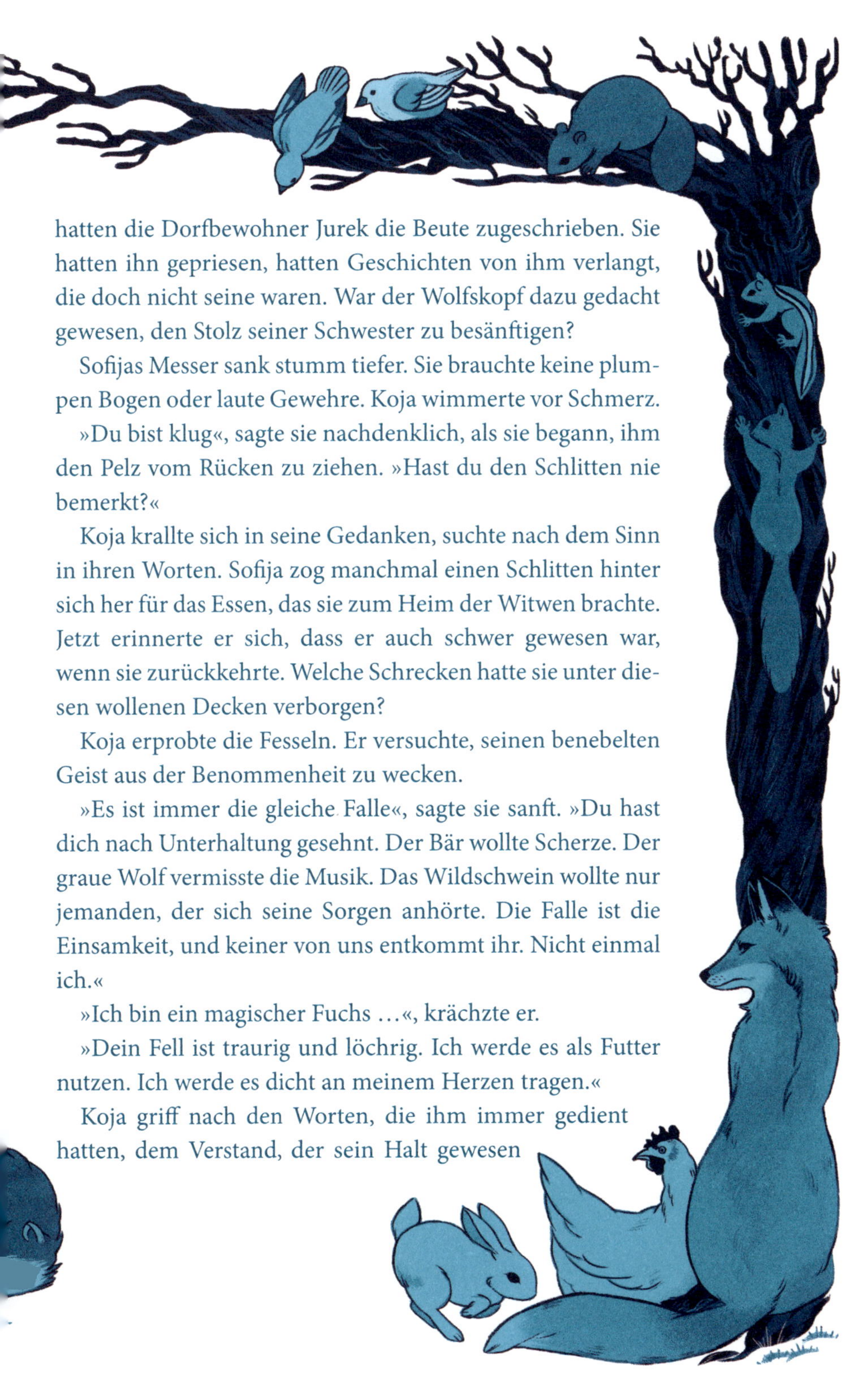

hatten die Dorfbewohner Jurek die Beute zugeschrieben. Sie hatten ihn gepriesen, hatten Geschichten von ihm verlangt, die doch nicht seine waren. War der Wolfskopf dazu gedacht gewesen, den Stolz seiner Schwester zu besänftigen?

Sofijas Messer sank stumm tiefer. Sie brauchte keine plumpen Bogen oder laute Gewehre. Koja wimmerte vor Schmerz.

»Du bist klug«, sagte sie nachdenklich, als sie begann, ihm den Pelz vom Rücken zu ziehen. »Hast du den Schlitten nie bemerkt?«

Koja krallte sich in seine Gedanken, suchte nach dem Sinn in ihren Worten. Sofija zog manchmal einen Schlitten hinter sich her für das Essen, das sie zum Heim der Witwen brachte. Jetzt erinnerte er sich, dass er auch schwer gewesen war, wenn sie zurückkehrte. Welche Schrecken hatte sie unter diesen wollenen Decken verborgen?

Koja erprobte die Fesseln. Er versuchte, seinen benebelten Geist aus der Benommenheit zu wecken.

»Es ist immer die gleiche Falle«, sagte sie sanft. »Du hast dich nach Unterhaltung gesehnt. Der Bär wollte Scherze. Der graue Wolf vermisste die Musik. Das Wildschwein wollte nur jemanden, der sich seine Sorgen anhörte. Die Falle ist die Einsamkeit, und keiner von uns entkommt ihr. Nicht einmal ich.«

»Ich bin ein magischer Fuchs …«, krächzte er.

»Dein Fell ist traurig und löchrig. Ich werde es als Futter nutzen. Ich werde es dicht an meinem Herzen tragen.«

Koja griff nach den Worten, die ihm immer gedient hatten, dem Verstand, der sein Halt gewesen

war und der ihm die Richtung gewiesen hatte. Seine kluge Zunge gehorchte ihm nicht. Er stöhnte, während sein Leben in die Schneewehe tropfte und den umgestürzten Baum wässerte. Dann, ohne Hoffnung und im Sterben, tat Koja, was er nie zuvor getan hatte. Er schrie auf, und hoch in den Zweigen ihres Birkenbaumes hörte die Nachtigall ihn.

Lula kam angeflogen, und als sie sah, was Sofija tat, setzte sie sich auf sie und pickte ihr in die Augen. Sofija schrie und schlug mit dem Messer nach dem kleinen Vogel. Doch Lulas Schnabel war scharf. Sie ließ nicht nach. Im Wald mussten sogar die Singvögel Überlebenskünstler sein.

Es dauerte zwei Tage, bis Sofija aus den Wäldern gestolpert kam, blind und beinahe verhungert. Mit der Zeit fand ihr Bruder ein bescheideneres Heim, und er wurde ein Holzfäller – eine Arbeit, die gut zu ihm passte. Seine neue Braut war beunruhigt von den wirren Reden seiner Schwester über Füchse und Wölfe. Mit wenig Bedauern schickte Lew Jurek Sofija ins Heim der Witwen. Sie nahmen sie auf, in Gedenken an die Barmherzigkeit, die sie ihnen einst entgegengebracht hatte. Doch obwohl sie ihnen Essen gebracht hatte, boten sie ihr nie warme Worte oder Gesellschaft an. Sie hatte sich nie die Mühe gemacht, sich mit ihnen anzufreunden, und bald war ihre Dankbarkeit erschöpft, und die

alten Frauen grummelten über die Pflege, die Sofija benötigte, und ließen sie mit ihrem schrecklichen Umhang am Feuer zusammengekauert hocken.

Kojas Fell saß niemals mehr ganz richtig. Im Umgang mit Menschen wurde er sehr viel vorsichtiger, selbst mit dem dummen Bauern Tupolew. Die anderen Tiere waren auch vorsichtiger mit Koja. Sie neckten ihn weniger, und wenn sie den Fuchs und Lula besuchten, dann sagten sie niemals ein unfreundliches Wort darüber, wie sich sein Fell am Hals ein wenig bauschte.

Der Fuchs und die Nachtigall verbrachten ein ruhiges Leben miteinander. Und eine niedere Kreatur hätte Koja vielleicht seinen Fehler vorgehalten, hätte ihn geneckt wegen seines Stolzes. Doch Lula war nicht nur klug. Sie war weise.

Die Hexe von Duwa

ES GAB EINMAL EINE ZEIT, DA DIE WÄLDER NAHE Duwa Mädchen verschlangen.

Es war viele Jahre her, seit sie ein Kind genommen hatten. Und doch drücken Mütter ihre Töchter fest an sich und warnen sie davor, in solchen Nächten nicht zu weit von zu Hause wegzulaufen, wenn der Wind kalt von Tsibeja herüberweht. »Komm zurück, bevor es dunkel wird«, flüstern sie. »Heute Nacht sind die Bäume hungrig.«

In diesen schwarzen Tagen, am Rande ebendieser Wälder, lebte ein Mädchen mit Namen Nadja und ihr Bruder, Havel, die Kinder von Maxim Grushow, dem Tischler und Holzschnitzer. Maxim war ein guter Mann, wohlgelitten im Dorf. Er baute Dächer, die weder leckten noch sich durchbogen, robuste Stühle, Spielzeuge, wenn danach verlangt wurde, und seine geschickten Hände formten so glatte Kanten und verbanden Fugen so sauber, dass man die Naht nicht sah. Er reiste durch das ganze Land auf der Suche nach Arbeit, bis in weit entfernte Städte wie Rjewost. Er reiste zu Fuß oder mit dem Heuwagen, wenn das Wetter gut war, und im Winter spannte er seine zwei schwarzen Pferde vor einen Schlitten, gab seinen Kindern einen Kuss und fuhr im Schnee hinaus. Immer kehrte er zu ihnen zurück mit Beuteln voll Getreide oder einem neuen Ballen Wolle, die Taschen mit Süßigkeiten für Nadja und ihren Bruder gefüllt.

Doch als die Hungersnot kam, hatten die Menschen keine Münzen und nichts, um es gegen einen hübsch geschnitzten Tisch oder eine Holzente einzutauschen. Sie benutzten ihre Möbel als Feuerholz und beteten, dass sie bis zum Frühling

durchkommen würden. Maxim musste seine Pferde verkaufen, und dann den Schlitten, den sie über die schneebedeckten Straßen gezogen hatten.

Als Maxims Glück schwand, tat dies auch seine Frau. Bald war sie mehr Geist als Frau und schwebte leise von Zimmer zu Zimmer. Nadja versuchte, ihre Mutter dazu zu bringen, etwas von dem wenigen Essen zu sich zu nehmen, das sie hatten, gab Rüben und Kartoffeln von ihrem eigenen Teller an sie weiter, wickelte den zerbrechlichen Körper ihrer Mutter in Schals und setzte sie auf die Veranda, in der Hoffnung, dass die frische Luft ihr etwas von ihrem Appetit wiederbringen würde. Das Einzige, nach dem es sie zu gelüsten schien, waren kleine Kuchen, gemacht von der Witwe Karina Stoianowa, aromatisiert mit Orangenblüten und dick mit Zuckerguss überzogen. Wo Karina den Zucker herbekam, wusste niemand – doch die alten Frauen hatten ihre Vermutungen, bei denen es meist um einen reichen und einsamen Kaufmann aus den Flussstädten ging. Die Schneeschmelze kam, dann der Sommer, eine weitere Missernte. Schließlich gingen sogar Karinas Vorräte zur Neige, und als die kleinen Kuchen verschwanden, nahm Nadjas Mutter nichts mehr zu sich, nicht einmal den winzigsten Schluck Tee.

Nadjas Mutter starb am ersten Tag des Winters, an dem der letzte Hauch des Herbstes verflogen war und jede Hoffnung auf ein mildes Jahr schwand. Doch der Tod der armen Frau blieb beinahe unbemerkt, denn zwei Tage bevor sie endlich ihren letzten, geisterhaften Atemzug tat, verschwand ein weiteres Mädchen.

Ihr Name war Lara Deniken, und sie war ein schüchternes

Ding mit einem nervösen Lachen, das bei Dorftanzveranstaltungen meist am Rand gestanden und dem fröhlichen Treiben zugesehen hatte. Alles, was man von ihr noch fand, war ein einsamer Lederschuh, der Absatz voll mit getrocknetem Blut. Sie war das zweite Mädchen, das in ebenso vielen Monaten verschwand, nachdem Shura Yeshewskji hinausgegangen war, um die Wäsche auf die Leine zu hängen, und niemals zurückgekommen war. Nichts als ein Stapel Wäscheklammern und durchweichte Laken blieb im Schlamm zurück.

Wahre Angst kam über die Stadt. In der Vergangenheit waren die Mädchen alle paar Jahre verschwunden. Natürlich gab es Gerüchte, dass von Zeit zu Zeit Mädchen aus anderen Dörfern geholt wurden, doch diese Kinder schienen kaum echt. Jetzt, da die Menschen von Duwa Not litten, schien auch das, was immer in den Wäldern lauerte, gieriger und verzweifelter geworden zu sein.

Lara. Shura. All die, die zuvor verschwunden waren: Betjia. Ludmilla. Raiza. Nikolena. Andere Namen, die man vergessen hatte. In diesen Tagen flüsterte man sie wie eine Beschwörung. Eltern schickten Gebete an die Heiligen, die Mädchen gingen paarweise, und die Menschen beobachteten ihre Nachbarn mit Misstrauen. Am Rande der Wälder errichteten die Dorfbewohner schiefe Altäre – sorgsam bemalte Ikonen, kleine Haufen mit Blumen und Perlen.

Männer redeten von Bären und Wölfen. Sie veranstalteten Jagdgesellschaften und sprachen davon, Teile des Waldes niederzubrennen. Der arme linkische Uri Pankin wurde beinahe

gesteinigt, als man bei ihm eine Puppe von einem der verschwundenen Mädchen fand, und nur das Weinen seiner Mutter und ihr Beharren, dass sie das traurige Ding selbst auf der Straße nach Westopol gefunden hatte, retteten ihn.

Manche fragten sich, ob die Mädchen von ihrem Hunger geplagt in den Wald gelaufen waren. Denn von den Bäumen wehten Gerüche heran, wenn der Wind aus einer gewissen Richtung wehte, unmögliche Düfte von Teigtaschen, gefüllt mit Lamm, oder Babkas mit Sauerkirschen. Nadja wäre ihnen selbst fast nachgegangen, wenn sie neben ihrer Mutter auf der Veranda saß und versuchte, sie dazu zu bringen, noch einen Löffel Brühe zu essen. Sie roch gebratenen Kürbis, Walnüsse und braunen Zucker und merkte in diesen Momenten, dass ihre Füße sie die Treppe hinab auf die wartenden Schatten zutrugen, dahin wo die Bäume knarzten und seufzten, als wollten sie sie aufnehmen.

Dumme Nadja, denkt ihr jetzt. *Dumme Mädchen. Ich wäre niemals so töricht.* Doch ihr habt niemals echten Hunger verspürt. Die Ernten der letzten Jahre waren gut gewesen, und die Menschen haben vergessen, was magere Zeiten sind. Sie vergessen, dass Mütter ihre Säuglinge in ihren Krippen erstickten, um das hungrige Weinen zu beenden, oder dass man den Fallensteller Leonid Gemka fand, wie er an der Wade seines erschlagenen Bruders nagte, nachdem ihre Hütte zwei lange Monate lang in Eis und Schnee eingeschlossen gewesen war.

Auf der Veranda von Baba Oljas Haus sitzend, spähten die alten Frauen in den Wald und murmelten: »Khitka.« Bei dem Klang dieses Wortes richteten sich die Haare auf Nadjas Armen auf, doch sie war kein Kind mehr, also lachte sie mit ihrem Bruder über das dumme Geschwätz. Die Khitkii waren boshafte Waldgeister, blutdurstig und rachsüchtig. Doch in den Geschichten hieß es, sie hungerten nach Neugeborenen, nicht nach ausgewachsenen Mädchen, die beinahe alt genug waren, um zu heiraten.

»Wer kann schon sagen, was den Hunger antreibt?«, fragte Baba Olja mit einer wegwerfenden Geste ihrer knotigen Hand. »Vielleicht ist er neidisch. Oder wütend.«

»Vielleicht mag er auch einfach nur den Geschmack unserer Mädchen«, sagte Anton Kozar, der auf seinem einen guten Bein vorbeihinkte, und wackelte dabei obszön mit der Zunge. Die alten Frauen kreischten heiser wie Gänse, und Baba Olja warf einen Stein nach ihm. Kriegsveteran oder nicht, der Mann war ekelhaft.

Als Nadjas Vater die alten Frauen darüber murren hörte, dass Duwa verflucht wäre, und verlangten, dass ein Priester auf dem Dorfplatz Segen sprechen sollte, schüttelte er nur den Kopf.

»Es ist nur ein Tier«, sagte er nachdrücklich. »Ein Wolf, verrückt vor Hunger.«

Maxim kannte jeden Weg und jede Ecke des Waldes, und so nahmen er und seine Freunde ihre Gewehre und gingen zurück in die Wälder, voll grimmiger Entschlossenheit. Doch wieder fanden sie nichts, und die alten Mütterchen murrten lauter. Welches Tier hinterließ keine Fährte, keine Fußabdrücke und keine Spur eines Leichnams?

Das Misstrauen kroch durch die Stadt. Der lüsterne Anton

Kozar war von der Front doch recht verändert zurückgekehrt, oder nicht? Peli Yerokin war immer schon ein gewalttätiger Junge gewesen. Und Bela Pankin war eine höchst sonderbare Frau, die da draußen auf dem Bauernhof mit ihrem seltsamen Sohn Uri lebte. Eine Khitka konnte jede Gestalt annehmen. Vielleicht hatte sie die Puppe des vermissten Mädchens doch gar nicht »gefunden«.

Als Nadja am Grab ihrer Mutter stand, bemerkte sie Antons nässenden Stumpf und das anzügliche Grinsen, den drahtigen Peli Yerokin mit seinem wirren Haar und den geballten Fäusten, und Bela Pankins besorgt gerunzelte Stirn und das mitleidige Lächeln der Witwe Karina Stojanowa, die Art, wie der Blick ihrer hübschen schwarzen Augen auf Nadjas Vater ruhte, als der Sarg, den er mit solcher Sorgfalt gebaut hatte, in den harten Boden gesenkt wurde.

Die Khitka mochte jede Gestalt annehmen können, am liebsten war ihr jedoch die einer schönen Frau.

Bald schien Karina überall zu sein, sie brachte Nadjas Vater Essen und Kwass, flüsterte ihm ins Ohr, dass er jemanden brauchte, der sich um ihn und seine Kinder kümmerte. Havel würde bald eingezogen, er würde weg sein, würde in Poliznajia ausgebildet und seinen Militärdienst beginnen, doch jemand musste sich um Nadja kümmern.

»Immerhin«, so sagte Karina mit ihrer Stimme, die klang wie warmer Honig, »möchtest du nicht, dass sie dich entehrt.«

Am gleichen Abend ging Nadja zu ihrem Vater, als der am Feuer saß und Kwass trank. Maxim schnitzte. Wenn er nichts zu tun hatte, machte er manchmal Puppen für Nadja, auch wenn sie ihnen längst entwachsen war. Sein scharfes Messer bewegte sich mit rastlosem Schwung, und weiche Holzlocken fielen zu Boden. Er war zu lange zu Hause gewesen. Den Sommer und den Herbst, in denen er auf der Suche nach Arbeit unterwegs hätte sein können, hatte er an die Krankheit seiner Frau verloren, und nun würde der Schnee die Straßen bald unpassierbar machen. Seine Familie hungerte, und die Holzpuppen versammelten sich auf dem Kaminsims zu einem stummen, nutzlosen Chor. Er fluchte, als er sich in den Daumen schnitt, und erst da bemerkte er Nadja, die nervös von einem Fuß auf den anderen tretend neben ihm stand.

»Papa«, sagte Nadja, »bitte heirate Karina nicht.«

Sie hoffte, dass er abstritt, darüber nachgedacht zu haben. Doch er saugte an seinem verletzten Daumen und sagte schließlich: »Warum nicht? Magst du Karina nicht?«

»Nein«, sagte Nadja ehrlich. »Und sie mag mich nicht.«

Maxim lachte und strich ihr mit seinen rauen Fingerknöcheln über die Wange. »Süße Nadja, wer könnte dich nicht lieben?«

»Papa …«

»Karina ist eine gute Frau«, sagte Maxim. Er strich wieder über ihre Wange. »Es wäre besser, wenn …« Unvermittelt ließ er die Hand sinken und wandte das Gesicht wieder dem Feuer zu. Sein Blick war abwesend, und als er sprach, war seine Stimme kalt und merkwürdig, als käme sie vom Grund eines Brunnens. »Karina ist eine gute Frau«, wiederholte er. Seine Finger packten die Lehnen seines Sessels. »Und jetzt lass mich in Ruhe.«

Sie hat ihn bereits, dachte Nadja. *Er steht unter ihrem Bann.*

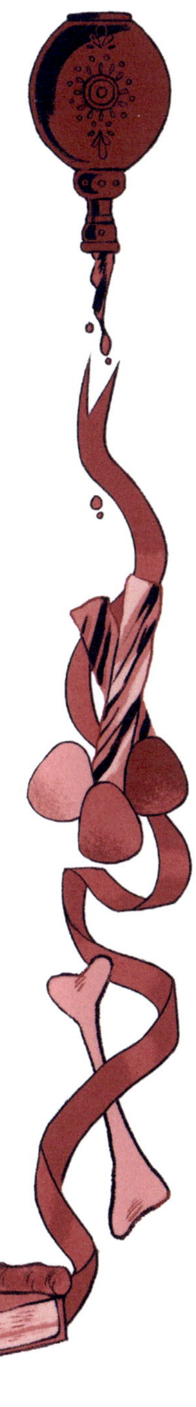

Am Abend bevor Havel in den Süden aufbrach, wurde ein Tanz in der Scheune beim Bauernhof von Pankins gehalten. In besseren Jahren wäre es vielleicht eine lustige, laute Nacht geworden, die Tische beladen mit Nüssen und Äpfeln, Töpfen mit Honig und Krügen mit pfeffrigem Kwass. Die Männer tranken immer noch, und man spielte die Fiedel, doch selbst Kiefernäste und das helle Glänzen von Baba Oljas wertvollem Samowar konnten nicht verbergen, dass die Tische jetzt leer waren. Und obwohl die Menschen mit den Füßen stampften und in die Hände klatschten, konnten sie die Schwermut nicht vertreiben, die über dem Raum hing.

Genetchka Lukin wurde als Dros Korolewa erwählt, als Königin der Schmelze, und sie musste mit jedem tanzen, der sie aufforderte, in der Hoffnung, dass dies einen kurzen Winter brachte. Doch nur Havel sah wirklich glücklich aus. Er ging zur Armee und würde dort eine Waffe erhalten und warme Mahlzeiten aus den Speichern des Königs bekommen. Er würde vielleicht sterben oder verwundet zurückkommen, wie so viele vor ihm, doch in dieser Nacht leuchtete sein Gesicht vor Erleichterung, dass er Duwa hinter sich lassen würde.

Nadja tanzte einmal mit ihrem Bruder, einmal mit Victor Yeronoff, dann setzte sie sich zu den Witwen und Frauen und Kindern. Ihr Blick fiel auf Karina, die dicht bei ihrem Vater stand. Ihre Glieder waren wie weiße Birkenzweige, ihre Augen Eis auf schwarzem Wasser. Maxim wirkte unsicher auf den Füßen.

Khitka. Das Wort schwebte von den schattigen Traufen der Scheune zu Nadja herab, als sie jetzt zusah, wie Karina ihren

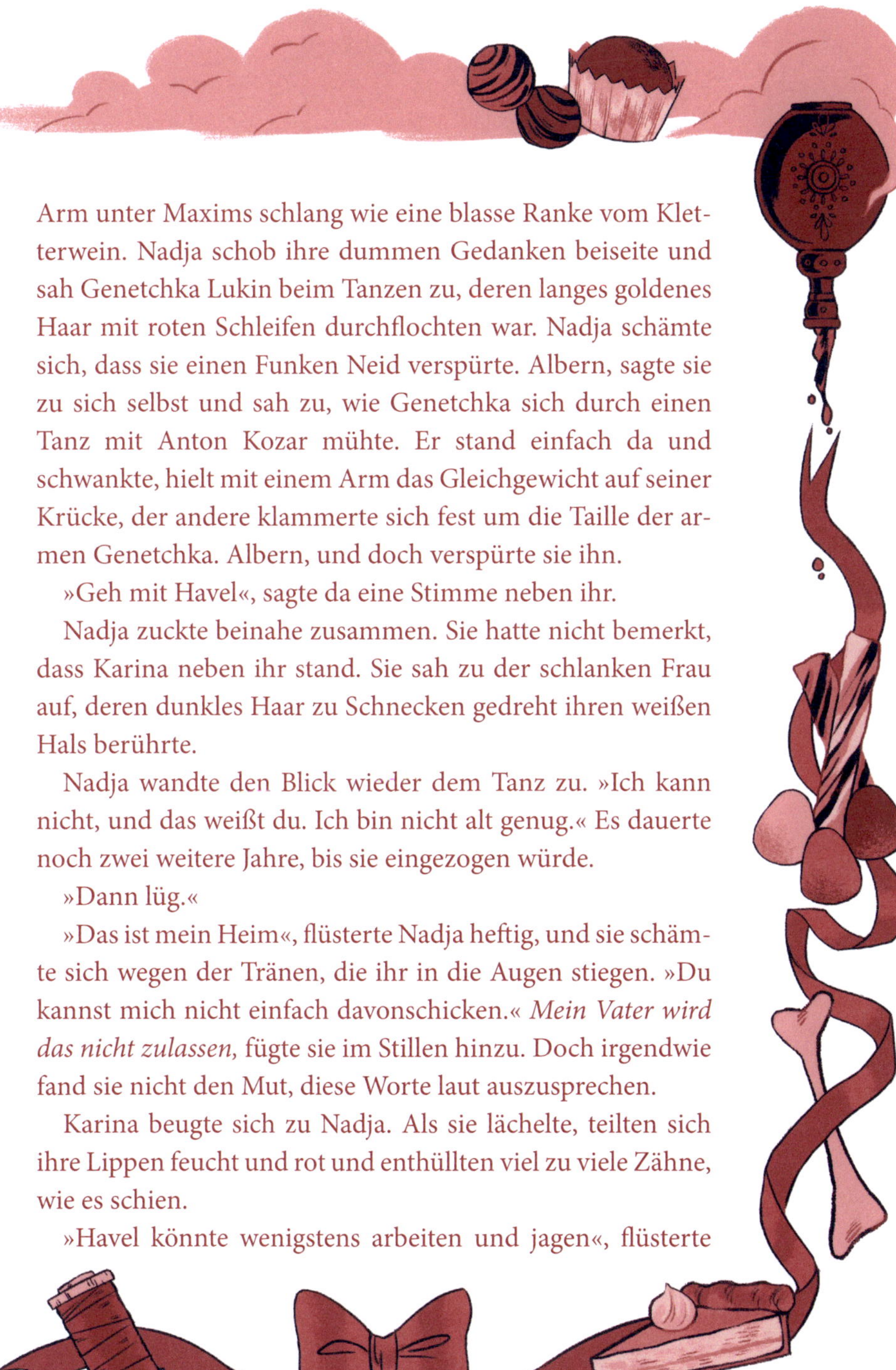

Arm unter Maxims schlang wie eine blasse Ranke vom Kletterwein. Nadja schob ihre dummen Gedanken beiseite und sah Genetchka Lukin beim Tanzen zu, deren langes goldenes Haar mit roten Schleifen durchflochten war. Nadja schämte sich, dass sie einen Funken Neid verspürte. Albern, sagte sie zu sich selbst und sah zu, wie Genetchka sich durch einen Tanz mit Anton Kozar mühte. Er stand einfach da und schwankte, hielt mit einem Arm das Gleichgewicht auf seiner Krücke, der andere klammerte sich fest um die Taille der armen Genetchka. Albern, und doch verspürte sie ihn.

»Geh mit Havel«, sagte da eine Stimme neben ihr.

Nadja zuckte beinahe zusammen. Sie hatte nicht bemerkt, dass Karina neben ihr stand. Sie sah zu der schlanken Frau auf, deren dunkles Haar zu Schnecken gedreht ihren weißen Hals berührte.

Nadja wandte den Blick wieder dem Tanz zu. »Ich kann nicht, und das weißt du. Ich bin nicht alt genug.« Es dauerte noch zwei weitere Jahre, bis sie eingezogen würde.

»Dann lüg.«

»Das ist mein Heim«, flüsterte Nadja heftig, und sie schämte sich wegen der Tränen, die ihr in die Augen stiegen. »Du kannst mich nicht einfach davonschicken.« *Mein Vater wird das nicht zulassen,* fügte sie im Stillen hinzu. Doch irgendwie fand sie nicht den Mut, diese Worte laut auszusprechen.

Karina beugte sich zu Nadja. Als sie lächelte, teilten sich ihre Lippen feucht und rot und enthüllten viel zu viele Zähne, wie es schien.

»Havel könnte wenigstens arbeiten und jagen«, flüsterte

sie. »Du bist nur ein weiteres Maul, das gestopft werden muss.« Sie streckte die Hand aus und zog fest an Nadjas Locken.

Nadja wusste, dass ihr Vater nur eine schöne Frau sehen würde, die lächelte und mit seiner Tochter sprach, sie vielleicht ermutigte zu tanzen, wenn er in diesem Augenblick zufällig herüberblickte.

»Ich warne dich nur dieses eine Mal«, zischte Karina Stojanowa. »Geh.«

Am nächsten Tag entdeckte Genetchka Lukins Mutter, dass ihre Tochter nicht in ihrem Bett geschlafen hatte. Die Königin der Schmelze war niemals von dem Tanz nach Hause gekommen. Am Rande des Waldes flatterte ein rotes Band von den Zweigen einer jungen Birke, und ein paar goldene Haare wehten von dem Knoten, als wäre es ihr vom Kopf gerissen worden.

Nadja stand schweigend da und sah, wie Genetchkas Mutter auf die Knie fiel und klagte, die Heiligen anrief und das rote Band an ihre Lippen drückte. Auf der anderen Seite der Straße stand Karina und beobachtete sie, die Augen schwarz, die Mundwinkel nach unten gezogen wie abgeschälte Baumrinde und die langen schlanken Finger wie Zweige, die der harsche Wind entblößt hatte.

Als Havel sich verabschiedete, zog er Nadja an sich. »Pass auf dich auf«, flüsterte er ihr ins Ohr.

»Wie?«, fragte Nadja, doch Havel gab keine Antwort.

Eine Woche später wurden Maxim Grushow und Karina Stojanowa in der kleinen, weiß getünchten Kapelle in der Mitte des Dorfes getraut. Es gab kein Essen für ein Hoch-

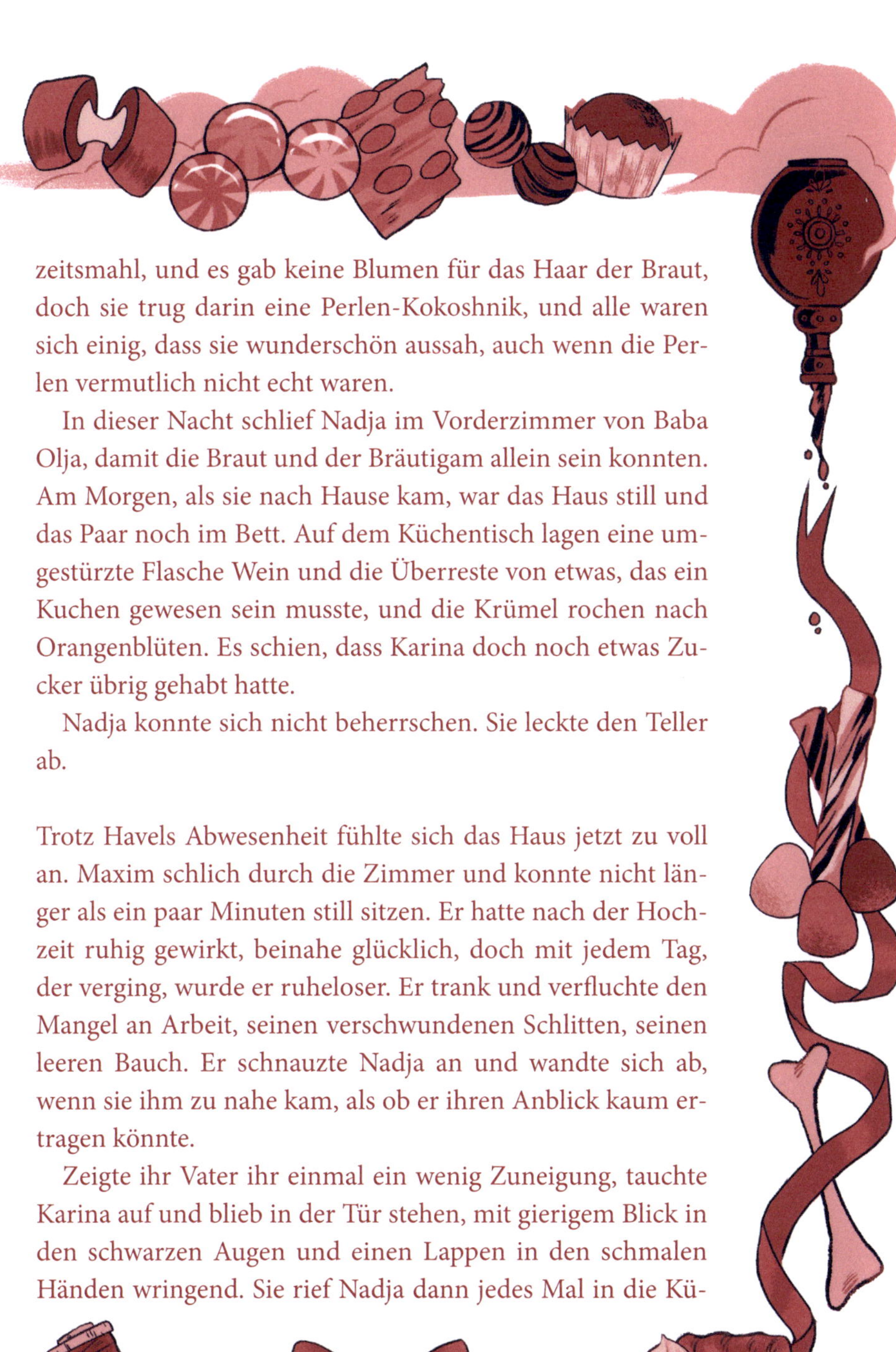

zeitsmahl, und es gab keine Blumen für das Haar der Braut, doch sie trug darin eine Perlen-Kokoshnik, und alle waren sich einig, dass sie wunderschön aussah, auch wenn die Perlen vermutlich nicht echt waren.

In dieser Nacht schlief Nadja im Vorderzimmer von Baba Olja, damit die Braut und der Bräutigam allein sein konnten. Am Morgen, als sie nach Hause kam, war das Haus still und das Paar noch im Bett. Auf dem Küchentisch lagen eine umgestürzte Flasche Wein und die Überreste von etwas, das ein Kuchen gewesen sein musste, und die Krümel rochen nach Orangenblüten. Es schien, dass Karina doch noch etwas Zucker übrig gehabt hatte.

Nadja konnte sich nicht beherrschen. Sie leckte den Teller ab.

Trotz Havels Abwesenheit fühlte sich das Haus jetzt zu voll an. Maxim schlich durch die Zimmer und konnte nicht länger als ein paar Minuten still sitzen. Er hatte nach der Hochzeit ruhig gewirkt, beinahe glücklich, doch mit jedem Tag, der verging, wurde er ruheloser. Er trank und verfluchte den Mangel an Arbeit, seinen verschwundenen Schlitten, seinen leeren Bauch. Er schnauzte Nadja an und wandte sich ab, wenn sie ihm zu nahe kam, als ob er ihren Anblick kaum ertragen könnte.

Zeigte ihr Vater ihr einmal ein wenig Zuneigung, tauchte Karina auf und blieb in der Tür stehen, mit gierigem Blick in den schwarzen Augen und einen Lappen in den schmalen Händen wringend. Sie rief Nadja dann jedes Mal in die Küche und lud ihr irgendeine lächerliche Arbeit auf, befahl ihr, ihrem Vater nicht im Weg zu sein.

Bei den Mahlzeiten beobachtete Karina Nadja, als wäre jeder Bissen der verwässerten Brühe eine Beleidigung, und als ob jedes Kratzen von Nadjas Löffel Karinas Magen ein wenig mehr aushöhlte und das Loch in ihr vergrößerte.

Kaum mehr als eine Woche verging, da packte Karina Nadjas Arm und nickte zu den Wäldern hinüber. »Geh und sieh nach den Fallen«, sagte sie.

»Es ist beinahe dunkel«, erwiderte Nadja.

»Sei nicht dumm. Da ist genug Licht. Jetzt geh und mach dich nützlich und komm nicht ohne einen Hasen für unser Abendessen zurück.«

»Wo ist mein Vater?«, wollte Nadja wissen.

»Er ist bei Anton Kozar, er spielt Karten und trinkt und versucht zu vergessen, dass er mit einer nutzlosen Tochter geschlagen ist.« Karina schubste Nadja fest auf die Tür zu. »Geh, oder ich sage ihm, dass ich dich mit Victor Yeronoff ertappt habe.«

Nadja wäre am liebsten in Anton Kozars schäbiges Zimmer gelaufen, hätte ihrem Vater das Glas aus der Hand geschlagen und ihm gesagt, dass sie ihr Zuhause wieder zurückhaben wollte, dass die gefährliche dunkeläugige Fremde verschwinden sollte. Und wenn sie sicher gewesen wäre, dass ihr Vater sich auf ihre Seite gestellt hätte, dann hätte sie vielleicht genau das getan.

Stattdessen ging Nadja in die Wälder.

Die ersten beiden Schlingen waren leer, und so ignorierte sie ihr pochendes Herz und die länger werdenden Schatten

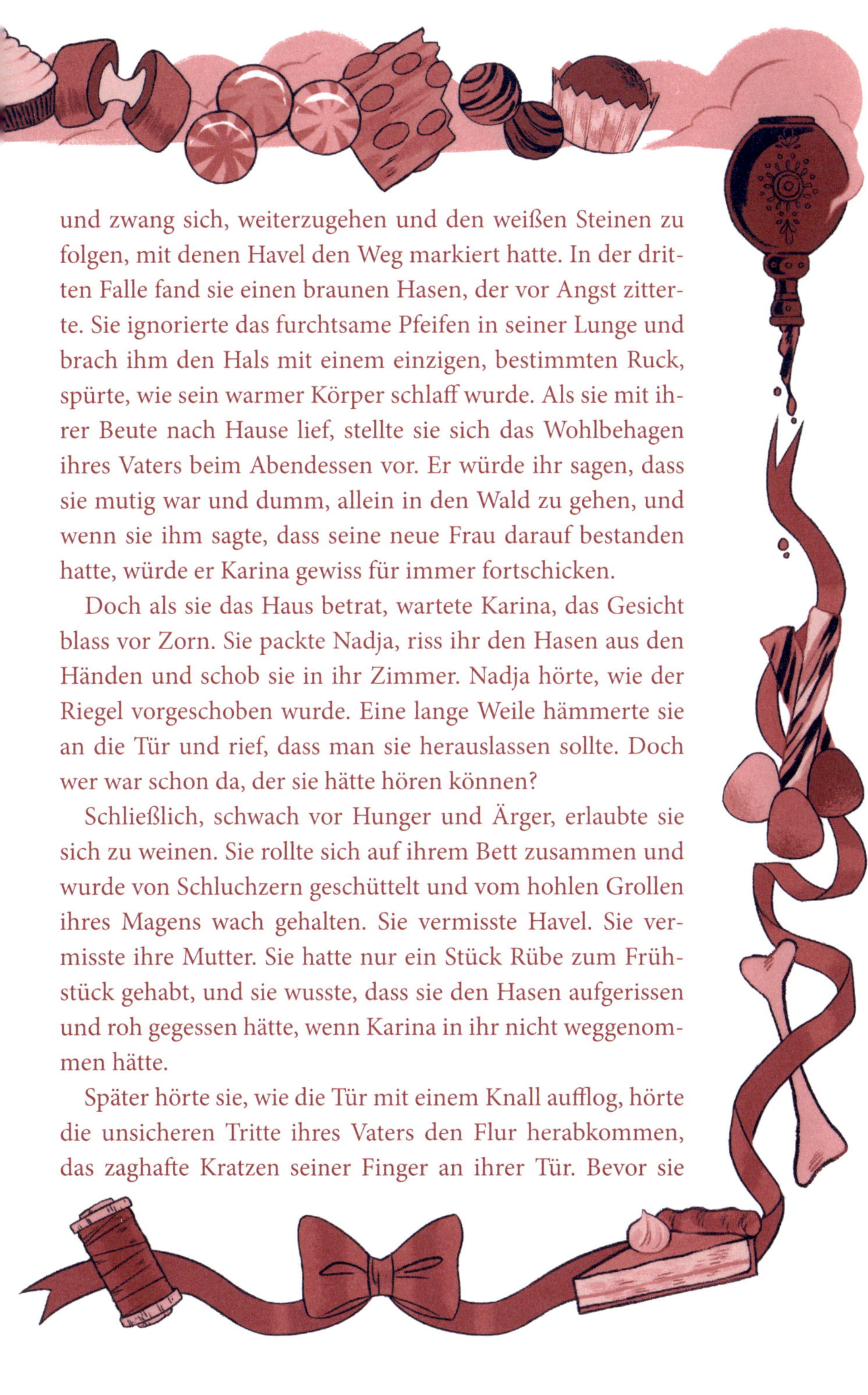

und zwang sich, weiterzugehen und den weißen Steinen zu folgen, mit denen Havel den Weg markiert hatte. In der dritten Falle fand sie einen braunen Hasen, der vor Angst zitterte. Sie ignorierte das furchtsame Pfeifen in seiner Lunge und brach ihm den Hals mit einem einzigen, bestimmten Ruck, spürte, wie sein warmer Körper schlaff wurde. Als sie mit ihrer Beute nach Hause lief, stellte sie sich das Wohlbehagen ihres Vaters beim Abendessen vor. Er würde ihr sagen, dass sie mutig war und dumm, allein in den Wald zu gehen, und wenn sie ihm sagte, dass seine neue Frau darauf bestanden hatte, würde er Karina gewiss für immer fortschicken.

Doch als sie das Haus betrat, wartete Karina, das Gesicht blass vor Zorn. Sie packte Nadja, riss ihr den Hasen aus den Händen und schob sie in ihr Zimmer. Nadja hörte, wie der Riegel vorgeschoben wurde. Eine lange Weile hämmerte sie an die Tür und rief, dass man sie herauslassen sollte. Doch wer war schon da, der sie hätte hören können?

Schließlich, schwach vor Hunger und Ärger, erlaubte sie sich zu weinen. Sie rollte sich auf ihrem Bett zusammen und wurde von Schluchzern geschüttelt und vom hohlen Grollen ihres Magens wach gehalten. Sie vermisste Havel. Sie vermisste ihre Mutter. Sie hatte nur ein Stück Rübe zum Frühstück gehabt, und sie wusste, dass sie den Hasen aufgerissen und roh gegessen hätte, wenn Karina in ihr nicht weggenommen hätte.

Später hörte sie, wie die Tür mit einem Knall aufflog, hörte die unsicheren Tritte ihres Vaters den Flur herabkommen, das zaghafte Kratzen seiner Finger an ihrer Tür. Bevor sie

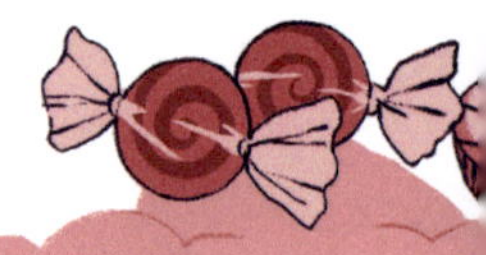

antworten konnte, hörte sie Karinas Stimme schnurren und summen. Stille, das Rascheln von Stoff, ein dumpfer Schlag gefolgt von einem Stöhnen, dann der gleichmäßige Aufprall zweier Körper gegen die Wand. Nadja presste sich das Kissen auf die Ohren, um das Keuchen und Stöhnen zu ersticken, und sie war sich sicher, dass Karina wusste, dass sie sie hören konnte und dass das eine Bestrafung für sie war. Sie vergrub den Kopf unter den Decken, doch sie konnte dem fieberhaften Rhythmus nicht entkommen, der im Takt mit dem Echo von Karinas Stimme in der Nacht von dem Tanz in ihrem Kopf hallte: *Ich warne dich nur dieses eine Mal. Geh. Geh. Geh.*

Am nächsten Tag stand Nadjas Vater nicht vor Mittag auf. Als er die Küche betrat und Nadja ihm seinen Tee gab, zuckte er vor ihr zurück, und sein Blick huschte unstet über den Boden. Karina stand am Waschbecken, das Gesicht angespannt, während sie die Lauge anrührte.

»Ich gehe zu Anton«, sagte Maxim.

Nadja wollte ihn anflehen, er solle sie nicht allein lassen, doch selbst in ihren eigenen Ohren klang diese Bitte albern. Im nächsten Augenblick war er verschwunden.

Dieses Mal wehrte sich Nadja nicht, als Karina sie packte und sagte: »Geh und sieh nach den Fallen.«

Sie hatte den Wäldern einmal getrotzt, und sie würde es wieder tun. Dieses Mal würde sie den Hasen selbst ausnehmen und kochen und mit vollem Magen zurückkehren, stark genug, um sich Karina mit oder ohne die Hilfe ihres Vaters zu stellen.

Die Hoffnung machte sie störrisch. Als die ersten Schneeflocken fielen, lief Nadja weiter, ging von einer leeren Falle

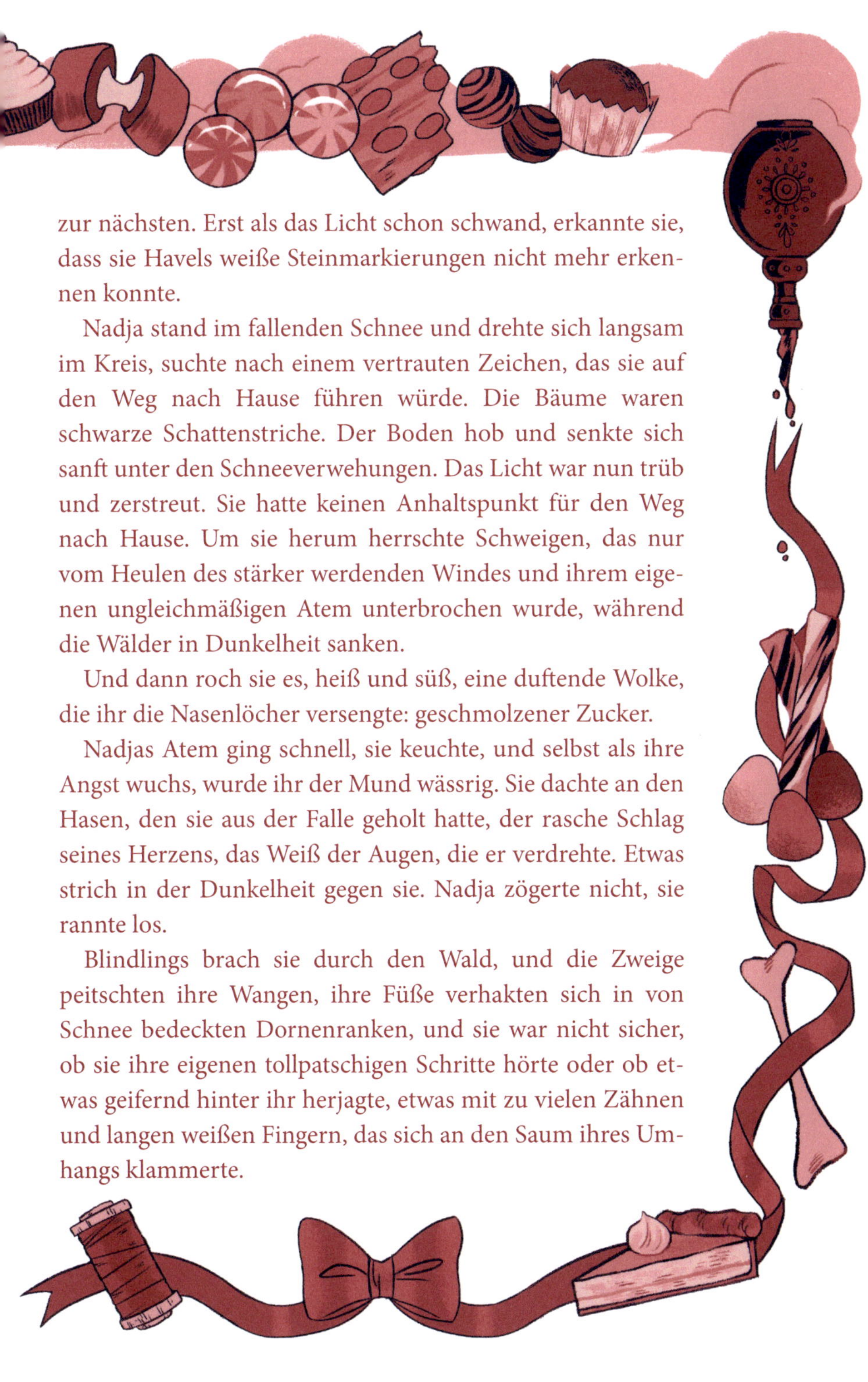

zur nächsten. Erst als das Licht schon schwand, erkannte sie, dass sie Havels weiße Steinmarkierungen nicht mehr erkennen konnte.

Nadja stand im fallenden Schnee und drehte sich langsam im Kreis, suchte nach einem vertrauten Zeichen, das sie auf den Weg nach Hause führen würde. Die Bäume waren schwarze Schattenstriche. Der Boden hob und senkte sich sanft unter den Schneeverwehungen. Das Licht war nun trüb und zerstreut. Sie hatte keinen Anhaltspunkt für den Weg nach Hause. Um sie herum herrschte Schweigen, das nur vom Heulen des stärker werdenden Windes und ihrem eigenen ungleichmäßigen Atem unterbrochen wurde, während die Wälder in Dunkelheit sanken.

Und dann roch sie es, heiß und süß, eine duftende Wolke, die ihr die Nasenlöcher versengte: geschmolzener Zucker.

Nadjas Atem ging schnell, sie keuchte, und selbst als ihre Angst wuchs, wurde ihr der Mund wässrig. Sie dachte an den Hasen, den sie aus der Falle geholt hatte, der rasche Schlag seines Herzens, das Weiß der Augen, die er verdrehte. Etwas strich in der Dunkelheit gegen sie. Nadja zögerte nicht, sie rannte los.

Blindlings brach sie durch den Wald, und die Zweige peitschten ihre Wangen, ihre Füße verhakten sich in von Schnee bedeckten Dornenranken, und sie war nicht sicher, ob sie ihre eigenen tollpatschigen Schritte hörte oder ob etwas geifernd hinter ihr herjagte, etwas mit zu vielen Zähnen und langen weißen Fingern, das sich an den Saum ihres Umhangs klammerte.

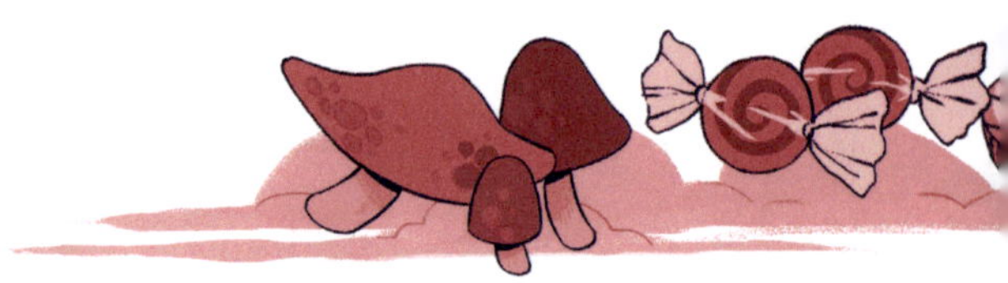

Als sie den Schein eines Lichtes erblickte, das durch die Bäume vor ihr fiel, dachte sie einen freudentrunkenen Moment lang, dass sie es irgendwie nach Hause geschafft hätte. Doch als sie auf die Lichtung stürmte, da sah sie, dass die Hütte, die als Umriss vor ihr aufragte, ganz falsch war. Sie war schmal und krumm, und Lichter leuchteten in jedem Fenster. Niemand in ihrem Dorf würde jemals so verschwenderisch mit Kerzen umgehen.

Die Hütte schien sich zu bewegen, beinahe als ob sie sich umwandte, um sie zu begrüßen. Sie zögerte, machte einen Schritt zurück. Ein Zweig brach hinter ihr. Sie rannte auf die bemalte Tür der Hütte zu.

Nadja rüttelte am Türgriff, sodass die Laterne darüber ins Schwanken geriet.

»Hilf mir!«, rief sie.

Die Tür schwang auf.

Sie huschte hinein und schlug die Tür hinter sich zu. War das ein Knall, den sie da hörte? Das frustrierte Kratzen von Pfoten? Es war schwer zu erkennen über den harschen Schluchzern, die pfeifend aus ihrer Brust drangen. Sie stand da, die Stirn an die Tür gedrückt, und wartete darauf, dass ihr Herz aufhörte zu hämmern, und erst dann, als sie wieder einen tiefen Atemzug nehmen konnte, drehte sie sich langsam um.

Das Zimmer war warm und golden, wie das Innere eines Rosinenbrötchens, getränkt von dem Geruch nach bratendem Fleisch und frisch gebackenem Brot. Jede Oberfläche glänzte wie neu und war bunt mit Blättern und Blumen bemalt, Tieren und winzigen Menschen, die Farbe so frisch

und grell, dass ihr die Augen schmerzten, da sie die dumpfen grauen Farben von Duwa gewöhnt war.

Auf der anderen Seite des Zimmers stand eine Frau an einem großen schwarzen Herd an der Wand, der die gesamte Länge des Zimmers einnahm. Zwanzig verschiedene Töpfe brodelten darauf, manche klein und mit Deckel, andere groß und kurz vor dem Überkochen. Der Ofen darunter hatte zwei Eisentüren, die sich von der Mitte her öffneten, und der so groß war, dass ein Mann sich der Länge nach dort hätte hineinlegen können. Oder wenigstens ein Kind.

Die Frau hob den Deckel eines Topfes, und eine Wolke wohlriechenden Dunstes wehte zu Nadja herüber. Zwiebeln. Sauerampfer. Hühnerbrühe. Der Hunger packte sie, durchdringender und verzehrender als die Angst. Ein leises Knurren entrang sich ihren Lippen, und sie schlug sich die Hand vor den Mund.

Die Frau blickte über die Schulter zu ihr.

Sie war alt, doch nicht hässlich. Ihr langer grauer Zopf war mit einer roten Schleife zusammengebunden. Nadja starrte auf die Schleife, zögerte, dachte an Genetchka Lukin. Der Geruch nach Zucker und Lamm und Knoblauch und Butter, alles zusammen, ließ sie vor Verlangen zittern.

Ein Hund lag in einem Korb und kaute an einem Knochen, doch als Nadja genauer hinsah, erkannte sie, dass es gar kein Hund war, sondern ein kleiner Bär, der ein goldenes Halsband trug.

»Magst du Vladchek?«

Nadja nickte.

Die Frau stellte einen Teller voll Eintopf auf den Tisch vor Nadja.

»Setz dich«, sagte die Frau und ging zum Herd zurück. »Iss.«

Nadja zog ihren Umhang aus und hängte ihn neben die Tür. Sie zog ihre feuchten Handschuhe von den Händen und setzte sich dann vorsichtig an den Tisch. Sie nahm den Löffel, doch sie zögerte immer noch. Sie wusste aus Geschichten, dass man nicht am Tisch einer Hexe essen durfte.

Doch am Ende konnte sie nicht widerstehen. Sie aß den Eintopf, jeden heißen und wohlschmeckenden Bissen, dann Blätterteigbrötchen, Pflaumen in Sirup, Eierspeise und einen Rumkuchen, der klebrig war vor Rosinen und braunem Zucker. Nadja aß und aß, während die Frau sich um die Töpfe auf dem Herd kümmerte und manchmal leise vor sich hin summte, während sie arbeitete.

Sie mästet mich, dachte Nadja, als ihre Augenlider schwer wurden. *Sie wartet darauf, dass ich einschlafe, dann steckt sie mich in den Ofen, um aus mir mehr Eintopf zu kochen.* Doch Nadja merkte, dass es ihr egal war.

Die Frau legte eine Decke neben den Ofen, neben Vladcheks Korb, und Nadja fiel in Schlaf, froh, dass sie wenigstens mit vollem Bauch sterben würde.

Doch als sie am nächsten Morgen erwachte, war sie immer noch in einem Stück, und auf dem Tisch standen eine Schüssel mit heißem Haferbrei, Stapel aus geröstetem Roggenbrot, das mit Butter bestrichen war, und Teller mit glänzenden kleinen Heringen, die in Öl schwammen.

Die alte Frau stellte sich als Magda vor, dann setzte sie sich

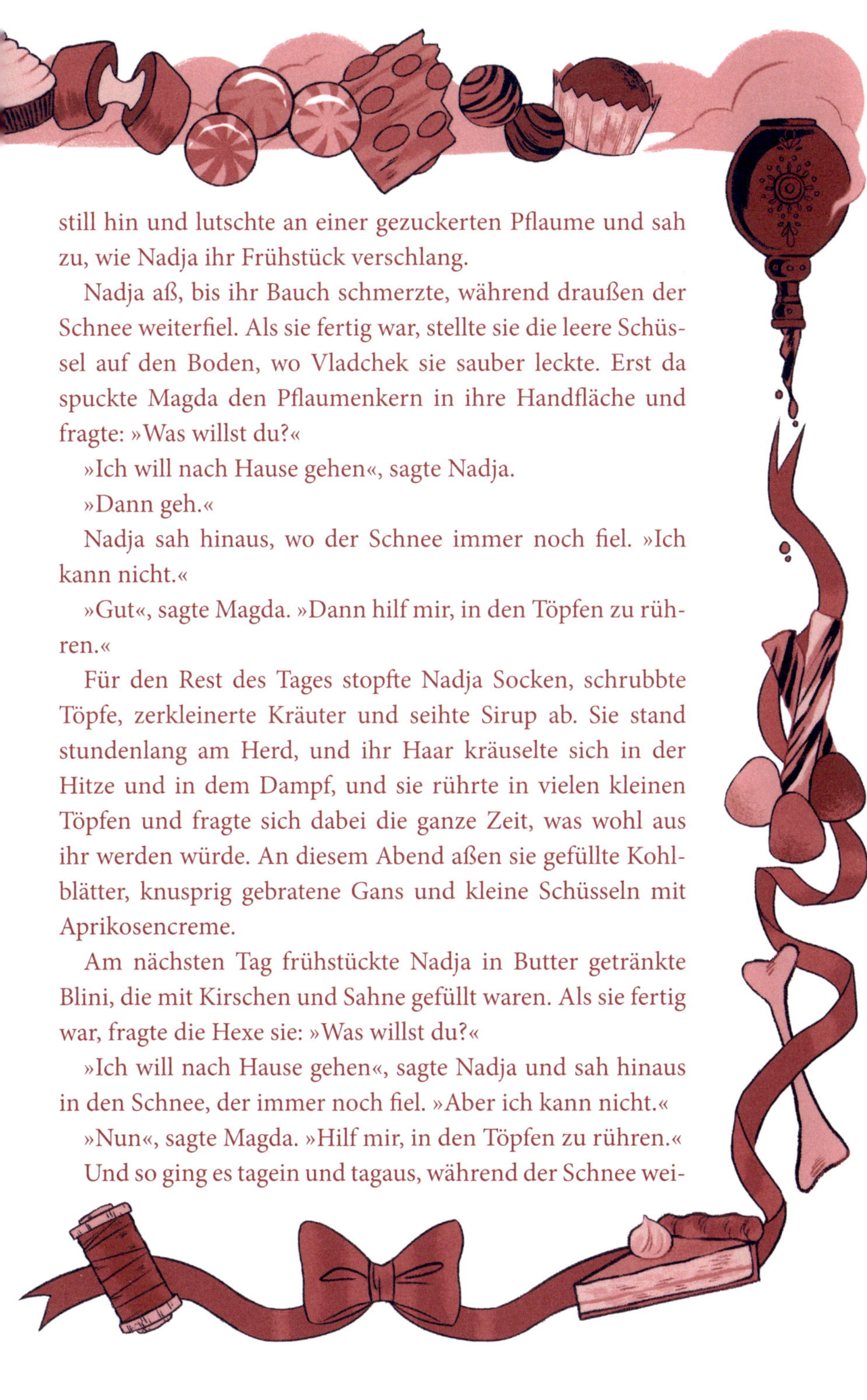

still hin und lutschte an einer gezuckerten Pflaume und sah zu, wie Nadja ihr Frühstück verschlang.

Nadja aß, bis ihr Bauch schmerzte, während draußen der Schnee weiterfiel. Als sie fertig war, stellte sie die leere Schüssel auf den Boden, wo Vladchek sie sauber leckte. Erst da spuckte Magda den Pflaumenkern in ihre Handfläche und fragte: »Was willst du?«

»Ich will nach Hause gehen«, sagte Nadja.

»Dann geh.«

Nadja sah hinaus, wo der Schnee immer noch fiel. »Ich kann nicht.«

»Gut«, sagte Magda. »Dann hilf mir, in den Töpfen zu rühren.«

Für den Rest des Tages stopfte Nadja Socken, schrubbte Töpfe, zerkleinerte Kräuter und seihte Sirup ab. Sie stand stundenlang am Herd, und ihr Haar kräuselte sich in der Hitze und in dem Dampf, und sie rührte in vielen kleinen Töpfen und fragte sich dabei die ganze Zeit, was wohl aus ihr werden würde. An diesem Abend aßen sie gefüllte Kohlblätter, knusprig gebratene Gans und kleine Schüsseln mit Aprikosencreme.

Am nächsten Tag frühstückte Nadja in Butter getränkte Blini, die mit Kirschen und Sahne gefüllt waren. Als sie fertig war, fragte die Hexe sie: »Was willst du?«

»Ich will nach Hause gehen«, sagte Nadja und sah hinaus in den Schnee, der immer noch fiel. »Aber ich kann nicht.«

»Nun«, sagte Magda. »Hilf mir, in den Töpfen zu rühren.«

Und so ging es tagein und tagaus, während der Schnee wei-

ter fiel und die Lichtung bedeckte und sich in hohen weißen Wehen um die Hütte sammelte.

An dem Morgen, an dem der Schnee endlich zu fallen aufhörte, stellte die Hexe Kartoffelkuchen und Würste vor Nadja und fragte sie: »Was willst du?«

»Ich will nach Hause gehen«, sagte Nadja.

»Nun gut«, sagte Magda. »Dann fängst du besser mit dem Schippen an.«

Also nahm Nadja die Schaufel und machte den Weg um die Hütte herum frei, während Vladchek neben ihr im Schnee herumschnüffelte und eine augenlose Krähe, die Magda mit Roggenbrotkrumen fütterte und die manchmal auf der Schulter der Hexe hockte, ihr ebenfalls Gesellschaft leistete. Am Nachmittag aß Nadja eine dicke Scheibe Schwarzbrot, die mit Weichkäse bestrichen war, und einen Teller gebackener Äpfel. Magda gab ihr einen Becher heißen Tee mit Zucker, und dann ging sie wieder hinaus.

Als sie endlich den Rand der Lichtung erreichte, fragte sie sich, wo sie nur hingehen sollte. Der Frost war gekommen. Die Wälder bestanden nur noch aus gefrorenem Schnee und verwildertem Gestrüpp. Was würde dort wohl auf sie warten? Und selbst wenn sie es durch den tiefen Schnee schaffte und den Weg nach Duwa zurückfand, was dann? Eine zögerliche Umarmung von ihrem willensschwachen Vater? Und noch viel Schlimmeres von seiner Frau mit dem hungrigen Blick? Kein Weg konnte sie zurückführen zu dem Heim, das sie gekannt hatte. Der Gedanke öffnete einen schwarzen Riss in ihrem Inneren, einen Spalt, durch den die Kälte hineinkroch. Für einen erschreckenden Moment war sie nichts als ein ver-

lorenes Mädchen, namenlos und unerwünscht. Sie hätte dort für immer stehen können, eine Schaufel in der Hand und ohne jemanden, der sie nach Hause rief. Nadja drehte sich auf dem Absatz um und eilte in die warme Hütte zurück, und flüsterte sich dabei leise ihren eigenen Namen zu, als würde sie ihn sonst vergessen.

Jeden Tag arbeitete Nadja. Sie wischte die Böden, staubte Regale ab, flickte Kleider, schippte Schnee und kratzte Eis von den Fenstern. Doch vor allem half sie Magda beim Kochen. Sie kochte nicht nur Essen. Es gab Elixiere und Salben, bitter riechende Pasten, juwelfarbene Puder, die in kleine Emailledosen verpackt waren, und Tinkturen in braunen Glasflaschen. Es köchelte immer etwas Besonderes auf diesem Herd.

Bald erfuhr sie, warum.

Sie kamen spät in der Nacht, als der Mond zunahm, und sie schleppten sich mühsam durch Eis und Schnee, Männer und Frauen auf Schlitten und zottigen Ponys, manche sogar zu Fuß. Sie brachten Eier, Gläser mit Eingemachtem, Säcke mit Mehl und Weizengarben. Sie brachten geräucherten Fisch, Salzblöcke, Käselaibe, Flaschen mit Wein, Dosen mit Tee und Beutel um Beutel mit Zucker, denn Magdas Schleckermaul war weithin bekannt. Sie riefen nach Liebestränken und nicht nachweisbaren Giften. Sie flehten darum, dass sie wunderschön, gesund und reich gemacht würden.

Nadja blieb immer im Verborgenen. Auf Magdas Befehl hin stieg sie auf die Regalbretter der Speisekammer hinauf.

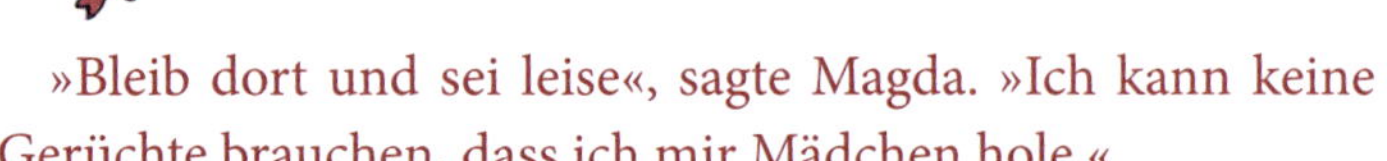

»Bleib dort und sei leise«, sagte Magda. »Ich kann keine Gerüchte brauchen, dass ich mir Mädchen hole.«

Also saß Nadja mit Vladchek dort, knabberte an einem Gewürzplätzchen oder lutschte an einem Klumpen schwarzem Lakritz und sah zu, wie Magda arbeitete. Sie hätte sich jederzeit bei den Fremden bemerkbar machen und sie anflehen können, sie nach Hause zu bringen oder ihr Schutz zu gewähren, rufen, dass sie von einer Hexe gefangen genommen worden war. Doch sie blieb still, während der Zucker auf ihrer Zunge schmolz, und sah zu, wie sie zu dieser alten Frau kamen, wie sie sich voller Verzweiflung an sie wandten, mit offensichtlicher Abneigung, doch immer voller Respekt.

Magda gab ihnen Tropfen für die Augen, Toniken für die Kopfhaut. Sie strich mit den Händen über ihre Falten, tippte auf die Brust eines Mannes, bis er schwarze Galle aushustete. Nadja war nicht sicher, wie viel davon echt war und was Theater, bis zu der Nacht, in der die Frau mit der wächsern aussehenden Haut kam.

Sie war ausgezehrt, so wie sie alle, ihr Gesicht ein Schädel mit harten Kanten und Höhlen. Magda stellte ihr die Frage, die sie jedem stellte, der an ihre Tür kam: »Was willst du?«

Die Frau sank ihr in die Arme, schluchzend, und Magda murmelte beruhigende Worte, tätschelte ihre Hand und trocknete ihre Tränen. Sie berieten sich so leise, dass Nadja sie nicht hören konnte, und bevor die Frau ging, nahm sie einen winzigen Beutel aus ihrer Tasche und schüttelte den Inhalt in Magdas Hand. Nadja reckte den Hals, um besser sehen zu können, aber Magda schloss die Hand rasch.

Am nächsten Tag schickte Magda Nadja aus dem Haus, um

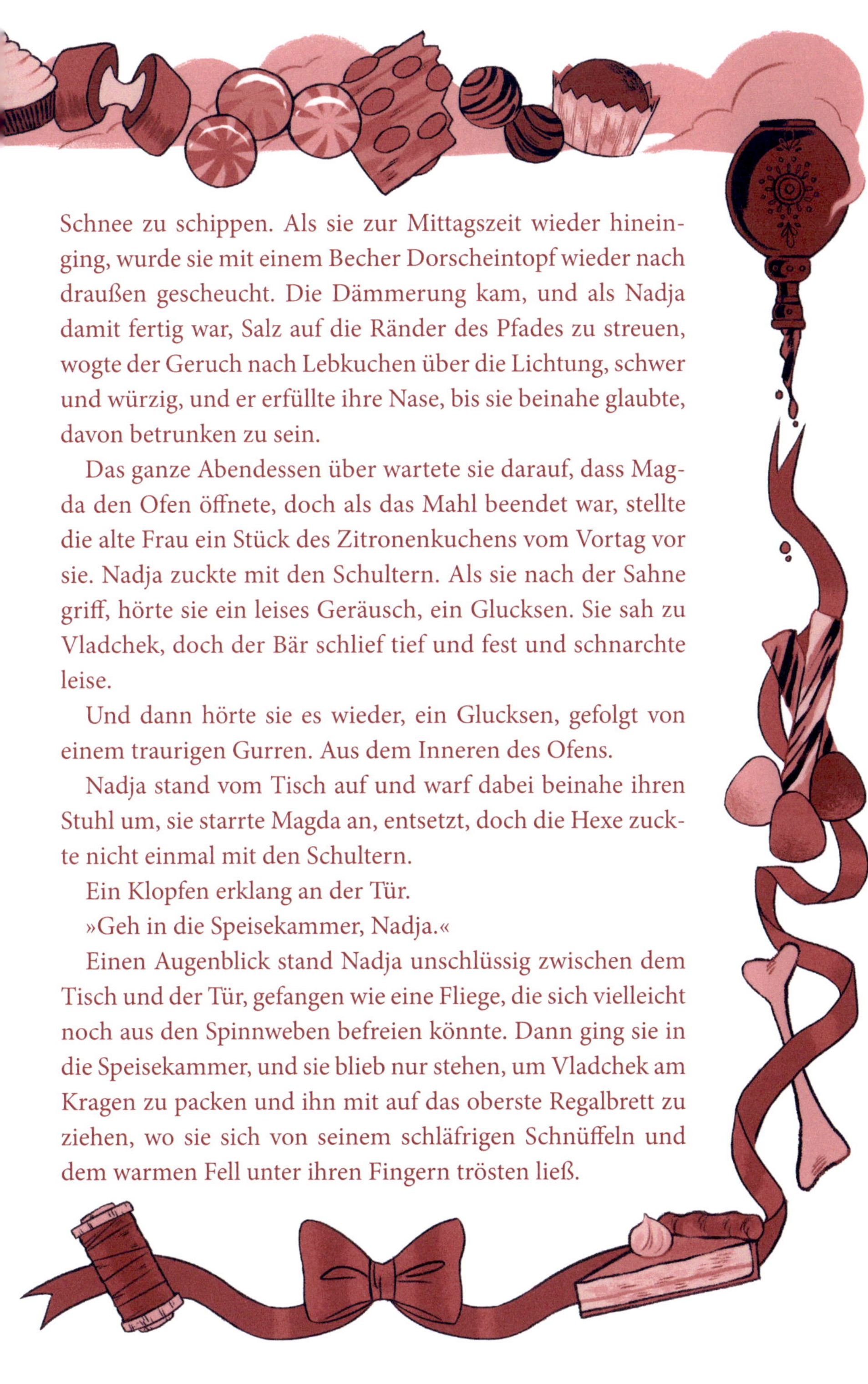

Schnee zu schippen. Als sie zur Mittagszeit wieder hineinging, wurde sie mit einem Becher Dorscheintopf wieder nach draußen gescheucht. Die Dämmerung kam, und als Nadja damit fertig war, Salz auf die Ränder des Pfades zu streuen, wogte der Geruch nach Lebkuchen über die Lichtung, schwer und würzig, und er erfüllte ihre Nase, bis sie beinahe glaubte, davon betrunken zu sein.

Das ganze Abendessen über wartete sie darauf, dass Magda den Ofen öffnete, doch als das Mahl beendet war, stellte die alte Frau ein Stück des Zitronenkuchens vom Vortag vor sie. Nadja zuckte mit den Schultern. Als sie nach der Sahne griff, hörte sie ein leises Geräusch, ein Glucksen. Sie sah zu Vladchek, doch der Bär schlief tief und fest und schnarchte leise.

Und dann hörte sie es wieder, ein Glucksen, gefolgt von einem traurigen Gurren. Aus dem Inneren des Ofens.

Nadja stand vom Tisch auf und warf dabei beinahe ihren Stuhl um, sie starrte Magda an, entsetzt, doch die Hexe zuckte nicht einmal mit den Schultern.

Ein Klopfen erklang an der Tür.

»Geh in die Speisekammer, Nadja.«

Einen Augenblick stand Nadja unschlüssig zwischen dem Tisch und der Tür, gefangen wie eine Fliege, die sich vielleicht noch aus den Spinnweben befreien könnte. Dann ging sie in die Speisekammer, und sie blieb nur stehen, um Vladchek am Kragen zu packen und ihn mit auf das oberste Regalbrett zu ziehen, wo sie sich von seinem schläfrigen Schnüffeln und dem warmen Fell unter ihren Fingern trösten ließ.

Magda öffnete die Tür. Die Frau mit der wächsernen Haut stand auf der Schwelle, fast als hätte sie Angst, sich zu bewegen. Magda wickelte ihre Hände in Handtücher und zog an den eisernen Türen des Ofens. Ein klagender Schrei erfüllte das Zimmer. Die Frau packte die Türpfosten, als ihre Knie nachgaben, dann drückte sie die Hände an den Mund, ihre Brust hob und senkte sich, und Tränen liefen über ihre fahlen Wangen. Magda wickelte das Lebkuchenbaby in ein rotes Taschentuch und gab das zappelnde und quäkende Ding in die zitternden, ausgestreckten Arme der Frau.

»Milaya«, summte die Frau. *Süßes Mädchen.* Sie wandte Magda den Rücken zu und verschwand in der Nacht, ohne die Tür hinter sich zu schließen.

Am nächsten Tag ließ Nadja ihr Frühstück unberührt und stellte ihre Schüssel mit dem kalten Haferbrei für Vladchek auf den Boden. Er rümpfte die Nase darüber, bis Magda ihn erneut auf dem Herd aufwärmte.

Bevor Magda ihre Frage stellen konnte, sagte Nadja: »Das war kein echtes Kind. Warum hat sie es genommen?«

»Es war echt genug.«

»Was wird damit geschehen? Was wird mit ihr geschehen?«, fragte Nadja, und eine wilde Schärfe klang in ihrer Stimme mit.

»Irgendwann wird es nichts als Krümel sein«, sagte Magda.

»Und dann was? Wirst du einfach ein anderes machen?«

»Die Mutter wird lange vorher tot sein. Sie hat das gleiche Fieber, das ihr Neugeborenes nahm.«

»Dann heile sie!«, schrie Nadja und schlug mit ihrem unbenutzten Löffel auf den Tisch.

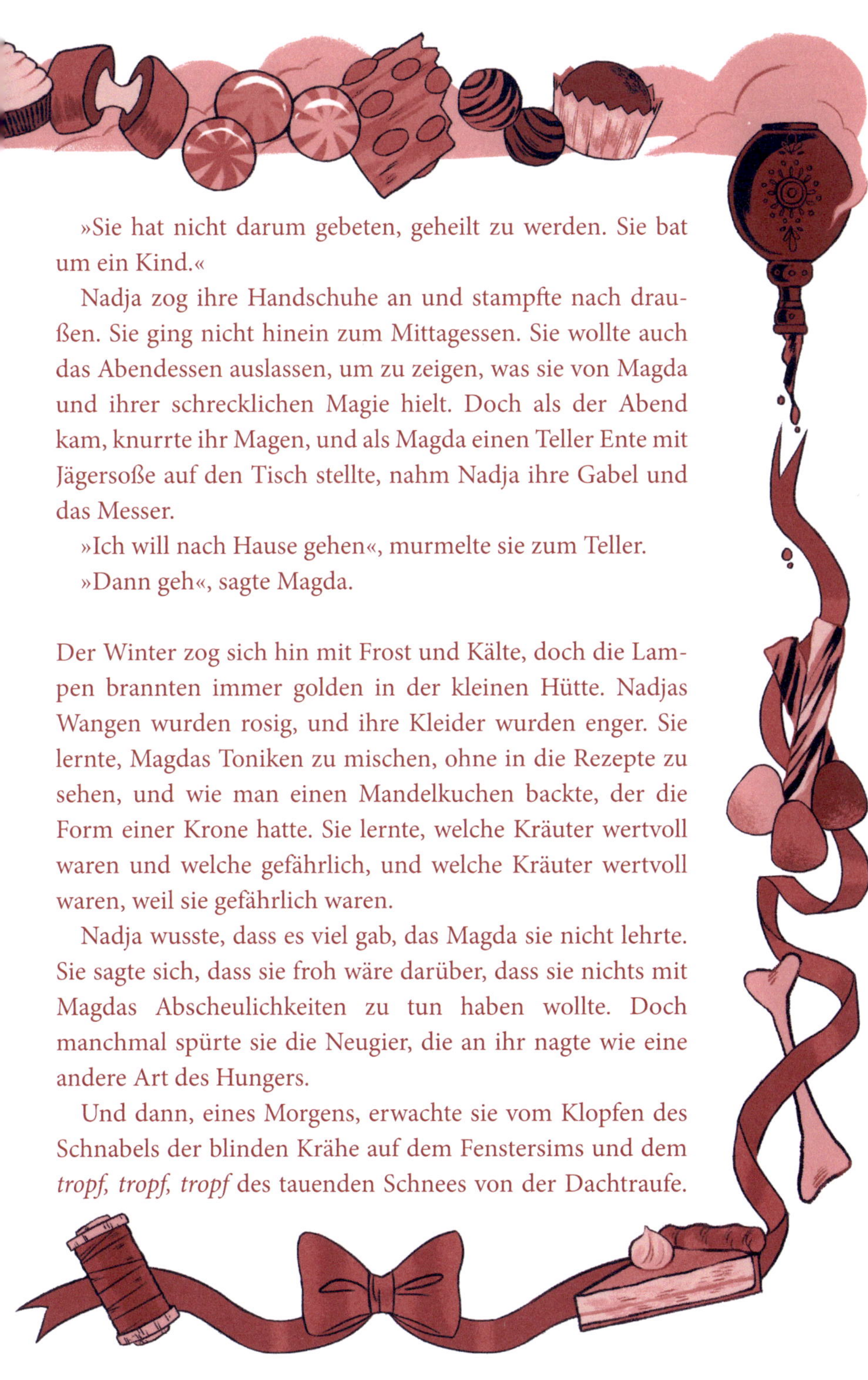

»Sie hat nicht darum gebeten, geheilt zu werden. Sie bat um ein Kind.«

Nadja zog ihre Handschuhe an und stampfte nach draußen. Sie ging nicht hinein zum Mittagessen. Sie wollte auch das Abendessen auslassen, um zu zeigen, was sie von Magda und ihrer schrecklichen Magie hielt. Doch als der Abend kam, knurrte ihr Magen, und als Magda einen Teller Ente mit Jägersoße auf den Tisch stellte, nahm Nadja ihre Gabel und das Messer.

»Ich will nach Hause gehen«, murmelte sie zum Teller.

»Dann geh«, sagte Magda.

Der Winter zog sich hin mit Frost und Kälte, doch die Lampen brannten immer golden in der kleinen Hütte. Nadjas Wangen wurden rosig, und ihre Kleider wurden enger. Sie lernte, Magdas Toniken zu mischen, ohne in die Rezepte zu sehen, und wie man einen Mandelkuchen backte, der die Form einer Krone hatte. Sie lernte, welche Kräuter wertvoll waren und welche gefährlich, und welche Kräuter wertvoll waren, weil sie gefährlich waren.

Nadja wusste, dass es viel gab, das Magda sie nicht lehrte. Sie sagte sich, dass sie froh wäre darüber, dass sie nichts mit Magdas Abscheulichkeiten zu tun haben wollte. Doch manchmal spürte sie die Neugier, die an ihr nagte wie eine andere Art des Hungers.

Und dann, eines Morgens, erwachte sie vom Klopfen des Schnabels der blinden Krähe auf dem Fenstersims und dem *tropf, tropf, tropf* des tauenden Schnees von der Dachtraufe.

Die Sonne schien hell durch die Fenster. Die Schmelze war gekommen.

An diesem Morgen tischte Magda süße Brötchen mit Pflaumenmus auf, einen Teller mit gekochten Eiern und bitterem Blattgemüse. Nadja aß und aß, und sie hatte Angst vor dem Ende ihres Mahls, doch schließlich konnte sie keinen weiteren Bissen mehr essen.

»Was willst du?«, fragte Magda.

Dieses Mal zögerte Nadja ängstlich. »Wenn ich gehe, könnte ich dann einfach …«

»Du kannst nicht kommen und gehen, als würdest du Wasser von einem Brunnen holen. Ich werde nicht zulassen, dass du noch einmal ein Monster zu meiner Tür bringst.«

Nadja erschauderte. *Ein Monster.* Also hatte sie recht gehabt wegen Karina.

»Was willst du?«, fragte Magda wieder.

Nadja dachte an Genetchka, wie sie getanzt hatte, an die nervöse Lara, an Betya und Ludmilla, an die anderen, die sie nicht gekannt hatte.

»Ich will, dass mein Vater von Karina frei ist. Ich will, dass Duwa sicher ist. Ich will nach Hause gehen.«

Sanft streckte Magda die Hand aus und berührte Nadjas linke Hand – erst den Ringfinger, dann den kleinen Finger. Nadja dachte an die Frau mit dem wächsernen Gesicht, an die kleine Tasche, die sie in die Handfläche der Hexe geleert hatte.

»Denk darüber nach«, sagte Magda.

Am nächsten Morgen, als Magda das Frühstück auf den Tisch stellte, fand sie das Hackmesser, das Nadja dort hingelegt hatte.

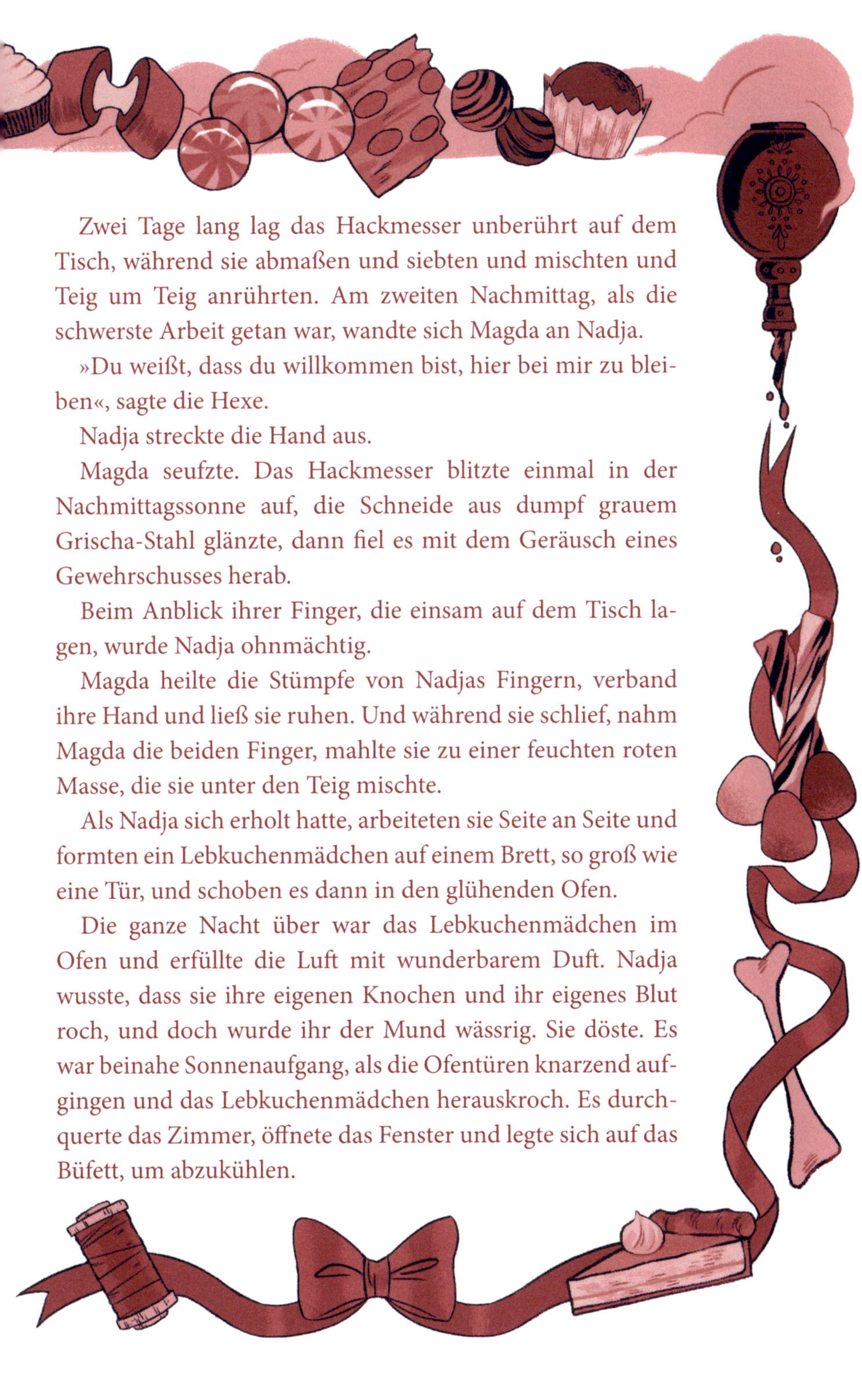

Zwei Tage lang lag das Hackmesser unberührt auf dem Tisch, während sie abmaßen und siebten und mischten und Teig um Teig anrührten. Am zweiten Nachmittag, als die schwerste Arbeit getan war, wandte sich Magda an Nadja.

»Du weißt, dass du willkommen bist, hier bei mir zu bleiben«, sagte die Hexe.

Nadja streckte die Hand aus.

Magda seufzte. Das Hackmesser blitzte einmal in der Nachmittagssonne auf, die Schneide aus dumpf grauem Grischa-Stahl glänzte, dann fiel es mit dem Geräusch eines Gewehrschusses herab.

Beim Anblick ihrer Finger, die einsam auf dem Tisch lagen, wurde Nadja ohnmächtig.

Magda heilte die Stümpfe von Nadjas Fingern, verband ihre Hand und ließ sie ruhen. Und während sie schlief, nahm Magda die beiden Finger, mahlte sie zu einer feuchten roten Masse, die sie unter den Teig mischte.

Als Nadja sich erholt hatte, arbeiteten sie Seite an Seite und formten ein Lebkuchenmädchen auf einem Brett, so groß wie eine Tür, und schoben es dann in den glühenden Ofen.

Die ganze Nacht über war das Lebkuchenmädchen im Ofen und erfüllte die Luft mit wunderbarem Duft. Nadja wusste, dass sie ihre eigenen Knochen und ihr eigenes Blut roch, und doch wurde ihr der Mund wässrig. Sie döste. Es war beinahe Sonnenaufgang, als die Ofentüren knarzend aufgingen und das Lebkuchenmädchen herauskroch. Es durchquerte das Zimmer, öffnete das Fenster und legte sich auf das Büfett, um abzukühlen.

Am Morgen behandelten Nadja und Magda das Lebkuchenmädchen, sie bestäubten es mit Zucker und glasierten seine Lippen und formten seine Haare aus Zuckerguss.

Schließlich zogen sie ihm Nadjas Kleider und Stiefel an und schickten es auf den Weg nach Duwa.

Sie aßen eine kleine Mahlzeit aus Heringen und weichen Eiern, um sich zu stärken. Dann setzte Magda Nadja an den Tisch und nahm ein kleines Gefäß aus einem der Schränke. Sie öffnete das Fenster, und die augenlose schwarze Krähe kam und setzte sich auf den Tisch, wo sie die Krumen aufpickte, die vom Lebkuchenmädchen zurückgeblieben waren.

Magda schüttete den Inhalt des Gefäßes in ihre Handfläche und hielt sie Nadja hin. »Öffne den Mund«, sagte sie.

In Magdas Hand schwammen in einer schillernden Flüssigkeit ein paar strahlend blaue Augen. Vogelaugen.

»Schluck sie nicht«, sagte Magda streng, »und übergib dich nicht.«

Nadja schloss die Augen und zwang sich, die Lippen zu öffnen. Sie versuchte, nicht zu würgen, als die Augen der Krähe auf ihre Zunge glitten.

»Öffne die Augen«, befahl Magda.

Nadja gehorchte, und sie erkannte, dass sich das Zimmer gewandelt hatte. Sie sah sich selbst auf einem Stuhl sitzen, die Augen immer noch geschlossen, und Magda neben sich. Sie versuchte, die Hände zu heben, doch sie stellte fest, dass sich stattdessen ihre Schwingen hoben. Sie hüpfte auf ihren kleinen Krähenfüßen herum und stieß überrascht einen Schrei aus.

Magda scheuchte sie zum Fenster, und Nadja, begeistert

von ihren Schwingen und dem Gefühl, wenn der Wind darunter fuhr, bemerkte die Traurigkeit im Blick der alten Frau nicht.

Nadja erhob sich hoch in die Lüfte, flog einen großen Bogen, sank wieder hinab, glitt durch die langen Schatten des schwindenden Nachmittages und lernte ihre Flügel kennen. Sie sah die Wälder, die sich unter ihr ausbreiteten, die Lichtung und Magdas Hütte. Sie sah die gezackten Spitzen des Petrazoj in der Ferne und glitt tiefer, und sie sah den Weg des Lebkuchenmädchens durch den Wald. Sie flog im Sturzflug und flitzte zwischen den Bäumen hindurch, zum ersten Mal seit sie sich erinnern konnte ohne Angst vor dem Wald.

Sie kreiste über Duwa, sah die Hauptstraße, den Friedhof, zwei neuen Altäre, die errichtet worden waren. Zwei weitere Mädchen, die verschwunden waren in dem langen Winter, während sie am Tisch der Hexe fett geworden war. Sie würden die Letzten sein. Sie krächzte und flog neben das Lebkuchenmädchen, trieb sie voran, ihren Soldaten, ihren Champion.

Nadja sah von einer Wäscheleine aus zu, wie das Lebkuchenmädchen die Lichtung zum Haus ihres Vaters überquerte. Von drinnen ertönten laute Stimmen, die stritten. Wusste er, was Karina getan hatte? Ahnte er, was sie wirklich war?

Das Lebkuchenmädchen klopfte, und die Stimmen verstummten. Als die Tür aufschwang, blinzelte ihr Vater in die Dämmerung. Nadja war entsetzt über den Tribut, den der Winter von ihm gefordert hatte. Seine breiten Schultern waren gekrümmt und schmal, und selbst aus dieser Entfernung

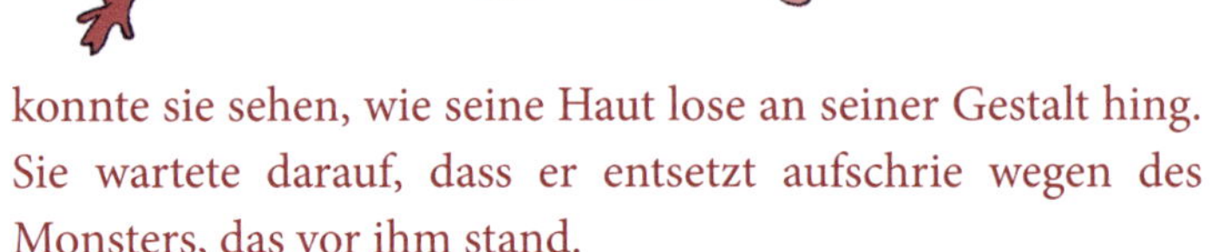

konnte sie sehen, wie seine Haut lose an seiner Gestalt hing. Sie wartete darauf, dass er entsetzt aufschrie wegen des Monsters, das vor ihm stand.

»Nadja?«, keuchte Maxim. »Nadja!« Mit einem rauen Aufschrei zog er das Lebkuchenmädchen in seine Arme.

Karina tauchte hinter ihm in der Tür auf, das Gesicht blass und die Augen groß. Nadja spürte, wie sich die Enttäuschung in ihr regte. Irgendwie hatte sie geglaubt, dass Karina einen Blick auf das Lebkuchenmädchen werfen und zu Staub zerfallen würde, oder dass der Anblick von Nadja, die am Leben war und gesund und munter auf ihrer Türschwelle stand, sie zu einem hässlichen Geständnis zwang.

Maxim zog das Lebkuchenmädchen herein, und Nadja flatterte auf den Fenstersims, um durch das Glas zu spähen.

Das Haus sah nach der Wärme von Magdas Hütte vollgestopfter und grauer aus als je zuvor. Sie sah, dass die Sammlung von Holzpuppen auf dem Kaminsims gewachsen war.

Nadjas Vater liebkoste den braun gebrannten Arm des Lebkuchenmädchens und löcherte sie mit Fragen, doch das Lebkuchenmädchen schwieg weiter und sank beim Feuer zusammen. Nadja war sich nicht einmal sicher, ob sie sprechen konnte.

Maxim schien ihr Schweigen nicht zu bemerken. Er plapperte immer weiter, lachte, weinte, schüttelte staunend den Kopf. Karina blieb hinter ihm und beobachtete, wie sie das immer getan hatte. Angst stand in ihrem Blick, aber auch noch etwas anderes, etwas Beunruhigenderes, beinahe so etwas wie Dankbarkeit.

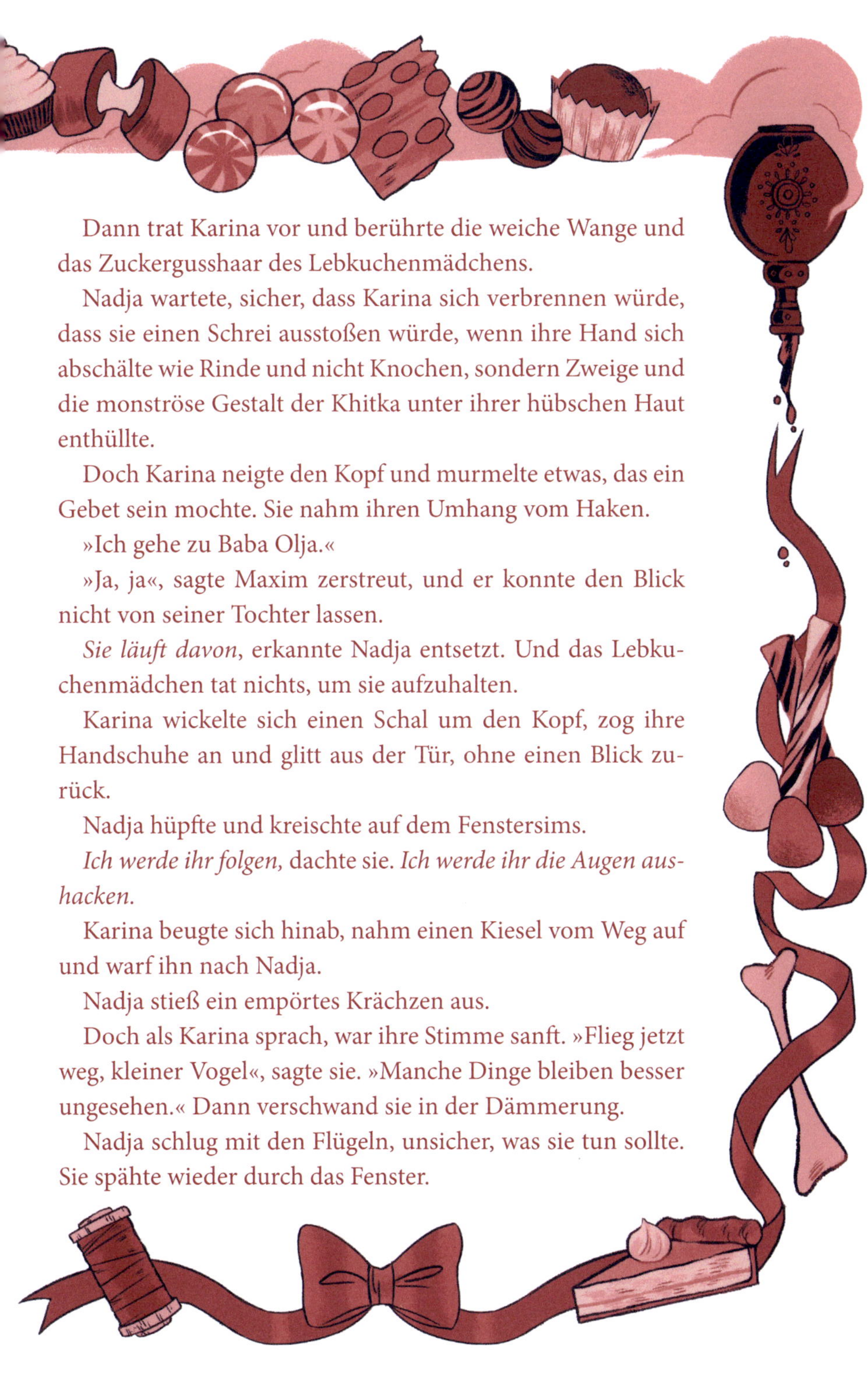

Dann trat Karina vor und berührte die weiche Wange und das Zuckergusshaar des Lebkuchenmädchens.

Nadja wartete, sicher, dass Karina sich verbrennen würde, dass sie einen Schrei ausstoßen würde, wenn ihre Hand sich abschälte wie Rinde und nicht Knochen, sondern Zweige und die monströse Gestalt der Khitka unter ihrer hübschen Haut enthüllte.

Doch Karina neigte den Kopf und murmelte etwas, das ein Gebet sein mochte. Sie nahm ihren Umhang vom Haken.

»Ich gehe zu Baba Olja.«

»Ja, ja«, sagte Maxim zerstreut, und er konnte den Blick nicht von seiner Tochter lassen.

Sie läuft davon, erkannte Nadja entsetzt. Und das Lebkuchenmädchen tat nichts, um sie aufzuhalten.

Karina wickelte sich einen Schal um den Kopf, zog ihre Handschuhe an und glitt aus der Tür, ohne einen Blick zurück.

Nadja hüpfte und kreischte auf dem Fenstersims.

Ich werde ihr folgen, dachte sie. *Ich werde ihr die Augen aushacken.*

Karina beugte sich hinab, nahm einen Kiesel vom Weg auf und warf ihn nach Nadja.

Nadja stieß ein empörtes Krächzen aus.

Doch als Karina sprach, war ihre Stimme sanft. »Flieg jetzt weg, kleiner Vogel«, sagte sie. »Manche Dinge bleiben besser ungesehen.« Dann verschwand sie in der Dämmerung.

Nadja schlug mit den Flügeln, unsicher, was sie tun sollte. Sie spähte wieder durch das Fenster.

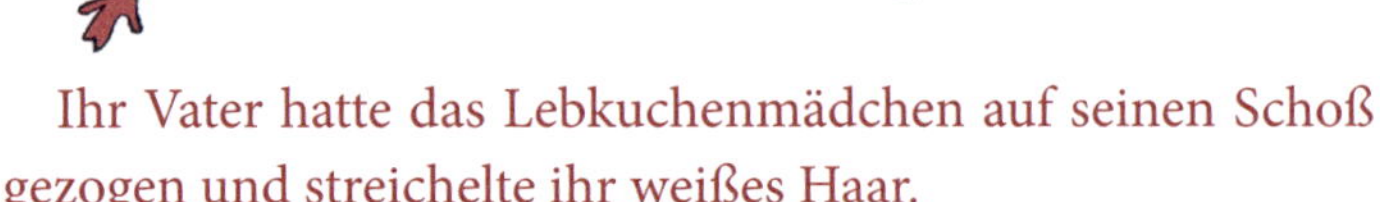

Ihr Vater hatte das Lebkuchenmädchen auf seinen Schoß gezogen und streichelte ihr weißes Haar.

»Nadja«, sagte er wieder und wieder. »Nadja.« Er tätschelte das braune Fleisch ihrer Schulter und drückte die Lippen auf ihre Haut.

Draußen schlug Nadjas kleines Herz gegen die hohlen Knochen.

»Vergib mir«, murmelte Maxim, und die Tränen auf seinen Wangen lösten den Zuckerguss an ihrem Hals auf.

Nadja erschauderte. Ihre Flügel schlugen einen vergeblichen, verzweifelten stotternden Marsch an das Glas. Doch die Hand ihres Vaters glitt unter den Saum ihrer Röcke, und das Lebkuchenmädchen bewegte sich nicht.

Das bin nicht ich, sagte Nadja sich. *Nicht wirklich. Das bin nicht ich.*

Sie dachte an die Unruhe ihres Vaters, an seine verlorenen Pferde, seinen kostbaren Schlitten. Davor … davor waren Mädchen aus anderen Städten verschwunden, eine hier, eine da. Geschichten, Gerüchte, ferne Verbrechen. Doch dann war die Hungersnot gekommen, der lange Winter, und Maxim war gefangen gewesen, gezwungen, näher an seinem Zuhause zu jagen.

»Ich habe versucht aufzuhören«, sagte er, wobei er seine Tochter dichter an sich zog. »Glaub mir«, flehte er. »Sag, dass du mir glaubst.«

Das Lebkuchenmädchen schwieg weiter.

Maxim öffnete seinen feuchten Mund, um sie wieder zu küssen, und das Geräusch, das er dabei ausstieß, war eine

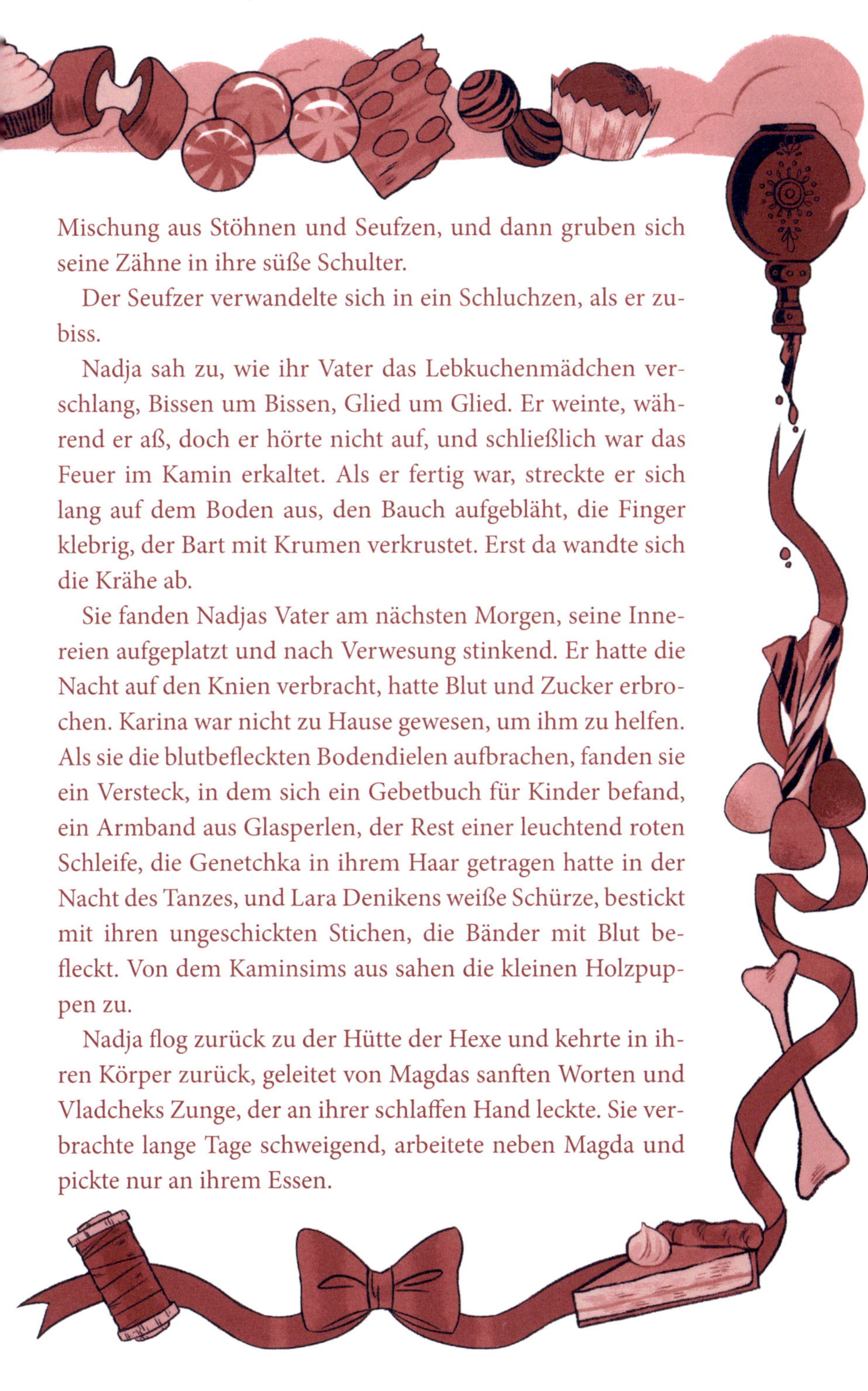

Mischung aus Stöhnen und Seufzen, und dann gruben sich seine Zähne in ihre süße Schulter.

Der Seufzer verwandelte sich in ein Schluchzen, als er zubiss.

Nadja sah zu, wie ihr Vater das Lebkuchenmädchen verschlang, Bissen um Bissen, Glied um Glied. Er weinte, während er aß, doch er hörte nicht auf, und schließlich war das Feuer im Kamin erkaltet. Als er fertig war, streckte er sich lang auf dem Boden aus, den Bauch aufgebläht, die Finger klebrig, der Bart mit Krumen verkrustet. Erst da wandte sich die Krähe ab.

Sie fanden Nadjas Vater am nächsten Morgen, seine Innereien aufgeplatzt und nach Verwesung stinkend. Er hatte die Nacht auf den Knien verbracht, hatte Blut und Zucker erbrochen. Karina war nicht zu Hause gewesen, um ihm zu helfen. Als sie die blutbefleckten Bodendielen aufbrachen, fanden sie ein Versteck, in dem sich ein Gebetbuch für Kinder befand, ein Armband aus Glasperlen, der Rest einer leuchtend roten Schleife, die Genetchka in ihrem Haar getragen hatte in der Nacht des Tanzes, und Lara Denikens weiße Schürze, bestickt mit ihren ungeschickten Stichen, die Bänder mit Blut befleckt. Von dem Kaminsims aus sahen die kleinen Holzpuppen zu.

Nadja flog zurück zu der Hütte der Hexe und kehrte in ihren Körper zurück, geleitet von Magdas sanften Worten und Vladcheks Zunge, der an ihrer schlaffen Hand leckte. Sie verbrachte lange Tage schweigend, arbeitete neben Magda und pickte nur an ihrem Essen.

Es war nicht ihr Vater, an den sie dachte, sondern Karina. Karina, die ihr Heim besucht hatte, als Nadjas Mutter krank geworden war, die die Zimmer mit Leben ausgefüllt hatte, als Havel weggegangen war, die Nadja in ihrer Nähe behalten hatte. Karina, die Nadja in die Wälder getrieben hatte, sodass nichts mehr für ihren Vater übrig blieb als Geister. Karina, die sich einem Monster hingegeben hatte, in der Hoffnung, ein Mädchen zu retten.

Nadja schrubbte und kochte und säuberte den Garten und dachte an Karina, die über den langen Winter hinweg allein mit Maxim gewesen war, wie sie seine Abwesenheiten fürchtete und sich doch danach sehnte, das Haus nach einer Möglichkeit durchsuchte, ihren Verdacht zu bestätigen, ihre Finger, die über Böden und an Schränken kratzten, nach geheimen Fugen tastend, die von den geschickten Händen eines Tischlers verborgen worden waren.

In Duwa redete man davon, Maxim Grushows Leiche zu verbrennen, doch am Ende beerdigten sie ihn ohne die Gebete der Heiligen in der steinigen Erde, wo bis zu diesem Tage nichts wächst. Die Körper

der verlorenen Mädchen fand man nie, doch gelegentlich entdeckt ein Jäger einen Haufen Knochen im Wald, einen Muschelhaarkamm oder einen Schuh.

Karina zog in eine andere kleine Stadt. Wer weiß, was aus ihr wurde. Wenige gute Dinge geschehen einer Frau, die allein ist. Nadjas Bruder, Havel, diente in einem Krieg im Norden und kehrte als ein rechter Held nach Hause zurück. Nadja lebte bei Magda und lernte alle Geheimnisse der alten Frau, die Magie, über die man in einer solchen Nacht am besten nicht spricht. Es gibt manche, die sagen, dass sie sich, wenn der Mond zunimmt, Dinge traut, die nicht einmal Magda versuchen würde.

Jetzt wisst ihr, welche Monster einmal in den Wäldern nahe Duwa lauerten, und wenn ihr jemals einen Bären mit goldenem Halsband trefft, so werdet ihr ihn mit Namen begrüßen können. Also schließt die Fenster fest und seht zu, dass der Riegel sicher vorgelegt ist. Dunkle Dinge haben eine Art, durch schmale Ritzen zu gelangen. Sollen wir etwas Feines zu essen kochen? Nun denn, dann komm und hilf mir, in den Töpfen zu rühren.

Kleines Messer

ES IST GEFÄHRLICH, DIE NÖRDLICHE STRASSE MIT unruhigem Herzen zu bereisen. Südlich von Arkesk ist eine Lücke zwischen den Bäumen, und dort singt kein Vogel, und die Schatten hängen seltsam schwer von den Zweigen herab. Auf dieser einsamen Meile bleiben Reisende dicht bei ihren Begleitern, sie singen laute Lieder und schlagen Trommeln, denn verliert man sich hier in den eigenen Gedanken, so könnte man plötzlich merken, dass man vom Pfad abgekommen ist und die dunklen Wälder betreten hat. Und wenn man dann weitergeht und die Rufe seiner Begleiter ignoriert, so kommt man vielleicht zu den stummen Straßen und verlassenen Häusern von Velisyana, der verfluchten Stadt.

Unkräuter und Wildblumen überwuchern die Pflastersteine. Die Läden sind leer, die Türen in den Angeln verrottet, sodass man in gähnende Mäuler blickt. Der Dorfplatz ist von Dornensträuchern überwuchert, und das Dach der Kirche ist längst eingestürzt; inmitten der zersplitterten Bänke liegt die große Kuppel auf der Seite und sammelt Regenwasser, das Blattgold von der Zeit oder einem tatendurstigen Dieb längst mitgenommen.

Diese Stille könnte man begreifen, wenn man auf dem Platz steht, der einmal der Platz der Verehrer genannt wurde, und an der Fassade eines zerbröckelnden Palastes zu dem kleinen Fenster hoch oben über der Straße aufblickt, dessen Fensterflügel mit geschnitzten Lilien verziert ist. Es ist der Klang eines Herzens, das verstummt ist. Velisyana ist ein Leichnam.

In vergangenen Zeiten war die Stadt für zwei Dinge bekannt: die Qualität seines Mehls – das in jeder Küche im Um-

kreis von fast einhundert Meilen verwendet wurde – und die Schönheit von Yeva Luchova, die Tochter des alten Herzogs.

Der Herzog stand nicht besonders hoch in der Gunst des Königs, war aber dennoch reich geworden. Er hatte Dämme und Deiche erbauen lassen, um den Fluss zu zügeln, sodass er nicht länger sein Land überflutete, und er hatte eine große Mühle gebaut, in der das Mehl von Velisyana gemahlen wurde, für die er ein riesiges Wasserrad mit kräftigen Stahlspeichen in Auftrag gegeben hatte, das in perfektem Gleichgewicht lag.

Man diskutiert darüber, wie Yeva Luchova wirklich aussah, ob ihr Haar wie poliertes Gold oder von glänzendem Schwarz war, ob ihre Augen so blau wie Saphire oder grün wie frisches Gras waren. Uns geht es aber nicht um die Einzelheiten ihrer Schönheit, sondern um ihre Macht, und so reicht es, wenn wir wissen, dass Yeva vom Moment ihrer Geburt an entzückend war.

Sie war so wunderschön, dass die Hebamme, die ihrer Mutter beistand, das weinende Neugeborene an sich riss und sich mit ihm im Wäscheschrank einschloss, wo sie darum flehte, dass man ihr noch einen Augenblick gewährte, um in Yevas Gesicht zu blicken. Sie weigerte sich, wieder herauszukommen und das Baby loszulassen, bis der Herzog endlich nach einer Axt schickte und die Tür einschlagen ließ. Der Herzog ließ die Hebamme auspeitschen, doch das hielt mehrere von Yevas Kindermädchen nicht von dem Versuch ab, das Kind zu stehlen. Schließlich stellte der Herzog eine blinde alte Frau an, die sich um seine Tochter kümmern sollte, und von da an herrschte Frieden in seinem Heim. Natürlich

hielt dieser Frieden nicht an, denn Yeva wurde mit der Zeit nur noch schöner.

Niemand konnte es recht begreifen, denn weder der Herzog noch seine Frau waren besonders ansehnlich. Es gab Gerüchte, dass Yevas Mutter in einem Suli-Lager gewesen wäre, und die neidischeren Menschen flüsterten gern, dass sich ein gutaussehender Dämon auf dem Mondlicht einen Weg in das Bett der Mutter erschlichen hätte. Die meisten Dorfbewohner verlachten diese Geschichten, denn niemand, der Yevas Freundlichkeit kannte, konnte glauben, dass sie etwas anderes war als ein gutes und rechtschaffenes Mädchen. Lief Yeva aber durch die Straße, und der Wind spielte in ihrem Haar, während ihre lieblichen Füße kaum die Pflastersteine zu berühren schienen, so war es schwer, sich die Frage ihrer Herkunft nicht zu stellen. Jedes Jahr an Yevas Geburtstag tastete das blinde Kindermädchen mit zitternden Fingern nach angehenden Höckern von Hörnern auf Yevas Kopf, immer unter dem Vorwand, ihr Blumen in die Zöpfe flechten zu wollen.

So wie Yevas Schönheit wuchs, so wuchs auch der Stolz ihres Vaters. Als sie zwölf wurde, ließ er einen Porträtkünstler den ganzen Weg von Os Alta kommen, der sie von Lilien umgeben malen sollte, und er ließ ihr Bildnis auf jeden Mehlsack aus seiner Mühle stempeln. Und so kam es, dass die Frauen in ihren Küchen die Haare wie Yeva trugen und Männer aus ganz Rawka nach Velisyana reisten, um mit eigenen Augen zu sehen, ob eine solches Wesen echt sein konnte.

Natürlich verliebte sich auch der Künstler in Yeva. Er tat Rebendolde in ihre Milch und kam den ganzen Weg bis nach Arkesk mit ihr, bevor man ihn festnahm. Der Herzog fand

seine Tochter tief schlafend auf der Ladefläche des Wagens, eingeklemmt zwischen Leinwänden und Gefäßen mit Pigmenten. Yeva war unverletzt und erinnerte sich kaum an den Vorfall, obwohl sie für immer eine Abneigung gegen Porträtgalerien hatte und der Geruch nach Ölfarbe sie fortan immer schläfrig machte.

Mit fünfzehn war es für Yeva nicht mehr sicher, das Haus zu verlassen. Sie versuchte, ihr Haar zu schneiden und das Gesicht mit Asche einzureiben, doch das machte sie für die Männer, die ihr beim täglichen Spaziergang zusahen, nur noch anziehender, denn nun ging ihre Fantasie mit ihnen durch, wenn sie sie erblickten. Als Yeva stehen blieb, um einen Stein aus ihrem Schuh zu nehmen, und der Menge dabei unabsichtlich einen Blick auf ihren perfekten Knöchel gewährte, brach ein Aufstand aus, und ihr Vater beschloss, dass sie im Palast bleiben musste.

Sie verbrachte ihre Tage mit Lesen und Nähen und lief durch die Gänge, um Bewegung zu haben, wobei sie immer einen Schleier trug, um die Diener nicht abzulenken. Jeden Tag, wenn die Uhr auf dem Glockenturm die Mittagsstunde schlug, erschien sie an ihrem Fenster, um den Menschen, die sich auf dem Platz versammelt hatten, zuzuwinken, und damit ihre Verehrer vortreten und ihr ihre Liebe erklären konnten und um ihre Hand anzuhalten. Sie sangen Lieder oder führten Kunststücke auf oder Bühnenduelle, um ihre Kühnheit zu beweisen – doch manchmal gerieten die Duelle außer Kontrolle, und nach dem zweiten Todesfall gebot der Oberst, der im Ruhestand war und als Schutzmann auftrat, ihnen Einhalt.

»Papa«, sagte Yeva zu dem Herzog, die sich verzweifelt da-

nach sehnte, wieder unter freiem Himmel stehen zu können. »Warum bin ich diejenige, die sich verstecken muss?«

Der Herzog tätschelte ihr die Hand. »Genieße diese Macht, Yeva. Denn eines Tages bist du alt, und niemand wird es bemerken, wenn du die Straße entlanggehst.«

Yeva fand nicht, dass ihr Vater ihre Frage beantwortet hatte, doch sie küsste ihn auf die Wange und fuhr mit ihrer Näharbeit fort.

Am Morgen ihres sechzehnten Geburtstages stand Nestor Levkin mit seinem Sohn vor ihrer Tür. Er war einer der wohlhabendsten Männer in der Stadt, an zweiter Stelle nach dem Herzog, und er war gekommen, um über den Bund zwischen Yeva und seinem Jungen zu verhandeln. Doch als er den Salon betrat und Yeva am Feuer sitzen sah, da verkündete er, dass er derjenige sein würde, der sie heiratete.

Vater und Sohn begannen zu streiten, und dann gingen sie mit Fäusten aufeinander los. Man rief den alten Oberst, damit er den Streit schlichtete, doch sobald der Yeva zum ersten Mal richtig sah, zog er sein Schwert und forderte die beiden Verehrer selbst heraus. Yevas Vater schickte das Mädchen auf sein Zimmer und rief nach den Wachen, damit sie die Männer auseinanderbrachten. Nach einer Weile und ohne den Anblick von Yevas Schönheit kamen die Männer wieder zu Sinnen. Sie tranken Tee zusammen und ließen die Köpfe vor Scham über ihr Verhalten hängen.

»Das darf so nicht weitergehen«, sagte der Oberst. »Jeden Tag wird die Menge auf dem Platz größer. Ihr müsst einen Ehemann für Yeva wählen und diesen Wahnsinn beenden, bevor er die Stadt zerstört.«

Nun hätte der Herzog dem ein Ende bereiten können, indem er einfach seine Tochter fragte, was sie sich wünschte. Doch er genoss die Aufmerksamkeit, die Yeva erhielt, und sie verkaufte doch auch eine Menge Mehl. Also ersann er einen Plan, der seiner Gier und seiner Liebe für ein hübsches Spektakel in die Hände spielte.

Der Herzog besaß nämlich viele Morgen Wald, die er roden lassen wollte, um mehr Weizen anbauen zu können. Am Mittag des folgenden Tages trat er also hinaus auf den Balkon über dem Platz der Verehrer und winkte den Männern unten zu. Die Menge seufzte enttäuscht, als sie den Herzog statt Yeva erblickte, doch ihre Ohren spitzten sich, als sie hörten, was er zu sagen hatte.

»Es ist für meine Tochter an der Zeit, zu heiraten.« Jubel stieg aus der Menge auf. »Doch nur ein würdiger Mann wird sie bekommen. Yeva ist zierlich und muss warm gehalten werden. Jeder von euch wird in meine Wälder gehen und mir einen Stapel Holz auf das brachliegende Feld am südlichen Waldrand bringen. Morgen bei Sonnenaufgang wird derjenige mit dem höchsten Stapel Yeva zur Braut bekommen.«

Die Verehrer zögerten nicht, um über diese seltsame Aufgabe nachzudenken, sondern rannten los, um ihre Äxte zu holen.

Als der Herzog die Türen des Balkons schloss, sagte Yeva: »Papa, vergib mir, doch was ist das für eine Art, einen Ehemann zu suchen? Morgen werde ich sicher eine Menge Feuerholz haben, doch habe ich so auch einen guten Mann?«

Der Herzog tätschelte ihr die Hand. »Liebste Yeva«, sagte er. »Denkst du, ich bin so dumm oder so grausam? Hast du

nicht den Prinzen auf dem Platz unten stehen sehen, der jeden Tag geduldig auf deinen Anblick wartet? Er hat genug Gold, um tausend Mann anzuwerben, die ihre Äxte für ihn schwingen. Er wird diesen Wettbewerb mit Leichtigkeit gewinnen, und du wirst in der Hauptstadt leben und für den Rest deiner Tage nur noch Seide tragen. Was hältst du davon?«

Yeva zweifelte daran, dass ihr Vater ihre Frage beantwortet hatte, doch sie küsste seine Wange und sagte ihm, dass er doch gewiss sehr weise wäre.

Weder Yeva noch ihr Vater wussten aber, dass tief in den Schatten des Uhrenturmes Semyon der Zerlumpte gestanden und zugehört hatte. Semyon war ein Fluter, und obwohl er mächtig war, so war er doch arm. Das war in den Zeiten vor der Zweiten Armee, als die Grischa an wenigen Orten willkommen waren und überall mit Misstrauen begrüßt wurden. Semyon verdiente seinen Lebensunterhalt, indem er von Stadt zu Stadt zog und Flüsse umleitete, wann immer es Dürren gab, und Regen fernhielt, wenn die Winterstürme zu früh kamen, oder er fand den richtigen Platz, um Brunnen zu graben. Für Semyon war das einfach. »Wasser braucht nur eine Richtung«, sagte er zu den seltenen Gelegenheiten, wenn man ihn fragte. »Das Wasser möchte, dass man ihm sagt, was es tun soll.«

Er wurde für gewöhnlich in Gerste oder mit anderen Waren bezahlt, und sobald seine Aufgabe erledigt war, baten ihn die Dorfbewohner, weiterzuziehen. Es war kein freundliches Leben. Semyon sehnte sich nach einem Heim und einer Frau. Er wollte neue Stiefel und einen feinen Mantel, damit die

Menschen ihn voller Respekt ansahen, wenn er die Straße entlangkam. Und als er Yeva Luchova sah, wollte er sie auch.

Semyon lief durch die Stadt zum südlichen Waldrand, wo die anderen Verehrer bereits Bäume hackten und das Holz aufstapelten. Er hatte keine Axt und kein Geld, um eine zu kaufen. Er war klug und sogar verzweifelt genug, um zu stehlen, doch er hatte den Prinzen unter Yevas Fenster herumstehen sehen und durchschaute den Plan des Herzogs durchaus. Sein Herz sank, als er die Mannschaft sah, die den Stapel des Prinzen baute, während der Prinz selbst zusah, goldhaarig und lächelnd, und eine Axt mit elfenbeinfarbenem Griff in Händen drehte, deren Schneide aus dunkelgrauem Grischa-Stahl blitzte.

Semyon ging hinab zum Fluss zu dem traurigen Lager, das er sich dort errichtet hatte, wo sein Lumpenbündel lag und sein wenig Hab und Gut. Er setzte sich ans Ufer und lauschte dem stetigen Donnern und Platschen des Wasserrades neben der großen Mühle. Unter Leuten brachte Semyon keinen Ton heraus und war mürrisch, doch am abfallenden Flussufer, zwischen dem sanften Rauschen des Schilfs, sprach er frei und leicht vor dem Wasser, und er gestand ihm all seine geheimen Herzenswünsche. Der Fluss lachte über seine Witze, er lauschte und murmelte zustimmend, brüllte in geteilter Wut und Entrüstung, wenn man ihm ein Unrecht zufügte.

Dann sank die Sonne, und die Äxte in der Ferne schwiegen, und Semyon wusste, dass die Männer beim letzten Licht des Tages nach Hause gehen würden. Der Wettbewerb war so gut wie vorbei.

»Was soll ich nur tun?«, sagte er zu dem Fluss. »Morgen

wird Yeva einen Prinzen zum Ehemann bekommen, und ich werde immer noch nichts haben. Immer hast du getan, was ich wollte, doch was nutzt du mir jetzt?«

Zu seiner Überraschung gluckste der Fluss einen hohen, süßen Ton, fast wie eine Frau, die sang. Das Wasser spritzte nach links, dann rechts, brach sich an den Steinen, es schäumte, als ob es von einem Sturm aufgepeitscht würde. Semyon stolperte zurück, seine Stiefel versanken im Matsch, als das Wasser stieg.

»Fluss, was tust du da?«, rief er.

Der Fluss schwoll zu einer großen, sich auftürmenden Welle an und raste auf ihn zu, trat über das Ufer. Semyon bedeckte den Kopf mit den Armen, überzeugt, dass er ertrinken würde, doch bevor das Wasser auf ihn traf, teilte sich der Fluss und floss um seinen zitternden Leib herum.

Der Fluss stürzte sich durch den Wald, riss uralte Bäume aus der Erde und zerrte Zweige mit sich. Der Fluss brach im Schutz der Nacht einen Pfad durch die Bäume, den ganzen Weg bis zu dem Feld am Rand des südlichen Waldes. Dort strudelte und wirbelte er, und Baum um Baum, Zweig um Zweig, nahm ein Turm Gestalt an. Die ganze Nacht arbeitete der Fluss, und als die Dorfleute am Morgen eintrafen, da fanden sie Semyon, der neben einem gewaltigen Turm aus Holz stand, der den kleinen traurigen Stapel übertraf, den die Männer des Prinzen gesammelt hatten.

Der Prinz warf seine Axt mit dem elfenbeinfarbenen Griff wutentbrannt beiseite, und der Herzog war höchst erschüttert. Er konnte das Versprechen nicht in aller Öffentlichkeit brechen, doch konnte er auch den Gedanken nicht ertragen,

dass seine Tochter eine so widernatürliche Kreatur wie Semyon heiraten sollte. Er zwang sich zu einem Lächeln und schlug Semyon auf den schmalen Rücken. »Welch feine Arbeit Ihr da getan habt!«, verkündete er. »Ich bin sicher, Ihr werdet bei der zweiten Aufgabe genauso erfolgreich sein!«

Semyon runzelte die Stirn. »Aber …«

»Sicher habt Ihr doch nicht geglaubt, dass ich nur eine Aufgabe für Yevas Hand verlange? Ihr stimmt mir gewiss zu, dass meine Tochter mehr wert ist!«

Alle Dorfbewohner und die glühenden Verehrer stimmten dem zu – besonders der Prinz, der immer noch in seinem Stolz gekränkt war. Semyon wollte nicht, dass irgendjemand dachte, er schätzte Yeva so wenig, also schluckte er seine Widerworte hinunter und nickte.

»Sehr gut! Dann hört gut zu. Ein Mädchen wie Yeva muss sein eigenes liebliches Gesicht ansehen können. Hoch auf dem Petrazoj lebt Baba Anezka, die Spiegelmacherin. Wer mit einem ihrer Kunstwerke wiederkehrt, wird meine Tochter als Braut haben.«

Die Verehrer rannten in alle Richtungen davon, während der Prinz seinen Männern Befehle zurief.

Ihr Vater kehrte in den Palast zurück, und als Yeva hörte, was er getan hatte, sagte sie: »Papa, vergib mir, aber was ist das für eine Art, einen Ehemann zu finden? Bald werde ich einen feinen Spiegel haben, doch werde ich auch einen guten Mann haben?«

»Liebste Yeva«, sagte der Herzog. »Wann wirst du lernen, deines Vaters Weisheit zu vertrauen? Der Prinz hat die schnellsten Pferde Rawkas, und nur er kann sich einen sol-

chen Spiegel leisten. Er wird diesen Wettkampf mit Leichtigkeit gewinnen, und dann wirst du eine Krone mit Edelsteinen tragen und Kirschen im Winter essen. Was hältst du davon?«

Yeva fragte sich, ob ihr Vater ihre Frage einfach falsch verstanden hatte, doch sie küsste seine Wange und sagte zu ihm, dass sie Kirschen wirklich sehr gern mochte.

Semyon ging hinab zum Fluss und legte den Kopf in die Hände. »Was soll ich nur tun?«, sagte er elend. »Ich habe kein Pferd, noch habe ich Geld, um mit der Gebirgshexe zu verhandeln. Du hast mir zuvor geholfen, doch was nutzt du mir jetzt, Fluss?«

Semyon keuchte auf, als der Fluss erneut über die Ufer stieg und seine Knöchel packte. Er zog ihn hinab in die Tiefe, und Semyon spuckte und schnappte nach Luft.

»Fluss«, schrie Semyon, »was tust du?«

Der Fluss gurgelte eine Antwort, riss ihn tief nach unten und hob ihn dann empor zur Oberfläche, wo er ihn aufrecht hielt und mit sich trug. Es ging gen Süden, durch Seen und Bäche und Stromschnellen, nach Westen durch Nebenflüsse und Ströme, Meile um Meile, bis sie endlich an die nördlichen Hänge des Petrazoj gelangten, und Semyon begriff, was der Fluss vorhatte.

»Schneller, Fluss, schneller!«, befahl er, als der ihn die Bergflanke hinauftrug, und bald schon erreichte er durchnässt, aber triumphierend den Eingang zur Höhle der Hexe.

»Du warst ein treuer Freund, und so denke ich, muss ich dir einen Namen geben«, sagte Semyon zu dem Fluss, während er das Wasser aus seinem zerlumpten Mantel zu wringen versuchte. »Ich werde dich Kleines Messer nennen, we-

gen der Art, wie du im Sonnenlicht silbern aufblitzt, und weil du mein grimmiger Beschützer bist.«

Dann klopfte er an die Tür der Hexe. »Ich bin wegen eines Spiegels gekommen!«, schrie er.

Baba Anezka öffnete die Tür, ihre Zähne waren gerade und scharf, und ihre Augen golden und ungerührt. Erst da erinnerte sich Semyon daran, dass er keine Münze hatte, um zu bezahlen. Doch bevor die uralte Fabrikatorin ihm die Tür vor der Nase zuschlagen konnte, bahnte sich der Fluss spritzend einen Weg an ihm vorbei, wirbelte um Baba Anezkas Füße und dann wieder hinaus.

Baba Anezka grüßte den Fluss mit einer Verneigung, und mit Semyon auf den Fersen folgte sie dem Fluss über einen hohen Bergrücken und über einen Pfad, der zwischen zwei flachen Felsen verborgen lag. Als sie sich dazwischen hindurchschoben, fanden sie sich am Rand eines flachen Tales wieder, dessen Boden von grauen Kieseln bedeckt war, öde und abweisend wie der Rest des Petrazoj. Doch in seiner Mitte war ein Teich, beinahe vollkommen rund, die Oberfläche so glatt wie poliertes Glas, die den Himmel so rein widerspiegelte, als ob man darauftreten und direkt hindurch in die Wolken fallen könnte.

Die Hexe lächelte und zeigte all ihre scharfen Zähne. »Nun, *das* ist mal ein Spiegel«, sagte sie, »und das scheint mir ein gerechter Handel.«

Sie gingen in die Höhle zurück, und als Baba Anezka Semyon einen ihrer feinsten Spiegel übergab, da lachte er vor Freude.

»Dieses Geschenk ist für den Fluss«, sagte sie.

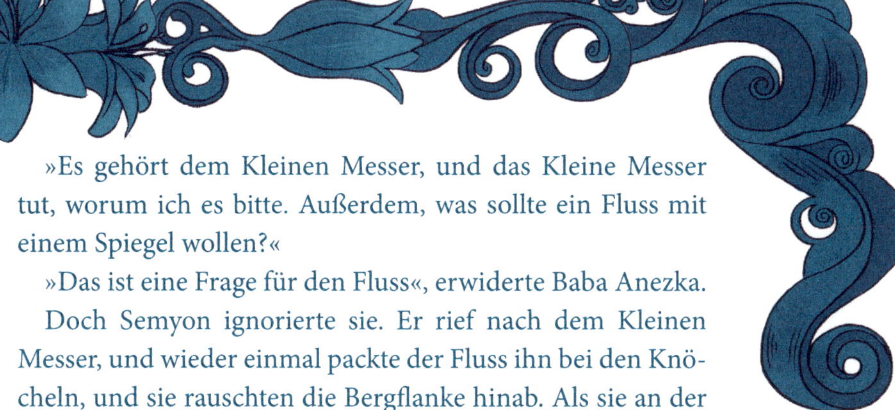

»Es gehört dem Kleinen Messer, und das Kleine Messer tut, worum ich es bitte. Außerdem, was sollte ein Fluss mit einem Spiegel wollen?«

»Das ist eine Frage für den Fluss«, erwiderte Baba Anezka.

Doch Semyon ignorierte sie. Er rief nach dem Kleinen Messer, und wieder einmal packte der Fluss ihn bei den Knöcheln, und sie rauschten die Bergflanke hinab. Als sie an der Karawane des Prinzen vorbeidonnerten, die sich den Pfad entlangmühte, da drehten die Soldaten sich um, doch sie sahen nur eine große Welle und eine weiße Schaumkrone.

In Velisyana zog Semyon seine am wenigsten fadenscheinige Tunika an, kämmte sich das Haar und tat sein Bestes, seine Schuhe zu polieren. Als er sein Spiegelbild betrachtete, da war er überrascht von dem mürrischen Gesicht und den tiefschwarzen Augen, die ihn daraus anblickten. Er hatte sich immer für recht ansehnlich gehalten, und der Fluss hatte ihm nie etwas anderes gesagt.

»Da stimmt etwas nicht mit dem Spiegel, Kleines Messer«, sagte er. »Doch so hat es der Herzog verlangt, und so soll Yeva ihn für ihre Wand bekommen.«

Als der Herzog Semyon über den Platz der Verehrer schreiten sah, da zuckte er entsetzt zurück.

»Seht, was Ihr mit Euren dummen Aufgaben angerichtet habt«, sagte der Oberst im Ruhestand, der mit dem Herzog auf den Ausgang des Wettbewerbs wartete. »Ihr hättet mir Yevas Hand geben sollen, als Ihr die Gelegenheit dazu hattet. Jetzt wird sie mit diesem Ausgestoßenen vermählt werden, und niemand wird mehr an Eurem Tisch sitzen wollen. Ihr müsst einen Weg finden, ihn loszuwerden.«

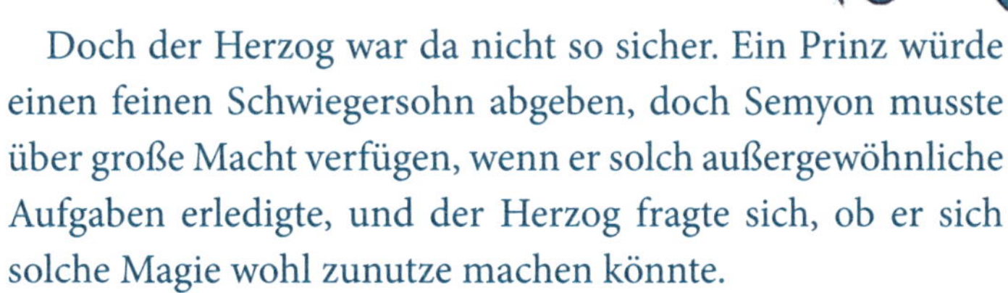

Doch der Herzog war da nicht so sicher. Ein Prinz würde einen feinen Schwiegersohn abgeben, doch Semyon musste über große Macht verfügen, wenn er solch außergewöhnliche Aufgaben erledigte, und der Herzog fragte sich, ob er sich solche Magie wohl zunutze machen könnte.

Er schickte den Oberst davon, und als Semyon an die Tür des Palasts klopfte, hieß der Herzog ihn mit großer Feierlichkeit willkommen. Er setzte Semyon an einen Ehrenplatz und ließ die Diener ihm die Hände mit parfümiertem Wasser waschen, dann reichte er ihm gezuckerte Mandeln, Pflaumenschnaps und Schüsseln mit gefüllten Lammteigtaschen, die in Nestern aus Moschusmalven ruhten. Semyon hatte noch nie so gut gegessen, und er war auch noch nie als ein geschätzter Gast behandelt worden. Sein Bauch schmerzte, als er sich endlich zurücklehnte, und er sah vor lauter Wein und Schmeicheleien ganz verschwommen.

Der Herzog sagte: »Semyon, wir sind beide ehrliche Männer, und so können wir frei miteinander sprechen. Du bist ein kluger Kerl, doch wie kannst du hoffen, für jemanden wie Yeva zu sorgen? Du hast keine Arbeit, kein Heim, keine Aussichten.«

»Ich habe Liebe«, sagte Semyon und warf dabei beinahe sein Glas um, »und das Kleine Messer.«

Der Herzog wusste nicht, was Messer damit zu tun haben sollten, aber er sagte: »Man kann nicht von Liebe und Besteck leben, und Yeva hatte ein leichtes Leben. Sie kennt keine Mühe oder Not. Würdest du der sein wollen, der sie das Leid lehrt?«

»Nein!«, rief Semyon. »Niemals!«

»Dann müssen wir einen Plan machen, du und ich. Morgen werde ich eine letzte Aufgabe stellen, und wenn du diese erfüllst, dann wirst du Yevas Hand bekommen und alle Reichtümer, die du dir jemals wünschen kannst.«

Semyon dachte, der Herzog versuchte erneut, ihn zu betrügen, doch ihm gefiel dieser Handel, und er beschloss, auf der Hut zu sein.

»Nun gut«, sagte er und bot dem Herzog die Hand.

Der Herzog schüttelte sie und verbarg seinen Ekel, dann sagte er: »Komm morgen früh auf den Platz und höre gut zu.«

Die Nachricht von der neuen Aufgabe verbreitete sich, und am nächsten Tag waren noch mehr Verehrer auf dem Platz, einschließlich des Prinzen, der mit seinen müden Pferden dastand, und dessen Stiefel mit den winzigen Scherbenstückchen des Spiegels glitzerten, den er in seiner Wut zerschlagen hatte.

»Es gibt eine uralte Münze, die von einem großen Hexenmeister geschmiedet wurde, die er irgendwo in Rawka vergrub«, verkündete der Herzog. »Jedes Mal, wenn man sie ausgibt, kehrt sie zweifach zu einem zurück, sodass man immer volle Taschen hat. Bringt mir diese Münze, sodass es Yeva niemals an etwas mangeln wird, und derjenige wird sie zur Braut bekommen.«

Die Menge rannte in alle Richtungen davon, um Schaufeln und Hacken zu holen.

Der Herzog trat vom Balkon, und Yeva sagte: »Papa, vergib mir, aber welche Art ist das, einen Ehemann zu finden? Bald werde ich sehr reich sein, doch werde ich einen guten Mann haben?«

Dieses Mal blickte der Herzog seine Tochter voll Mitleid

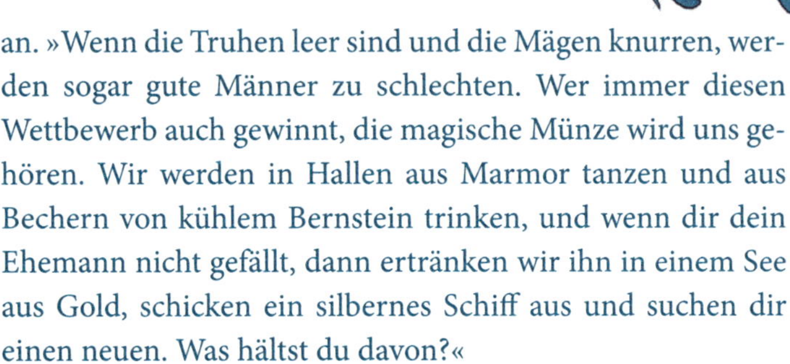

an. »Wenn die Truhen leer sind und die Mägen knurren, werden sogar gute Männer zu schlechten. Wer immer diesen Wettbewerb auch gewinnt, die magische Münze wird uns gehören. Wir werden in Hallen aus Marmor tanzen und aus Bechern von kühlem Bernstein trinken, und wenn dir dein Ehemann nicht gefällt, dann ertränken wir ihn in einem See aus Gold, schicken ein silbernes Schiff aus und suchen dir einen neuen. Was hältst du davon?«

Yeva seufzte, denn sie war es müde, Fragen zu stellen, die nicht beantwortet wurden. Sie küsste ihren Vater auf die Wange und ging, um ihre Gebete zu sagen.

Der Prinz rief seine Berater zusammen. Der königliche Techniker brachte ihm eine Maschine, deren Kurbel von fünfzig Männern bedient werden musste. Sobald sie sich drehte, konnte sie meilenweit unter der Erde graben. Doch der Techniker wusste nicht, wie man sie anhielt, und man hörte nie wieder von der Maschine und den fünfzig Männern. Der Innenminister behauptete, dass er eine Armee von Maulwürfen abrichten könnte, wenn er nur mehr Zeit hätte, und des Königs Anführer der Spione schwor, dass er Geschichten über einen magischen Löffel gehört hätte, der sich durch Felsgestein graben könnte.

In der Zwischenzeit kehrte Semyon zu dem Fluss zurück. »Kleines Messer«, rief er. »Ich brauche dich. Wenn ich die Münze nicht finde, dann wird ein anderer Mann Yeva bekommen, und ich habe nichts.«

Der Fluss spritzte, und die Oberfläche wellte sich betroffen. Er schwappte gegen die Ufer, immer und immer wieder, um den Damm zu brechen, der den Mühlteich einfasste. Es dauerte viele Minuten, doch bald verstand Semyon: Der Fluss war geteilt und zu schwach, um unter der Erde zu graben.

Er nahm die Axt mit dem elfenbeinfarbenen Griff, die er aus den Wäldern mitgenommen hatte, nachdem der Prinz sie weggeworfen hatte, und er hackte mit aller Kraft auf den Damm ein. Das Hallen von Grischa-Stahl auf Stein echote durch den Wald, bis endlich der Damm mit einem Knirschen und Seufzen brach. Der Fluss strudelte und schäumte mit neu gewonnener Kraft, wieder vereint und ganz.

»Jetzt grabe und hole mir die Münze, Kleines Messer, denn zu was bist du mir sonst nutze?«

Der Fluss schoss durch die Erde, er ließ Grotten und Höhlen und Tunnel in seinem Kielwasser zurück. Er durchquerte Rawka der Länge nach, von Grenze zu Grenze und wieder zurück, während der Fels an seiner Strömung riss und die Erde von seinen Seiten trank. Je tiefer der Fluss tauchte, desto schwächer wurde er, doch er fuhr fort, und als er am schwächsten war, kaum mehr als ein Hauch Nebel auf einem Klumpen Erde, ertastete er die Münze, klein und hart. Das Gesicht der Münze war längst von der Zeit abgetragen worden.

Der Fluss packte die Münze und warf sie an die Oberfläche, sammelte seine Kraft, wurde trüb von Schlamm und Regenwasser, schwoll an, als er jetzt jedes Rinnsal und jeden winzigen Strom zurückrief. Er brach durch den Mühlteich, ein Nebelmeer, glitzernd vor Regenbögen, in dem die Münze hin und her sprang.

Semyon stürzte sich in das Wasser, um sie zu packen, doch der Fluss rauschte um ihn herum und stieß besorgtes Gemurmel aus. Semyon hielt inne und fragte sich: *Was, wenn ich die*

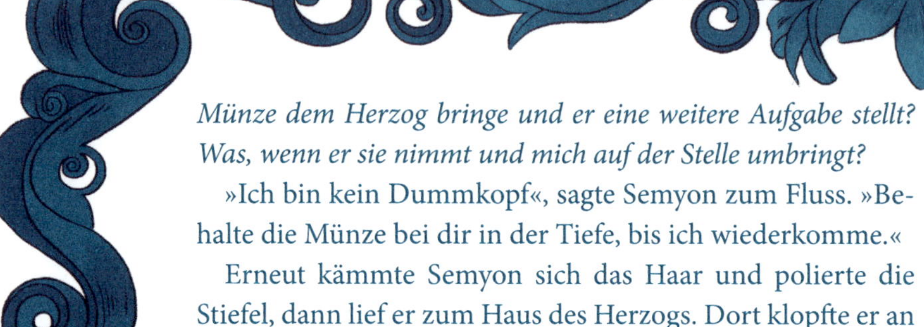

Münze dem Herzog bringe und er eine weitere Aufgabe stellt? Was, wenn er sie nimmt und mich auf der Stelle umbringt?

»Ich bin kein Dummkopf«, sagte Semyon zum Fluss. »Behalte die Münze bei dir in der Tiefe, bis ich wiederkomme.«

Erneut kämmte Semyon sich das Haar und polierte die Stiefel, dann lief er zum Haus des Herzogs. Dort klopfte er an die Tür und verkündete, dass er die letzte Aufgabe vollbracht hatte. »Ruft den Priester!«, verlangte er. »Lasst Yeva herausputzen. Wir werden unsere Ehegelübde am Fluss sprechen, und dann werde ich Euch die magische Münze geben.«

Also kleidete man Yeva in ein goldenes Kleid und einen Schleier, um ihr übernatürlich schönes Antlitz zu verbergen. Die blinde Kinderfrau weinte leise, als sie Yeva ein letztes Mal umarmte und ihr half, die juwelenbesetzte Kokoshnik im Haar zu befestigen. Dann wurde Yeva zum Fluss hinabgeführt mit ihrem Vater und dem Priester, und alle Dorfbewohner und der wütende Prinz liefen hinter ihnen her.

Sie trafen Semyon am gebrochenen Damm, wo der Fluss über das Ufer getreten war.

»Was ist hier passiert?«, fragte der Herzog.

Semyon trug noch seine fadenscheinigen Lumpen, doch jetzt sprach er voller Stolz. »Ich habe Eure Münze«, sagte er. »Gebt mir meine Braut.«

Der Herzog streckte die Hand erwartungsvoll aus.

»Zeig sie ihnen, Kleines Messer«, sagte Semyon.

Yeva runzelte die Stirn. »Was ist an diesem Fluss klein?«, fragte sie. Doch niemand hörte ihre Frage.

Die Münze schoss aus den Tiefen des Flusses und tanzte auf der Oberfläche des Wassers.

»Es ist wahr!«, rief der Herzog aus. »Bei allen Heiligen, er hat sie gefunden!«

Der Herzog, Semyon und der Prinz griffen nach der Münze – und der Fluss brüllte. Er schien sich auf die Hinterbeine zu stellen, wie ein Untier, das zustoßen will, eine wilde, pulsierende Woge, die sich über der Menge erhob.

»Hör auf damit!«, befahl Semyon.

Doch der Fluss hörte nicht auf. Er drehte und wendete sich, formte eine gewaltige Säule, in der Schilf und Steine strudelten, und erhob sich hoch über den Waldboden, während sich die Zuschauer angstvoll zusammenduckten. Was sahen sie in seinen Wassern? Manche würden später sagen, einen Dämon, andere, die blassen und aufgedunsenen Leichname von einhundert ertrunkenen Menschen, doch die meisten sagten, sie hätten eine Frau gesehen, mit Armen, die wie Wellen wogten, Haar wie Blitze in einem Sturm und Brüsten aus weißem Schaum.

»Kleines Messer!«, schrie Semyon. »Was tust du?«

Eine Stimme sprach, schrecklich in ihrer Macht, sie donnerte wie Wasserfälle, wie Unwetter und Überschwemmungen. »Ich bin kein stumpfes Messer, mit dem du dein jämmerliches Brot schneiden kannst«, sagte sie. »Ich speise die Felder und tränke die Ernte. Ich bin Fülle und Zerstörung.«

Die Menschen gingen auf die Knie und weinten. Der Herzog umklammerte die Hand des Priesters.

»Wer bist du dann?«, rief Semyon. »Was bist du?«

»Deine Zunge ist meines wahren Namens nicht würdig«, dröhnte der Fluss. »Ich war einmal ein Geist der Isenvee, des großen Nordmeeres, und ich durchstreifte die Länder frei,

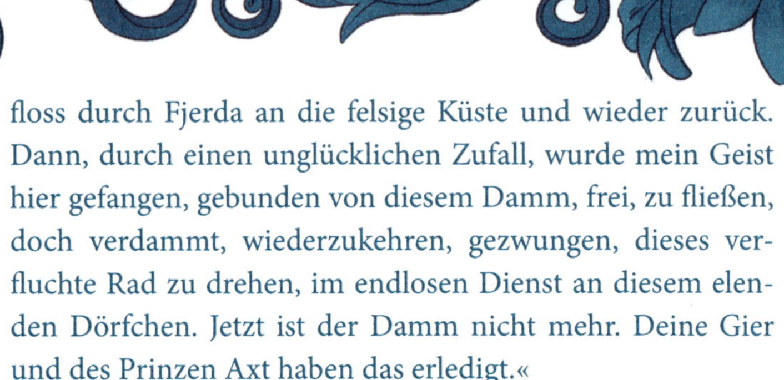

floss durch Fjerda an die felsige Küste und wieder zurück. Dann, durch einen unglücklichen Zufall, wurde mein Geist hier gefangen, gebunden von diesem Damm, frei, zu fließen, doch verdammt, wiederzukehren, gezwungen, dieses verfluchte Rad zu drehen, im endlosen Dienst an diesem elenden Dörfchen. Jetzt ist der Damm nicht mehr. Deine Gier und des Prinzen Axt haben das erledigt.«

Es war Yeva, die den Mut fand zu sprechen, denn die Frage, die zu stellen war, schien einfach. »Was möchtest du, Fluss?«

»Ich war es, die den Turm aus Bäumen erbaute«, sagte der Fluss. »Und ich war es, die den Spiegel von Baba Anezka erhielt. Ich war es, die die magische Münze fand. Und jetzt sage ich zu dir, Yeva Luchova: Wirst du hierbleiben bei dem Vater, der versuchte, dich zu verkaufen, oder dem Prinzen, der hoffte, dich zu kaufen, oder dem Mann, der zu schwach war, seine Rätsel selbst zu lösen? Oder wirst du mit mir kommen und die Braut von niemandem als der Küste selbst sein?«

Yeva blickte zu Semyon, zu dem Prinzen, zu ihrem Vater, der neben dem Priester stand. Dann riss sie den Schleier von ihrem Gesicht – ihre Augen strahlten, ihre Wangen waren gerötet, und sie glühten. Die Menschen schrien auf und beschirmten die Augen, denn für einen Augenblick war sie zu schön, um sie anzusehen. Sie war beängstigend in ihrer Schönheit, hell wie ein alles verschlingender Stern.

Yeva sprang vom Ufer, und der Fluss fing sie in seinen Wassern auf, hielt sie oben, als ihre juwelenbesetzte Kokoshnik sank und ihr seidenes Kleid sich um sie herum bauschte. Sie schwebte dort auf dem Wasser, eine Blume, gefangen im Strom. Der Herzog stand fassungslos da und zitterte in seinen nassen Stiefeln, und der Fluss legte die Arme um Yeva und trug sie davon. Durch die Wälder donnerte der Fluss, ließ Bäume und Felder durchweicht von seinen strudelnden Röcken zurück, und er zerschlug die Mühle in ihrem Kielwasser in Stücke. Das Wasserrad riss sich aus seiner Verankerung und rollte das Ufer hinab, stieß den Prinzen und all seine Bediensteten zu Boden, bevor es im Unterholz verschwand.

Die Dorfbewohner zitterten aneinandergedrängt, und als der Fluss endlich weg war, sahen sie zu dem leeren Flussbett, dessen nasse Steine in der Sonne glitzerten. Wo der Mühlteich nur Minuten zuvor noch gewesen war, gab es nun nur noch ein matschiges Becken. Es herrschte Stille, kein Geräusch ertönte außer dem Quaken der verlorenen Frösche und dem Klatschen der nach Luft schnappenden Fische im Dreck.

Der Fluss war das Herz von Velisyana, und als es verstummte, da konnte die Stadt nur noch sterben.

Ohne den Fluss gab es keine Mühle, und ohne die Mühle verlor der Herzog sein Vermögen. Als er den König um Unterstützung anflehte, schlug der Prinz vor, dass sein Vater ihm drei Aufgaben auferlegen und den Kopf des Herzogs als Preis fordern sollte, falls dieser versagte. Entehrt verließ der Herzog die Hauptstadt, doch er trug den Kopf noch auf den Schultern.

Die Läden und Häuser von Velisyana leerten sich. Die Kamine wurden kalt, und die Uhr auf dem Uhrenturm schlug die Stunde für niemanden. Der Herzog blieb in seinem Palast, der langsam verfiel, blickte von Yevas Fenster auf den leeren Platz der Verehrer hinab und verfluchte Semyon. Wenn man nun sehr still ist, dann kann man ihn dort sehen,

eingerahmt von den Steinlilien, wie er auf die Wiederkehr des Wassers wartet.

Doch die liebliche Yeva werdet ihr nicht sehen. Der Fluss trug sie den ganzen Weg bis an die Meeresküste, und dort blieb sie. Sie sagte ihre Gebete in einer winzigen Kapelle, wo die Wellen bis an die Tür strömten, und jeden Tag saß sie am Saum des Meeres und sah den Gezeiten zu. Sie lebte glücklich in Einsamkeit, und sie wurde alt und hatte keine Sorgen, als ihre Schönheit schwand, denn in ihrem Spiegelbild erkannte sie immer eine freie Frau.

Der arme Semyon wurde aus der Stadt getrieben, und man schrieb ihm die Schuld an der Tragödie zu, die sie ereilt hatte. Sein Elend währte jedoch nur kurz. Nicht lange nachdem er Velisyana verlassen hatte, vertrocknete er zu einer leeren Hülle und starb. Er hatte keinen Tropfen Wasser an seine Lippen kommen lassen, da er sich gewiss war, dass es ihn hintergehen würde.

Nun, wenn man also so dumm war, den Pfad zu verlassen, dann ist es an euch, den Weg zurück zur Straße zu finden. Folgt den Stimmen eurer Begleiter, und vielleicht werden euch eure Füße diesmal an dem rostenden Skelett des Wasserrades vorbeiführen, das in einer Wiese ruht, wo

es gar nicht sein sollte. Wenn ihr Glück habt, werdet ihr eure Freunde wiederfinden. Sie werden euch auf den Rücken klopfen und euch mit ihrem Lachen beruhigen. Doch wenn ihr die dunkle Bresche zwischen den Bäumen verlasst, dann denkt daran, dass man etwas, das man benutzt, nicht besitzt. Und solltet ihr euch jemals eine Braut nehmen, hört gut auf ihre Fragen. In ihnen könntet ihr ihren wahren Namen hören wie das Donnern eines verlorenen Flusses und wie das Seufzen des Meeres.

Der Soldatenprinz

LETZTLICH WAR ES DIE SCHULD DES UHRMACHERS. Doch Mr. und Mrs. Zelverhaus hätten ihn nicht in ihr Haus lassen sollen. Denn das ist das Problem sogar mit unbedeutenderen Dämonen: Sie kommen in samtenen Mänteln und polierten Schuhen an deine Tür. Sie ziehen den Hut und lächeln und weisen gute Tischmanieren vor. Sie zeigen einem niemals ihren Schwanz.

Der Uhrmacher hieß Droessen, auch wenn es Gerüchte gab, dass er nicht aus Kerch, sondern aus Rawka stammte – der Sohn eines vertriebenen Adligen, oder vielleicht ein in Ungnade gefallener Fabrikator, den man aus unbekannten Gründen aus seiner Heimat verbannt hatte. Sein Laden befand sich in der Wijnstraat, wo sich der Kanal wie ein lockender Finger krümmte, und er war überall für seine fantastischen Uhren bekannt, für die kleinen Bronzevögel, die verschiedene Lieder zu den Stunden sangen, und für die winzigen Holzmänner und -frauen, die um Mitternacht unterhaltsame Szenen vorführten, und dann erneut zu Mittag.

Er erwarb sich seinen Ruf mit einem mechanischen Spieluhren-Wahrsager, der die hölzerne Hand über der Handfläche eines Menschen bewegte und ihm dann die Zukunft voraussagte, wenn man an einem Hebel zog. Ein Kaufmann kam mit seiner Tochter in den Laden, bevor diese heiratete. Der Wahrsager klickte und klackte, öffnete die hölzernen Kiefer und sagte: »Du wirst große Liebe finden und mehr Gold, als du dir wünschen kannst.« Der Kaufmann kaufte den schlauen Automaten für sein geliebtes Kind als Hochzeitsgeschenk, und alle, die an der Feier teilnahmen, waren sich darüber einig, dass sie niemals eine Braut und einen Bräutigam gesehen hatten, die einander mehr liebten. Doch das Schiff, das seine Tochter in die Flitterwochen bringen sollte, war so schwer beladen mit Fracht und Münzen, dass es beim ersten Atemzug eines Sturmes sank und alle Reisenden an die gleichgültige See verloren waren. Als die Botschaft den Kaufmann erreichte, erinnerte er sich an die schlauen Worte des Automaten, und trunken von Elend und Brandy schlug er das Ding mit eigenen Fäusten in Stücke. Seine Diener fanden ihn am nächsten Tag inmitten der Trümmer liegend, immer noch weinend, das Hemd befleckt und mit blutigen Fingerknöcheln. Doch die traurige Geschichte brachte Kunden vor die Tür des Uhrmachers, die Fabelhaftes und Verblüffendes suchten.

Und in seinem Laden fanden sie viele Wunder: goldfarbene Löwen, die mechanische Gazellen über eine samtene Steppe jagten. Einen Garten aus emaillierten Blumen, die von juwelenbesetzten Kolibris bestäubt wurden, die wiederum an so feinen Drähten dahinsirrten und -summten, dass sie wirklich zu fliegen schienen. Eine sich drehende Kalenderuhr – aufbewahrt auf dem höchsten Regal, fern von neugierigen jungen Augen –, auf der Menschenautomaten wohnten, die jeden Monat unterschiedliche grausige Morde ausführten. Am ersten Tag des Januars wurde ein Duell auf einem eisigen Feld ausgetragen, und Rauchwölkchen stiegen mit blechernem Ploppen aus den Pistolen der Gegner auf. Im Februar erwürgte ein Mann seine Frau, während ihr Liebhaber unter dem zerwühlten Bett hockte. Und so fort und so fort.

Trotz dieser Erfolge war Droessen immer noch ein junger Mann, und er war ein begehrter Gast auf den Feiern der Kaufmannsfamilien, die seine Kundschaft darstellte. Er kleidete sich gut, pflegte angenehme Konversation und brachte wann immer er eingeladen war, bezaubernde Geschenke für seine Gastgeber mit.

Es stimmte, wenn er einen Raum betrat, so stellten die Menschen fest, dass sie unruhig von einem Fuß auf den anderen traten, sich die Arme wie unter einem plötzlichen Frösteln rieben und sich fragten, ob irgendwo im Haus eine Tür geschlossen werden musste. Und doch machte genau das ihn nur umso interessanter. Ohne dieses Gefühl des Unheimlichen wäre Droessen vielleicht ein mitleiderregender Charakter gewesen, ein erwachsener Mann, der sich mit Spielzeugen abgab, wenn diese auch besonders ausgeklügelt waren. Stattdessen gab es viel Gerede über seinen eleganten samtenen Umhang und seine geschickten weißen Finger. Mamas umklammerten ihre Taschentücher und Töchter erröteten, wenn er in der Nähe war.

Jeden Winter bewirteten die Zelverhauses, eine reiche Familie von Teekaufmännern, den Uhrmacher auf ihrem Landhaus während der Feiern und der Unterhaltungen, die man während der Woche des Nachtspels hielt. Das Haus selbst war ein Muster an kaufmännischer Zurückhaltung, ganz dunkles Holz, stumpfe Backsteine und harte Kanten. Doch es lag direkt neben einem See, der immer früh zufror und auf dem man Eislaufen konnte, und es bot viele Bequemlichkeiten mit Herdfeuern, die in jedem Raum brannten, damit das Haus immer warm und fröhlich war, und jeder Boden war so blank poliert, dass er glänzte wie warmer Sirup auf einem Kuchen.

Vom allerersten Jahr an, in dem Droessen das Haus am See besuchte, gab es merkwürdige und beunruhigende Gerüchte.

Während seines ersten Aufenthalts trugen die De Kloets, die Nachbarn der Zelverhauses, das ganze Nachtspel hindurch und in das neue Jahr hinein Trauer, nachdem Elise De Kloet ein Baby gebar, das vollständig aus Löwenzahnflaum bestanden hatte. Als eine unachtsame Magd das Fenster öffnete, wurde es vom ersten Lufthauch davongepustet.

Im folgenden Jahr brachen auf der Stirn von einer der Cousinen der Zelverhauses kleine graue Pilze auf, und ein Junge aus Lij, der zu Besuch war, behauptete, dass beim Aufwachen ein einzelner Flügel zwischen seinen Schultern herausgeragt hätte, der jedoch zu Asche verbrannte, als er durch einen Sonnenstrahl in der Halle lief.

Standen all diese seltsamen Begebenheiten mit dem Uhrmacher in Verbindung? Niemand konnte sicher sein, doch man flüsterte darüber.

»Dieser junge Mann Droessen ist ein charmanter Kerl, doch höchst ungewöhnlich, und Eigentümlichkeiten scheinen ihn zu verfolgen«, sagte eine Frau einmal zu Althea Zelverhaus.

»Höchst ungewöhnlich«, sagte Althea zustimmend, doch sie wusste, dass Droessen nur wenige Einladungen annahm und dass diese Frau mit ihrem überladenen Spitzenkragen höchstens darauf hoffen konnte, dass Droessen eines Tages bei einem ihrer Salons auftauchte. Also lächelte Althea und wiederholte: »Höchst ungewöhnlich in der Tat«, und beließ es dabei.

Zu dieser Zeit schien alles ganz harmlos.

Droessen war nicht nur ungewöhnlich, was seine Talente und Gewohnheiten betraf, sondern auch in seiner Gier. Er hatte sein Leben damit zugebracht, in Ecken herumzubasteln, sich zu verneigen und Kratzfüße zu machen vor den Kaufmännern, die ihn mit ihrer Anwesenheit beehrten, und er hatte früh gelernt, dass Talent nicht genügte. Er erkannte, dass die Kundschaft lieber von gutaussehenden Gesichtern kaufte, also ließ er sich die Haare nach der neuesten Mode schneiden und fertigte sich selbst ein Paar weißer Zähne, die so schön waren, dass sie manchmal sogar ihn selbst täuschten. Als er den Respekt sah, den seine Mäzene den Soldaten entgegenbrachten, legte er einen Gurt an, der ihn quälte, der jedoch seinen gebeugten Rücken korrigierte, und er polsterte die Schultern seiner Jacke so aus, dass er die aufrechte Haltung eines Soldaten vortäuschen konnte. Und da er erkannt hatte, dass Popularität von der Nachfrage abhing, achtete er sorgfältig darauf, zwei von drei Einladungen auszuschlagen.

Doch er wurde es müde, ein kaltes Abendmahl in seinem verdunkelten Laden zu essen, die Türen verschlossen und die Lichter gelöscht, um den Anschein zu erwecken, dass er irgendwo draußen war und seinen Spaß hatte. Er wollte ein prächtiges Haus statt ein feuchtes, gemietetes Zimmer. Er wollte Geld für seine Investitionen. Er wollte niemals mehr *Ja Sir, nein Sir, sofort, Sir* sagen müssen. Er musste also vorteilhaft heiraten, doch wen könnte er zu seiner Braut machen? Die jungen Frauen im heiratsfähigen Alter, die mit ihren Vätern in seinen Laden kamen und mit ihm auf Partys flirteten, nahmen ihn als eine rechte Gefahr wahr. Und sie würden niemals einen kleinen Handwerker als Kandidaten ernst nehmen. Nein, er brauchte ein Mädchen, das noch formbar war, das er dazu bringen konnte, ihn zu bewundern.

Clara Zelverhaus war da noch keine zwölf, lieblich genug, reich genug und genau von der träumerischen Veranlagung, die er benötigte. Er würde ihre Bedürfnisse und Wünsche in Erfahrung bringen. Er würde sie ihr erfüllen, und mit der Zeit würde sie ihn dafür lieben lernen. Zumindest dachte er das. Droessen kannte die Eigenschaften jeder Holzart, jeder Farbe und jedes Lackes, er konnte die Räder einer Uhr so fein einstellen, dass sie sich mit stiller Präzision drehten. Und doch, obwohl er rasch lächelte, mit Leichtigkeit bezauberte und den Part eines Edelmannes spielte, hatte er niemals wirklich die Menschen oder die Mechanismen ihrer gleichmäßig laufenden und doch so unbeständigen Herzen begriffen.

Das Haus am See brodelte vor Aufregung, wann immer der Uhrmacher eintraf, und die Kinder waren immer die Ersten, die ihn begrüßten, wenn er aus der Kutsche stieg. Sie liefen hinter den Hausdienern her, die sein Gepäck ausluden, die Koffer und Truhen, die immer mit famosen Gegenständen gefüllt waren – Puppen in den Kostümen der Komedie Brute, Spieldosen, Reihen von Kanonen, sogar ein prächtiges Schloss, das man verteidigen musste.

Obwohl der junge Frederik gern lange Kämpfe inszenierte, wurde ihm schlussendlich immer langweilig – egal, wie wunderbar die winzigen Rüstungen und Truppen gefertigt waren –, und dann zog er seinen Mantel an, um draußen im Schnee Unfug anzustellen. Clara war anders. Zu Droessens Missfallen ignorierte sie die kunstvollen Uhrwerke und Maschinen, die er ihr brachte, und erübrigte nur ein schmales Lächeln für die exquisite Replik eines Palastes aus Rawka mit geschnitzten Holzbögen und Kuppeln, die mit Echtgold überzogen waren. Doch sie konnte Stunden um Stunden mit den Puppen spielen, die er fertigte. Sie verschwand dann im Haus und tauchte nur auf, wenn die Abendglocke mehr als einmal geläutet wurde und ihre Mutter sich gezwungen sah, die Treppe hinauf und in jeden Korridor hineinzurufen, damit Clara ihre Fantastereien sein ließ und zum Essen kam.

Also stellte Droessen über viele lange Nächte hinweg in seinem Laden einen eleganten, blassäugigen Nussknacker mit leuchtend blauem Mantel und glänzenden schwarzen Stiefeln her, der ein gemeines kleines Bajonett in der klotzigen Faust hielt.

»Du musst ihm all deine Geheimnisse verraten«, sagte Droessen, als er Clara die Puppe in den Arm legte, »und er wird sie sicher für dich hüten.«

Sie versprach, dass sie das tun würde.

Claras Mutter und Vater nahmen an, dass sie solche Kindereien hinter sich lassen und sich mehr um Kleider und die

Aussicht auf einen Ehemann und eine Familie kümmern würde, so wie es ihre Freunde taten, wenn sie erst älter wäre. Die Jahre vergingen jedoch, und Clara blieb das gleiche merkwürdige verträumte Mädchen, das einen Satz ungesagt verklingen ließ, sobald ein geheimer, unausgesprochener Gedanke sie anflog, und das den Sprachunterricht und die Kotillons mit unaufmerksamer Grazie über sich ergehen ließ, dann lächelte und in einer dunklen Ecke verschwand, wo sich die unsichtbare Welt, die ihren Geist beschworen hatte, ohne Ablenkung entfalten konnte.

Als Clara sechzehn wurde, gaben ihre Eltern eine prächtige Feier für sie. Sie aß Süßigkeiten, neckte ihren Bruder und tanzte wunderschön mit jedem heiratswürdigen Krämersohn, der anwesend war. Althea Zelverhaus stieß einen freudigen Seufzer der Erleichterung aus und ging zum ersten Mal seit Monaten ohne Sorgen zu Bett. Doch in dieser Nacht, als sie aus dem Schlaf erwachte, hatte sie das plötzliche und dringende Gefühl, nach ihren Kindern sehen zu müssen. Frederik, siebzehn und glücklich, aus der Schule zu Hause zu sein, schnarchte laut in seinem Zimmer. Claras Bett war leer.

Althea fand Clara auf der Seite zusammengerollt vor dem Kamin im Esszimmer, mit einer ihrer Lieblingspuppen im Arm. Sie sah, dass ihre Tochter die Hausschuhe und den Mantel angezogen hatte und dass beides nass war vom Schnee.

»Clara«, flüsterte ihre Mutter und schüttelte sie sanft an der Schulter. »Warum bist du nach draußen gegangen?«

Clara blinzelte ihre Mutter verschlafen an und lächelte ein liebes, rätselhaftes Lächeln. »Er liebt den Schnee«, sagte sie, dann drückte sie ihre Puppe fester an sich und fiel wieder in Schlaf.

Althea blickte auf ihre Tochter hinab, in ihrem Nachthemd und dem feuchten Mantel, die hässliche kleine Holzpuppe in den Armen. Althea mochte diese Schöpfung von Droessen am allerwenigsten, ein Nussknacker mit einem grotesken Lächeln und einem schreiend blauen Mantel. Wie sie dastand, kam ihr plötzlich der Gedanke, dass es ein schrecklicher Fehler gewesen war, den Uhrmacher vor all den Jahren in ihr Heim eingeladen zu haben. Es juckte ihr in den Fingern, Clara die Puppe zu entreißen und das verdammte Ding einfach ins Feuer zu werfen.

Sie griff nach dem Nussknacker, dann zog sie ihre Hand abrupt zurück. Einen Augenblick lang – es konnte nicht sein, und doch war sie sich dessen sicher – schien der Spielzeugsoldat den eckigen Kopf gedreht und sie angesehen zu haben. Und da war Kummer in seinem Blick gewesen. *Unfug*, sagte sie sich und hielt die Hand an die Brust gedrückt. *Du bist schon genauso überspannt wie Clara.*

Und doch machte sie einen Schritt zurück, sicher, dass das hässliche Ding aufschreien würde, wenn sie es tatsächlich wagte, den Nussknacker zu berühren und in die Flammen zu werfen. Oder schlimmer noch, er würde erst gar nicht verbrennen.

Sie legte eine Decke über ihre Tochter und kehrte in ihr eigenes Bett zurück, und als sie am nächsten Morgen erwachte, da hatte sie die albernen Gedanken der vorangegan-

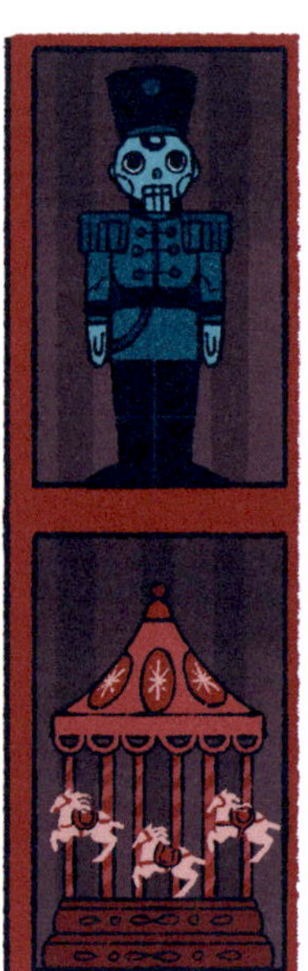

genen Nacht beinahe vergessen. Das Nachtspel begann, und ihre Gäste würden bald eintreffen. Sie erhob sich und klingelte nach Tee, um sich für die Mühen des bevorstehenden Tages zu stärken. Sie ging hinunter, um sich um die Menüs zu kümmern, vergewisserte sich jedoch noch rasch, dass Clara wirklich mit dem Koch Kastanien sortierte, und blieb noch kurz vor der Vitrine im Esszimmer stehen, in der sie Droessens Geschenke ausstellten. Aus keinem besonderen Grund. Gewiss nicht, um sicherzugehen, dass der Nussknacker auch wirklich hinter dem Glas verschlossen stand.

Clara kannte ihre Mutter, wenn sie besorgt war. Sie machte sich ebenfalls Sorgen. Wenn sie beim Abendessen saß oder bei einem Fest neben einem Freund oder gelegentlich auch im Unterricht, dann dachte sie: *Das hier ist nett. Es ist genug.* Doch dann kam sie wieder nach Hause und fand sich selbst im Esszimmer vor der Vitrine stehen. Sie griff nach dem Nussknacker und nahm ihn mit hinauf ins Schlafzimmer oder auf den Dachboden, wo sie zwischen den Staubmäusen auf der Seite lag und ihm so lange zuflüsterte, bis er zurückwisperte.

Es brauchte immer eine Weile, und es fühlte sich zuerst ein wenig seltsam an. Es war leichter gewesen, als sie noch ein Kind gewesen war, doch jetzt war sie auf eine Art befangen, wie sie es damals nicht gewesen war. Clara fühlte sich dumm, wenn sie die Arme des Nussknackers bewegte, seine Kiefer dazu brachte, sich zu öffnen und zu schließen, wenn er ihre Fragen beantwortete. Sie konnte nicht anders, sie sah sich selbst, wie andere sie wohl sahen: eine junge Frau, beinahe erwachsen, die auf einem staubigen Speicherboden lag und mit einer Puppe sprach. Sie machte dennoch weiter, erinnerte ihn an die Abenteuer, die sie erlebt hatten, auch wenn die sich über die Jahre hinweg ein wenig verändert hatten.

Du bist ein Soldat. Du hast tapfer an der Front gekämpft und bist zu mir zurückgekehrt, zu deiner Liebsten.

Du tötestest einmal ein Monster für mich, eine Ratte mit sieben Köpfen, am letzten Abend des Nachtspels.

Du bist ein Prinz, den ich von einem Fluch mit einem Kuss erweckte. Ich liebte dich, als niemand anderes es tat, und du hast mich als deine Königin erwählt.

Sie legte eine Walnuss zwischen seine harten Zähne – dann *Kracks,* der Lärm so laut in dem stillen Speicher.

Bist du mein Soldat?, fragte sie, wieder und wieder. *Bist du mein Prinz?*

Bist du mein Schatz?

Bist du mein?

Und schließlich, manchmal nach nur wenigen Augenblicken, manchmal nach einer Zeit, die wie eine Ewigkeit schien, öffnete sich sein Kiefer, und er sprach.

Bist du mein Soldat?

»Das bin ich.«

Bist du mein Prinz?

»Das bin ich.«

Wenn er sprach, wuchsen seine Gliedmaßen, seine Brust wurde breiter und seine Haut geschmeidig.

Bist du mein Schatz?

»Das bin ich.«

Bist du mein?

»Meine süße Clara«, sagte der Nussknacker dann, groß und stattlich und perfekt, das groteske steife Grinsen auf seinem Gesicht in weiche, menschliche Zügen verwandelt. »Natürlich bin ich das.«

Er streckte ihr die Hand entgegen, und mit einem *Wusch* flogen sie durch das Dachbodenfenster hinaus in die Kälte. Sie fand sich auf einem großen weißen Pferd wieder, umklammerte die Taille ihres Geliebten und jubelte vor Freude, wenn sie durch die Nacht segelten, an den Wolken vorbei und in das jenseitige Land.

Sie wusste nicht, wie sie den Ort nennen sollte, an den er sie brachte. Märchenland? Das Land der Träume? Als sie noch ein Kind gewesen war, hatte es anders ausgesehen. Sie waren auf einem Zuckerwatteboot auf einem süßen Wasserstrom dahingeglitten. Sie war über marzipanene Pflastersteine gelaufen, an Lebkuchendörfern vorbei und an Schlössern aus Marmelade. Kinder hatten für sie getanzt und den Nussknacker als ihren Prinzen begrüßt. Sie saßen auf Gummibonbonpolstern, und seine Mutter hatte Clara eine Heldin genannt.

Jetzt war viel davon verschwunden, und stattdessen waren da ein tiefer, grüner Wald und glitzernde Bäche. Die Luft war warm und seidig wie an den Orten, über die sie gelesen hatte – Sommerlande, wo die Sonne das ganze Jahr über schien und die sanfte Brise durchtränkt war mit dem Duft von Orangenblüten. Das weiße Pferd trug sie jedes Mal an neue Orte: ein Tal, durch das wilde Ponys mit Mähnen aus Nebel streiften. Ein quecksilbriger See, so groß wie das Meer, wo sie auf verwegene Piraten trafen, die Juwelen als Zähne hatten. Ein Palast aus Hartriegelwänden und Rittersporntürmen, die sich aus einem Gehölz erhoben, in dem Wolken von Schmetterlingen schwebten, deren Flügel wie Glöckchen klingelten. Die Königin dort hatte blassgrüne Haut, die von Tau benetzt war, und ihre Krone ragte wie ein Geweih aus ihrer Stirn heraus, ein in sich gedrehter Knochen, der wie Perlmutt schimmerte. Berührte sie mit ihren Lippen Claras Mund, dann spürte Clara, wie zwei feingliedrige Flügel aus ihrem Rücken sprossen. Sie verbrachte den Tag mit Fliegen, stieg auf und ab wie ein Kolibri, und sie hielt nur inne, um Honig zu trinken und sich von der Königin Nieswurz in ihr Haar flechten zu lassen.

Und doch war es nicht genug. Liebte ihr Prinz sie? Konnte er das? Warum brachte er sie am Ende von jedem ihrer magischen Ausflüge zurück nach Hause? Es war nicht gerecht, ihr zu zeigen, dass eine solche Welt existierte, um sie ihr dann so grausam wieder wegzunehmen. Wenn er sie so liebte wie sie ihn, dann würde sie doch sicher bleiben dürfen. Bei jedem Besuch hoffte sie, dass seine Mutter sie mehr wie eine Tochter denn wie einen Gast begrüßte, dass sie eine neue Tür zu einer Hochzeitsgartenlaube öffnen würde.

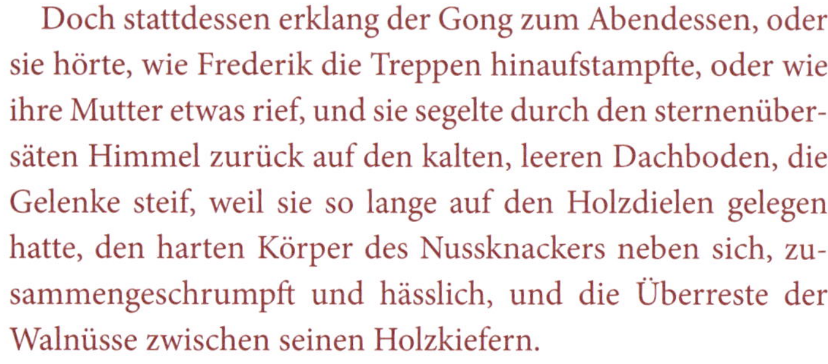

Doch stattdessen erklang der Gong zum Abendessen, oder sie hörte, wie Frederik die Treppen hinaufstampfte, oder wie ihre Mutter etwas rief, und sie segelte durch den sternenübersäten Himmel zurück auf den kalten, leeren Dachboden, die Gelenke steif, weil sie so lange auf den Holzdielen gelegen hatte, den harten Körper des Nussknackers neben sich, zusammengeschrumpft und hässlich, und die Überreste der Walnüsse zwischen seinen Holzkiefern.

Sie stellte ihn zurück in die Vitrine und kehrte zu ihren Eltern zurück. Sie versuchte zu lächeln beim Anblick der tristen Welt um sie herum, obwohl ihre Wangen noch warm waren vom Sonnenschein und obwohl ihre Zunge noch die Süße des Honigweines schmeckte.

Was den Nussknacker betraf, so war er sich über nichts sicher, und manchmal machte ihm das Angst. Seine Erinnerungen waren verschwommen. Er wusste, dass es einen Kampf gegeben hatte, viele Kämpfe, und dass er tapfer gekämpft hatte. War er dafür nicht gemacht worden? Er war mit einem Bajonett in der Hand geboren worden.

Er hatte für sie gekämpft. Doch wo war sie jetzt? Wo war Clara? Sie mit den Sternenaugen und den weichen Händen. Sie hatten sich gemeinsam dem Rattenkönig gestellt. Sie hatte ihn in ihr Taschentuch gewickelt. Er hatte in die weißen Spitzenfalten geblutet.

Clara. Warum konnte er sich an ihren Namen erinnern, aber nicht an seinen eigenen?

Er hatte tapfer gekämpft. Wenigstens glaubte er das.

Es war schwer, sich an die Einzelheiten zu erinnern – die

Schreie, das Blut, das Kreischen der Ratten mit ihren dicken pinken Schwänzen und Zähnen wie gelbe Messer, das Zahnfleisch rot mit dem Blut von den Bissen, die sie getan hatten. Wie diese Zähne im goldenen Licht geglänzt hatten! War es Sonnenaufgang oder Sonnenuntergang gewesen? Er erinnerte sich an den Duft der Kiefern.

Er blinzelte, blickte von seinem Platz in den Baracken durch das breite Fenster mit der Glasscheibe. Doch die Aussicht verwirrte ihn. Er konnte einen langen Tisch sehen, gedeckt für ein Festmahl, kandierte Früchte, Kiefernzweige, die man auf den Kaminsims gelegt hatte. Doch alles war viel zu groß, als würde er es durch eine Zerrlinse betrachten.

Er zählte die Messingknöpfe an seinem feinen blauen Mantel. Wessen Uniform trug er? Welches Land war seine Heimat? Wer hatte den Staub des Schlachtfeldes von seinen Stiefeln gewischt?

Hatte es einen Kampf gegeben? Hatte er gekämpft oder nur vom Kämpfen geträumt? Andere Erinnerungen schienen klarer. Er war ein Prinz, ihr Prinz. Das hatte sie gesagt. Er wollte nichts mehr, als ihr all die Wunder seiner Heimat zu zeigen, die grenzenlosen Horizonte zu erkunden. Warum verspürte er aber keine Freude, wenn er zu dem Palast zurückkehrte, in dem er angeblich aufgewachsen war? Warum war alles so neu für ihn, wie es das auch für sie zu sein schien?

Er war sich nicht sicher. Er war sicher, dass die Straßen,

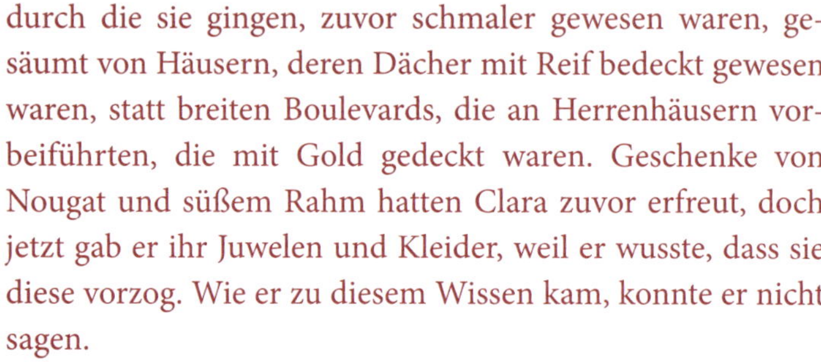

durch die sie gingen, zuvor schmaler gewesen waren, gesäumt von Häusern, deren Dächer mit Reif bedeckt gewesen waren, statt breiten Boulevards, die an Herrenhäusern vorbeiführten, die mit Gold gedeckt waren. Geschenke von Nougat und süßem Rahm hatten Clara zuvor erfreut, doch jetzt gab er ihr Juwelen und Kleider, weil er wusste, dass sie diese vorzog. Wie er zu diesem Wissen kam, konnte er nicht sagen.

Er beobachtete die Menschen am Tisch – Riesen, wie es schien, und doch war da Clara, die er in seinen Armen gehalten hatte. Manchmal verirrte sich ihr Blick zu ihm, und er versuchte, ihr etwas zuzurufen, doch er hatte keine Stimme, konnte seine Gliedmaßen nicht bewegen. Er musste verletzt worden sein.

Er sah zu, wie sie ihr Abendessen aß, und mit … er brauchte einen Moment, um sich zu erinnern … Frederik sprach, ihrem Bruder, einem Befehlshaber im Krieg, kühn und manchmal leichtsinnig, doch der Nussknacker hatte jeden Befehl befolgt, den er erhalten hatte. Da war ein anderes vertrautes Gesicht am Tisch, ein Mann mit langem Haar und blassblauen Augen, der Clara musterte, als wäre sie eine Maschine, die es auseinanderzunehmen und wieder zusammenzufügen galt. *Ich kenne ihn*, dachte der Nussknacker. *Droessen. Ich kenne seinen Namen.* Doch er wusste nicht, woher. Dieser Mann sah nicht aus wie ein Soldat, auch wenn er die Haltung eines Soldaten an sich hatte.

Eine Erinnerung krallte sich einen Weg durch die Gedanken des Soldaten. Er lag auf dem Rücken, starrte zu Regalen mit Uhren und zusammengesunkenen Marionetten auf. Er roch Farbe und Öl, frische Holzspäne. Droessen ragte über ihm auf, riesig und mit kaltem Blick, mit grässlicher Konzentration. *Ich war verletzt,* dachte der Nussknacker. Droessen musste also ein Wundarzt gewesen sein. Doch das war nicht ganz richtig.

Das Mahl endete. Die Gäste tranken aus kleinen Gläsern mit einer granatroten Flüssigkeit darin. Clara nippte an ihrem, die Wangen gerötet. Sie spielten Spiele vor dem Feuer, und jemand rief: »Es schneit!«

Sie stürzten los, um sich vor dem großen Fenster zu versammeln, doch der Nussknacker konnte nicht gut genug sehen, um zu sagen, was sie so interessierte. Da waren Gerede und Gelächter, und dann rannten sie alle hinaus aus dem Esszimmer zum … er wusste es nicht.

Er wusste nicht, was außerhalb dieses Zimmers lag. Es konnte ein Palast sein oder ein Gefängnis oder ein Kiefernwald. Er wusste nur, dass sie alle weg waren.

Diener kamen und schoben die Kohlen zusammen, löschten die Kerzen. Er hatte tapfer gekämpft, und doch endete er immer hier, allein in der Dunkelheit.

Clara kam nicht in dieser Nacht.

Der Nussknacker erwachte von schrillem Kreischen und fand den Rattenkönig neben seinem Bett. Er setzte sich eilig auf und griff nach seinem Säbel, doch als er den Schwertgurt packte, da bemerkte er, dass die Waffe ver-

schwunden war, und gleichzeitig, dass er sich wieder bewegen konnte.

»Frieden, Hauptmann«, sagte der Rattenkönig. »Ich bin nicht gekommen, um zu kämpfen, nur um zu reden.« Seine Stimme war hoch und durchdringend, und seine Schnurrhaare zuckten – und doch gelang es dem Monster, ernst auszusehen, während es sprach.

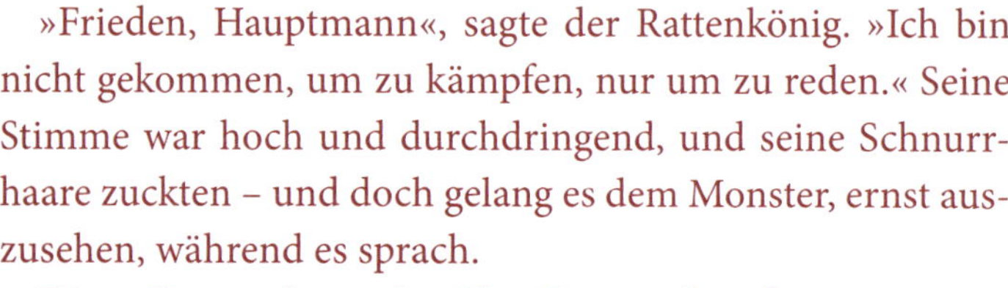

Diese Kreatur hatte das Blut des Nussknackers an seinen schmutzigen Pfoten, und er hätte auch Clara getötet. War er aber gekommen, um unter den Bedingungen eines Waffenstillstandes zu reden, dann musste der Nussknacker dem wohl zustimmen. Er senkte das Kinn eine Winzigkeit.

Der Rattenkönig rückte seinen Filzmantel zurecht und sah sich um. »Hast du etwas zu trinken? Hätten sie dich mal in eine Schnapsvitrine gesteckt, hm?«

Vitrine. Der Nussknacker runzelte bei dem Wort die Stirn. Er hatte in den Baracken geschlafen, oder nicht? Er sah sich um und erkannte, dass das, was er für die Umrisse von Betten und anderen Soldaten gehalten hatte, in der Tat merkwürdige Gegenstände waren. Mädchen mit Glasaugen und steif gelocktem Haar lehnten an der Wand. Reihen von Soldaten mit Bajonetten an den Schultern marschierten in erstarrtem Gleichschritt.

»Ich weiß es nicht«, erwiderte er schließlich.

Der Rattenkönig hockte sich auf den vergoldeten Rand einer gewaltigen Spieluhr. War sie gewaltig? Oder waren sie klein?

»Wann hast du das letzte Mal etwas gegessen?«, fragte er.

Der Nussknacker zögerte. War es mit Clara gewesen? Im

Land des Schnees? Am Hof der Blumen? »Ich erinnere mich nicht.«

Der Rattenkönig seufzte. »Du solltest etwas essen.«

»Ich esse.« Das tat er doch gewiss?

»Etwas anderes als Walnüsse.« Der Rattenkönig kratzte sich mit seinen pinken kleinen Klauen hinter dem Ohr, dann nahm er die Krone von seinem grauen Kopf und legte sie sich vorsichtig in den Schoß. »Weißt du, dass mein Leben als Zuckermaus begann?«

Die Verwirrung des Nussknackers musste zu sehen gewesen sein, denn der Rattenkönig fuhr fort: »Ich verstehe, dass das schwer zu glauben ist, doch ich war nur Zuckerwerk. Nicht einmal zum Essen gedacht, sondern zum Ansehen, ein bezauberndes kleines Wunderwerk, ein Beweis für das Können meines Schöpfers. Es schien eine Schande, dass ich nicht probiert werden sollte. Mein erster Gedanke war: *Ich wünschte, jemand würde mich essen.* Doch das reichte aus.«

»Für was?«

»Um aus der Vitrine freizukommen. Wünsche sind es, die die Menschen morgens aufstehen lassen. Sie geben ihnen etwas, von dem sie träumen in der Nacht. Je mehr ich es mir wünschte, desto mehr wurde ich wie sie, und desto echter wurde ich.«

»Ich bin vollkommen echt«, widersprach der Nussknacker.

Der Rattenkönig blickte ihn traurig an. Wie er dasaß, ohne seine Krone im schwachen Licht, die Schnurrhaare hingen

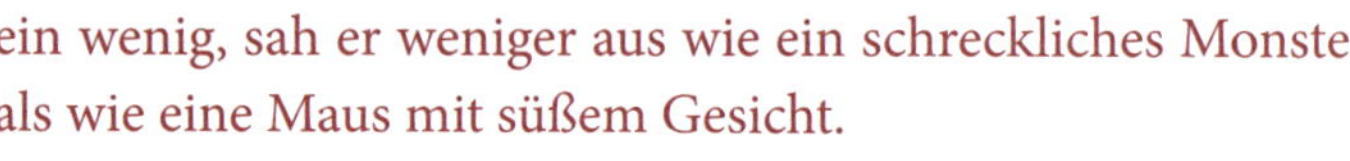

ein wenig, sah er weniger aus wie ein schreckliches Monster als wie eine Maus mit süßem Gesicht.

Eine Erinnerung kam dem Nussknacker. »Du hattest sieben Köpfe …«

Der Rattenkönig nickte. »Clara stellte sich mich Furcht einflößend vor, und so wurde ich Furcht einflößend. Doch eine Ratte kann nicht mit sieben Köpfen leben, die immer reden und streiten. Wir brauchten Stunden, um die einfachsten Entscheidungen zu treffen. Als die anderen schliefen, trennte ich einen nach dem anderen ab. Schrecklich viel Blut.« Er rutschte ein wenig auf seinem Platz herum. »Wer bist du, wenn sie nicht hier ist, Hauptmann?«

»Ich bin …« Er zögerte. »Ich bin ein Soldat.«

»Bist du das? Welchen Rang hast du? Ein Leutnant?«

»Ein Leutnant, natürlich«, erwiderte der Nussknacker.

»Oder ein Hauptmann?«, fragte der Rattenkönig nach.

Bist du mein Soldat? Bist du mein Prinz?

»Ich …«

»Du kennst doch gewiss deinen Rang.«

Bist du mein Schatz?

»Wer bist du, wenn niemand da ist, der dich hochnimmt und festhält?«, fragte der Rattenkönig. »Wenn niemand dich ansieht oder dir etwas zuflüstert, wer bist du dann? Sag mir deinen Namen, Soldat.«

Bist du mein? Der Nussknacker öffnete den Mund, um zu antworten, doch er erinnerte sich nicht. Er war Claras Prinz, ihr Beschützer. Er hatte einen Namen. Natürlich hatte er einen Namen. Nur hatte der Schrecken des Kampfes ihn aus seinem Geist vertrieben.

Er hatte tapfer gekämpft.

Er hatte Clara seiner Mutter vorgestellt.

Er war auf einem Pferd über ein leuchtendes Sternenfeld geritten.

Er war Erbe von nichts. Er war der Prinz eines Marzipanpalastes.

Er hatte auf Zuckerwatte geschlafen. Er hatte auf Gold geschlafen.

»Du gehst und redest und lachst, wenn Clara mit dir träumt«, sagte der Rattenkönig. »Doch das sind ihre Sehnsüchte. Sie können dich nicht erhalten. Mein Leben begann damit, dass ich mir etwas für mich selbst wünschte. Ich wünschte mir, gegessen zu werden, dann wünschte ich mir, zu essen. Ein Stück Kuchen. Einen Bissen Speck. Einen Schluck Wein. Ich wollte diese Dinge von ihrem Tisch. Da konnte ich meine Beine bewegen und mit den Augen blinzeln. Ich wollte hinter die Türen dieser Vitrine blicken. Da fand ich den Weg in die Wände. Dort traf ich meine Rattenbrüder. Sie sind nicht bezaubernd oder hübsch, doch sie leben, selbst wenn niemand sie sieht. Ich habe mir ein Leben in den Mauern mit ihnen eingerichtet, unbeobachtet und unerwünscht. Ich weiß, wer ich bin, ohne jemanden, der es mir sagt.«

»Warum hast du uns dann angegriffen?«, fragte der Nussknacker. Das Blut. Die Schreie. »Ich weiß, dass es echt war.«

[illegible] echt wie alles. Als Clara ein Kind war, träumte sie

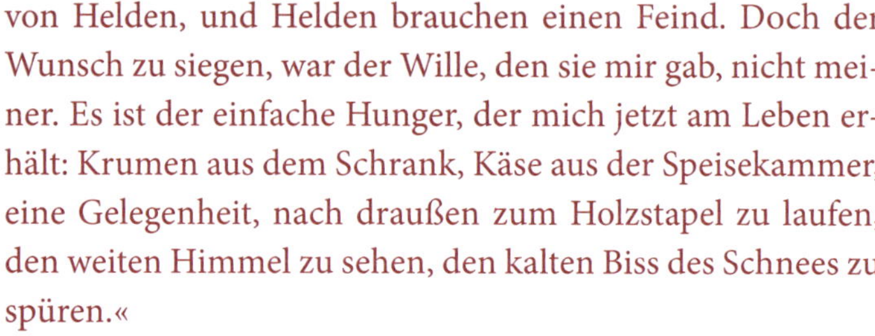

von Helden, und Helden brauchen einen Feind. Doch der Wunsch zu siegen, war der Wille, den sie mir gab, nicht meiner. Es ist der einfache Hunger, der mich jetzt am Leben erhält: Krumen aus dem Schrank, Käse aus der Speisekammer, eine Gelegenheit, nach draußen zum Holzstapel zu laufen, den weiten Himmel zu sehen, den kalten Biss des Schnees zu spüren.«

Schnee. Eine weitere Erinnerung tauchte auf – nicht der Ort des Träumens, nach dem sich Clara so sehr sehnte, sondern ein neuer Ort jenseits der Vitrine. Sie hatte ihn eines Nachts mit nach draußen genommen. Ihm war *kalt* gewesen. Er hatte gesehen, wie sich die Wolken vor einem sternenhellen Himmel bewegten. Er hatte die Luft in seine Lunge gesogen, hatte gefühlt, wie sie sich ausdehnten, hatte ausgeatmet, seinen Atem in der kühlen Nachtluft gesehen. Er erinnerte sich an Bäume, die dicht zusammengedrängt vor dem Horizont standen, eine Straße, der verzweifelte Wunsch, sehen zu wollen, was dahinter lag.

»Das ist es, Hauptmann«, sagte der Rattenkönig und erhob sich langsam, setzte die Krone wieder auf den Kopf. »Es hilft, im Schutz der Wände zu leben, wo keine menschlichen Augen mich sehen. Es hilft, eine Ratte zu sein, die niemand ansehen will. Deine Sehnsucht muss stärker sein, wenn du dir wünschst, aus der Vitrine freizukommen, wenn du dir wünschst, echt zu sein. Sie liebt dich aber, und das wird es schwerer machen.«

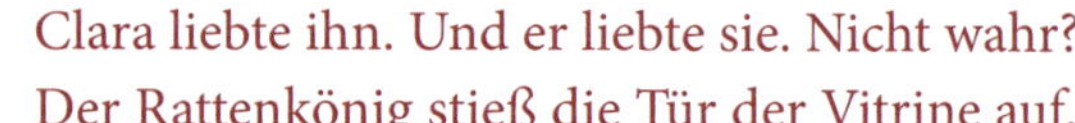

Clara liebte ihn. Und er liebte sie. Nicht wahr?

Der Rattenkönig stieß die Tür der Vitrine auf. »Eine letzte Sache«, sagte er, als er schon auf die Leiste huschte. »Nimm

dich vor Droessen in Acht. Du solltest ein Geschenk für Clara sein, ein Mittel, sie zu bezaubern, nicht mehr.«

»Er liebt sie also auch?«

»Wer weiß, was der Uhrmacher liebt? Es ist besser, nicht zu fragen. Ich denke, die Antwort würde niemanden erfreuen.«

Der Rattenkönig verschwand, und sein pinkfarbener Schwanz glitt hinter ihm her.

Clara versuchte, sich von ihm fernzuhalten. Es gelang ihr eine Nacht lang, der Wein und die Gäste waren eine schöne Ablenkung.

Doch am nächsten Tag schlich sie sich vom Eislaufen auf dem See davon und lief zur Vitrine, drückte den Nussknacker unter ihrem Mantel an sich und lief die Treppen hinauf zum stillen Dachboden.

Bist du mein Soldat?, flüsterte sie, während das kalte Winterlicht helle Rechtecke auf den staubigen Boden zeichnete.

Bist du mein Prinz? Sie schob eine Walnuss zwischen seine Kiefer.

Bist du mein Schatz?

Bist du mein?

Dieses Mal dauerte es nicht lange. Der Körper des Nussknackers streckte sich, sein Kopf teilte sich, und zum Vorschein kam das Gesicht des gutaussehenden Prinzen.

»Das bin ich«, sagte er. Er lächelte, wie er es im-

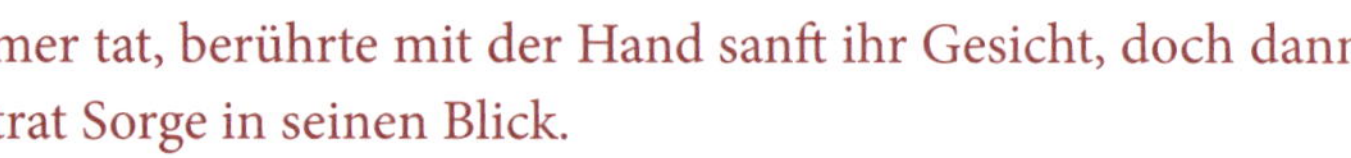

mer tat, berührte mit der Hand sanft ihr Gesicht, doch dann trat Sorge in seinen Blick.

Er presste sich die Fingerspitzen auf den Mund, leckte sich die Lippen und runzelte die Stirn, als sagte ihm der Geschmack der Walnüsse nicht zu.

»Wo werden wir heute hingehen, mein Prinz?«, fragte Clara.

Doch er nahm ihre Hand nicht. Er setzte sich auf, fuhr mit den Fingern über den Sonnenstrahl und stand dann auf, um durch das Glas zu blicken.

»Nach draußen«, sagte er. »ich würde gern sehen, wohin diese Straße führt.«

Die Bitte war so einfach und doch so unerwartet, dass Clara sie nicht gleich verstand. »Das ist nicht möglich.«

»Das ist es, was ich will.« Er sagte die Worte, als hätte er eine große Entdeckung gemacht, eine neue Erfindung, einen Zauberspruch. Sein Lächeln war strahlend. »Liebe Clara, das will ich.«

»Aber das kann nicht sein«, erwiderte sie, unsicher, wie sie es erklären sollte.

Die Freude schwand, und sie sah Angst in seinen Augen. »Ich kann nicht in die Vitrine zurück.«

Jetzt verstand sie. *Endlich. Endlich.*

Sie nahm seine Hände. »Du brauchst niemals in die Vitrine zurück. Nimm mich nur mit dir, und ich werde diesen Ort verlassen. Wir können für immer im Land der Träume bleiben.«

Er zögerte. »Das ist es, was du willst.«

»Ja«, sagte Clara und hob den Kopf, um ihn anzusehen.

»Das ist es, was ich immer wollte.« Die Leidenschaft des Wunsches erfüllte sie. Schweiß brach ihr aus. *Küss mich,* dachte sie sehnsüchtig. In allen Geschichten wurde ein Kuss verlangt. *Bring mich hier weg.*

Sie konnte nicht warten. Clara stellte sich auf die Zehenspitzen und drückte ihre Lippen auf seine. Sie schmeckte Walnuss und noch etwas anderes, vielleicht Lack. Doch er nahm ihre Hand nicht, zog sie nicht an sich. Sie spürte keine Brise auf ihrem Gesicht oder ein Pferd unter sich. Als sie die Augen öffnete, war sie immer noch auf dem gleichen langweiligen, staubigen Dachboden.

Der Nussknacker strich mit den Fingerknöcheln über ihre Wange. »Ich möchte nach draußen gehen«, sagte er.

Jetzt verzog Clara das Gesicht und stampfte mit dem Fuß auf, als wäre sie noch das Kind, das sie gewesen war, als Droessen ihr den Nussknacker zum ersten Mal in die Arme gelegt hatte, und kein Mädchen von siebzehn Jahren. *Ich will.* Sie war nicht sicher, warum diese Worte sie so erzürnten. Vielleicht, weil der Nussknacker sie niemals zuvor zu ihr gesagt hatte.

»Ich sagte es dir«, erwiderte sie schärfer als beabsichtigt. »Das kann nicht sein. Du gehörst hier nicht her.«

»Ich werde dich rausbringen«, sagte Frederik.

Clara zuckte beim Klang der Stimme ihres Bruders zusammen. Er stand oben auf dem Absatz der Treppe zum Dachboden und sah den Nussknacker mit fasziniertem Blick an.

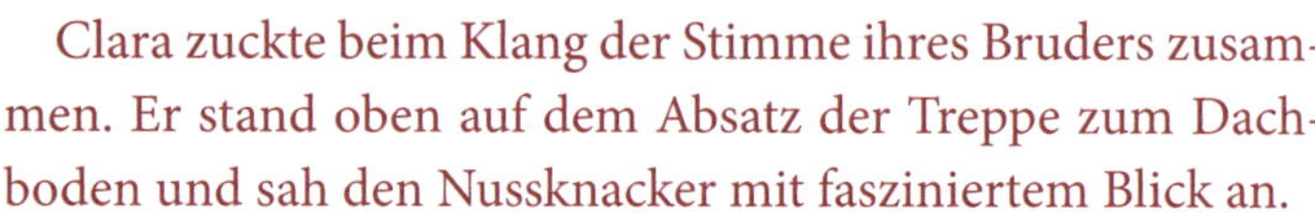

»Raus!«, schrie sie. Er sollte nicht hier sein. Sie wollte das nicht teilen. Sie lief zu ihm, rasend vor Angst und Scham, und versuchte, ihn zu schlagen, ihn zurück zur Treppe zu schubsen.

Doch Frederik hielt einfach ihre Handgelenke fest und hielt sie so auf Abstand. Er war ein Jahr älter und viel stärker. Er schüttelte den Kopf, und sein Blick ließ den Nussknacker nicht los. »Hör auf, Clara.«

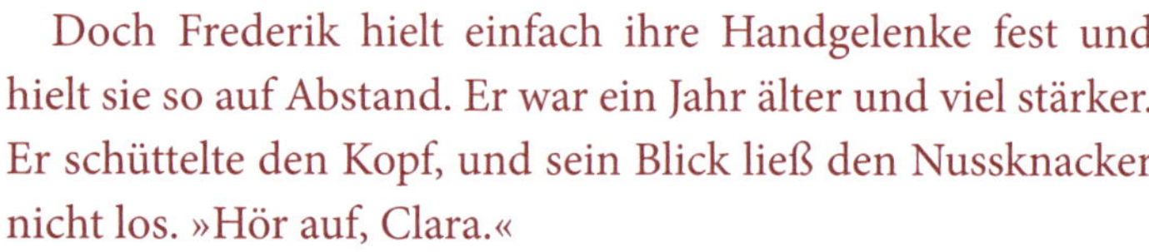

»Ich erinnere mich an dich«, sagte der Nussknacker und sah ihn an. Er nahm Haltung an und salutierte. »Mein Kommandant.«

Frederik warf Clara einen warnenden Blick zu und ließ ihre Hände los. Mit einem amüsierten Grinsen erwiderte er den Salut des Nussknackers.

»Ja«, sagte Frederik und ging auf ihn zu. »Dein Befehlshaber. Ich habe dich einhundertmal in den Tod geschickt.«

Der Nussknacker runzelte die Stirn. »Ich erinnere mich.«

»Wie verändert du bist«, murmelte Frederik.

Verwirrung machte sich auf der Miene des Nussknackers breit. »Bin ich das?«

Frederik nickte. »Ich bringe dich nach unten«, sagte er leise, als wollte er ein Kätzchen mit Essen locken. »Ich bringe dich nach draußen.«

»Wohin führt die Straße?«, fragte der Nussknacker.

»Nach Ketterdam. Ein magischer Ort. Ich erzähle dir alles darüber.«

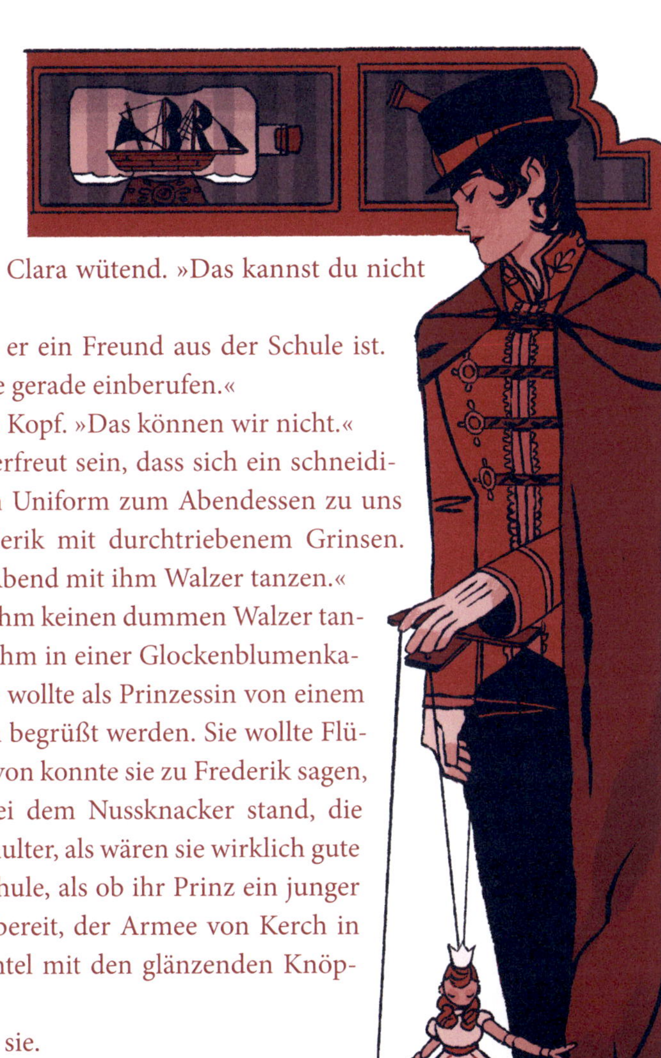

»Frederik«, sagte Clara wütend. »Das kannst du nicht tun.«

»Wir sagen, dass er ein Freund aus der Schule ist. Wir sagen, er wurde gerade einberufen.«

Sie schüttelte den Kopf. »Das können wir nicht.«

»Mama wird so erfreut sein, dass sich ein schneidiger junger Mann in Uniform zum Abendessen zu uns gesellt«, sagte Frederik mit durchtriebenem Grinsen. »Du kannst heute Abend mit ihm Walzer tanzen.«

Clara wollte mit ihm keinen dummen Walzer tanzen. Sie wollte mit ihm in einer Glockenblumenkathedrale tanzen. Sie wollte als Prinzessin von einem Chor aus Schwänen begrüßt werden. Sie wollte Flügel. Doch nichts davon konnte sie zu Frederik sagen, der jetzt so nah bei dem Nussknacker stand, die Hand auf seiner Schulter, als wären sie wirklich gute Freunde aus der Schule, als ob ihr Prinz ein junger Hauptmann wäre, bereit, der Armee von Kerch in seinem blauen Mantel mit den glänzenden Knöpfen beizutreten.

»*Frederik*«, flehte sie.

Doch ihr Bruder führte den Nussknacker bereits über den Dachboden und schob ihn auf die Treppe zu.

»Komm, Clara«, sagte Frederik, und das listige Grinsen wurde breiter. »Das ist es, was er will.«

Der Kuss hatte ihn verwirrt. Er hatte sich selbst über die Stärke von Claras Sehnsucht beinahe vergessen, als Clara ihn darum gebeten hatte, sie ins Traumland mitzunehmen. Im fließenden Sonnenlicht des Dachbodens hatte sie ihm ihr Gesicht einladend zugewandt, die Lippen an seine gedrückt, und er hatte Sehnsucht gespürt – ihre oder sein? Es war unmöglich gewesen, sich zu lösen, doch er musste sie gewollt haben, denn plötzlich hatte er die Kälte vom Fenster wieder spüren können, die ihn nach draußen auf die kiesbedeckte Auffahrt lockte, die Wälder, den Schnee. Dann war Frederik da mit seinen blitzenden Augen und seinem fordernden Blick, die Macht seiner Sehnsucht hell wie eine Flamme, gefährlich. Der Nussknacker spürte seine Entschlossenheit erweichen, zu Wachs werden, leicht formbar. Er glaubte, er würde vielleicht die tiefen Abdrücke von Frederiks Fingern erkennen können, wo er seine Schulter berührt hatte, wenn er jetzt hinabsah, die Delle, die sein Daumen hinterlassen hatte. Die Gedanken des Nussknackers an die Straße und was dahinter liegen mochte, schwanden.

Sie stiegen die Treppe hinab. Das Haus füllte sich bereits mit Gästen für den letzten Abend des Nachtspels. Wie sie alle leuchteten, wie scharf ihre Linien umrissen waren, wie drängend ihre Augen blickten, wenn sie ihn in seiner falschen Uniform ansahen und einen verlorenen Sohn, einen Liebhaber, einen Freund, eine Bedrohung erblickten. Er schaffte es, Claras und Frederiks Eltern zu begrüßen, und er vollführte die passende Verbeugung.

Frederik nannte ihn Josef, und so war er Josef. Clara sagte, sie hätte ihn eines Nachmittags bei einer Schlittenfahrt ken-

nengelernt, und so war es. Wo war er her? Zierfoort. Wer war sein befehlshabender Offizier?

»Vater«, beschwerte sich Frederik mit einem Augenzwinkern zum Nussknacker hin. »Quäle Josef nicht mit so vielen Fragen. Ich habe ihm gutes Essen und Unterhaltung versprochen, keine Befragung.«

Sie fütterten ihn mit gebratener Gans und gefüllten Teigtaschen mit Korinthen. Er leckte Zucker von kandierten Pflaumen, trank Kaffee, der mit Kümmel gewürzt war, gefolgt von kleinen Bechern Wein. Die Aromen sorgten dafür, dass er sich ausgelassen fühlte, beinahe schon verrückt, doch er wusste, dass er sich nicht darin verlieren durfte. Da, im Augenwinkel erkannte er den dunklen Fleck der Vitrine, die an der Wand stand wie eine geöffnete Truhe voll glasiger Blicke und ausgestreckter Gliedmaßen. Und da, Droessen, der Uhrmacher, der Mann in Samt, der Clara gemustert hatte, als wollte er sie auseinandernehmen, und der jetzt den Nussknacker mit kalten blauen Augen ansah.

Eine weitere Erinnerung kam: Droessen griff in die Vitrine. *Erzähle es mir,* flüsterte der Uhrmacher. *Erzähle mir all ihre Geheimnisse.*

Der Nussknacker spürte eine schreckliche Scham. Wie leicht hatte er Clara betrogen, hatte jeden ihre Wünsche und ihrer Sehnsüchte ausgesprochen, die Orte beschrieben, die sie gemeinsam besuch-

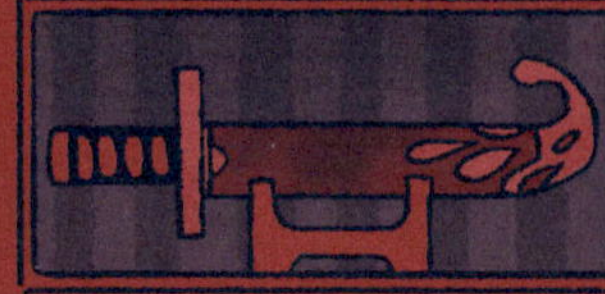

ten, jedes Wesen, jede magische Aussicht. Folter war nicht nötig gewesen. Er hatte einfach geredet. Er war nicht als Soldat geschaffen worden, sondern als Spion.

Dafür konnte er jetzt keine Wiedergutmachung leisten. Er wusste, dass er sich an seine eigene Gestalt klammern musste, an den Wunsch, nach draußen zu gelangen, nur ein paar Schritte, nur eine Tür oder ein geöffnetes Fenster entfernt. *Ketterdam* – er musste sich erinnern. Doch die Welt verschwamm – der Geruch nach Parfum, Schweiß, Frederiks Arm um seine Schulter, Claras fiebernde Augen, als sie tanzten. Woher er die Schritte kannte, wusste er nicht, doch sie drehten und drehten sich, und sie flüsterte ihm zu: »Nimm mich mit, weg von diesem Ort.«

Er küsste sie unter der Treppe. Er küsste Frederik im dunklen Flur.

»Liebst du sie?«, fragte Frederik. »Könntest du auch mich lieben?«

Er liebte sie beide. Er liebte niemanden. In den dunklen Schatten außerhalb des Lichtkegels, den die Flammen des Kamins warfen, sah der Nussknacker den Glanz von schwarzen Augen, das Aufblitzen einer winzigen Krone, und er wusste, dass es der Rattenkönig sein musste. *Mein Leben begann damit, dass ich mir etwas für mich selbst wünschte.*

Der Nussknacker dachte an die Biegung der Straße und an das, was dahinter liegen mochte.

Einer nach dem anderen reisten die Gäste in ihren Kutschen ab oder gingen nach oben, um in ihre Betten zu fallen.

»Er kann in meinem Zimmer schlafen«, sagte Frederik.

»Ja«, sagte der Nussknacker.

»Ich komme zu dir«, murmelte Clara.

»Ja«, sagte der Nussknacker.

Doch er ging nicht in Frederiks Zimmer. Er verweilte auf den Stufen, als die Kerzen gelöscht wurden und die unteren Stockwerke still wurden. Dann ging er wieder hinab in das Esszimmer. Es war Zeit; die Türen, die ihn in den Rest der Welt führen würden, waren ein dunkler Umriss vor der Wand, doch er musste die Vitrine noch einmal sehen.

Mondlicht floss durch das Fenster herein, und das Speisezimmer sah aus wie die Kombüse eines gesunkenen Schiffes, das tief unter Wasser lag. Die Vitrine stand still in der Ecke. Sie sah jetzt größer aus, da in dem Zimmer keine Menschen mehr waren.

Er ging langsam darauf zu, lauschte dem Echo, das seine Stiefel in dem leeren Zimmer verursachten, roch die Überreste des Feuers, den grünen Holzduft der Tannenzweige, die auf dem Kaminsims lagen und über den Fenstern hingen. Als er sich der Vitrine näherte, konnte er seinen Umriss in den Glasscheiben der Türen gespiegelt sehen, ein kleiner Schatten, der wuchs und immer größer wurde. Er spähte hinein und sah die Winterszene aus Zuckermäusen und winzigen Bäumen, die Soldaten in Reihen, die Marionetten mit ihren grausig zur Seite verdrehten Köpfen und schlaffen Fäden, die Puppen, die teilnahmslos dasaßen, die Wangen rosig und mit halb geschlossenen Lidern.

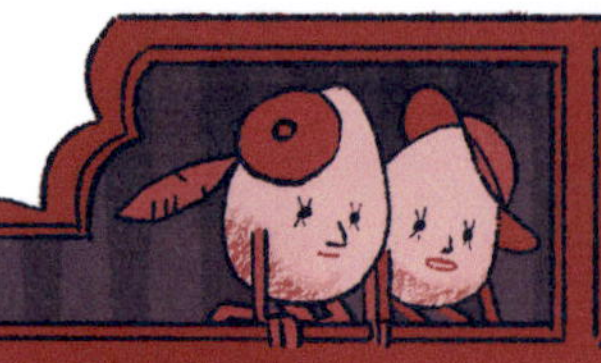

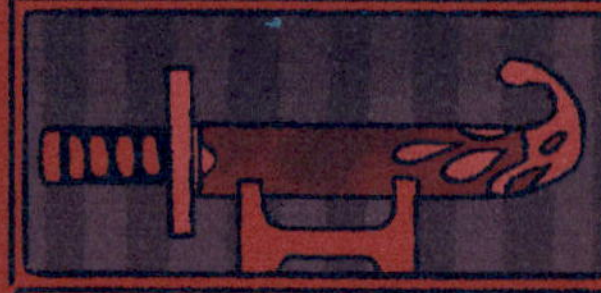

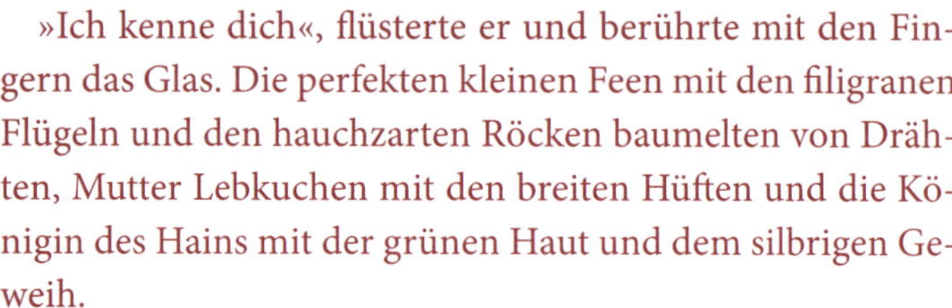

»Ich kenne dich«, flüsterte er und berührte mit den Fingern das Glas. Die perfekten kleinen Feen mit den filigranen Flügeln und den hauchzarten Röcken baumelten von Drähten, Mutter Lebkuchen mit den breiten Hüften und die Königin des Hains mit der grünen Haut und dem silbrigen Geweih.

»Ich machte sie alle.« Der Nussknacker fuhr herum und sah Droessen, der mitten im Zimmer stand und ihn beobachtete. Seine Stimme war so seidig wie Buttercreme. »Jedes Gelenk, jede Farbschicht. Ich erschuf die Welt ihrer Träume aus den Einzelheiten, die du mir erzähltest. Und doch sind es die Spielzeuge, die sie liebt, und nicht ich.« Er ging so leise, als bestünde er aus Federn oder Rauch. »Bewunderst du mein Handwerk?«

Der Nussknacker wusste, dass er nicken und sagen sollte: Ja, das tat er, denn das war der Uhrmacher, vor dem der Rattenkönig ihn gewarnt hatte, der, der Clara für sich gewollt hatte, oder ihren Reichtum, oder ihre Familie, oder auch etwas ganz anderes. Doch dem Nussknacker fiel es schwer, zu sprechen.

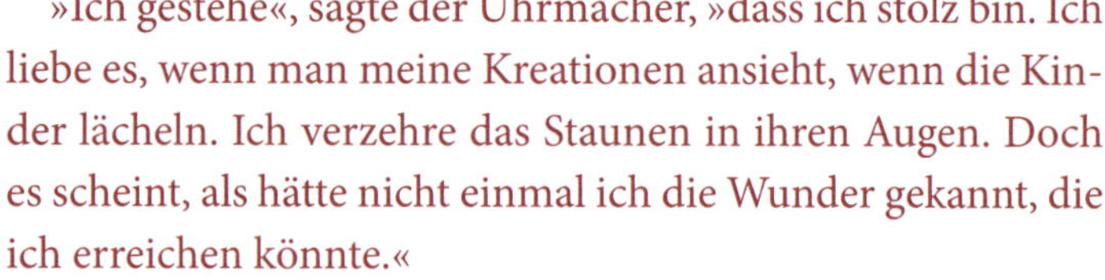

»Ich gestehe«, sagte der Uhrmacher, »dass ich stolz bin. Ich liebe es, wenn man meine Kreationen ansieht, wenn die Kinder lächeln. Ich verzehre das Staunen in ihren Augen. Doch es scheint, als hätte nicht einmal ich die Wunder gekannt, die ich erreichen könnte.«

Er war jetzt nahe, und er roch nach Tabak und Leinöl. Er roch vertraut.

»Ich sollte gehen«, sagte der Nussknacker, erleichtert, dass er doch sprechen konnte.

Droessen lachte leise. »Wo solltest du wohl hingehen?«

»Nach Zierfoort. Zu meinem Regiment.«

»Du bist kein Soldat.«

Das bin ich, dachte der Nussknacker. *Nein,* rügte er sich dann selbst. *Du gibst vor, ein Soldat zu sein. Das ist nicht das Gleiche.*

Der Uhrmacher lachte wieder. »Du hast keine Ahnung, was du bist.«

Josef. Das war sein Name, oder nicht? Oder war das ein anderer Gast auf der Feier gewesen?

»Wer bist du?«, fragte der Nussknacker und wünschte, er könnte zurückweichen, doch hinter ihm war nur die Vitrine. »Was bist du?«

»Ein einfacher Handwerker.«

»Warum hast du mich Clara betrügen lassen?«

Jetzt teilte ein Lächeln Droessens Miene, und die freundlichen Ladys und gutaussehenden Gentlemen, die den Uhrmacher in ihren Salons willkommen geheißen hatten, hätten diesen Wolf, diese vielen Zähne nicht erkannt. »Du schuldest Clara keine Treue. Ich habe dich in meiner Werkstatt geschaffen«, sagte er. »Zwischen deine Kiefer haben ich den Fingerknochen eines Kindes gelegt, und dann *Knack.*«

Der Nussknacker schüttelte den Kopf. »Du bist wahnsinnig.«

»Und du bist aus Holz.«

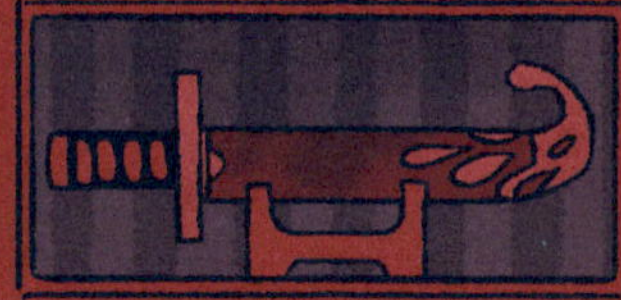
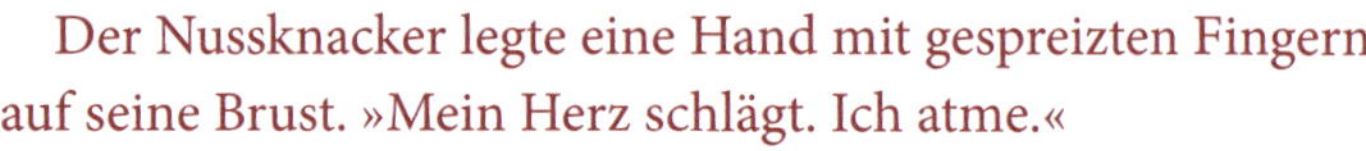

Der Nussknacker legte eine Hand mit gespreizten Fingern auf seine Brust. »Mein Herz schlägt. Ich atme.«

Das Grinsen des Uhrmachers wurde breiter. »Ein Blasebalg atmet, um ein Feuer anzufachen. Eine Uhr tickt. Leben diese Dinge?«

Vielleicht, dachte der Nussknacker. *Vielleicht leben sie alle.*

»Du träumst nicht«, sagte der Uhrmacher. »Du willst nichts. Du hast keine Seele. Du bist ein Spielzeug.«

Ich bin ein Spielzeug. Der Nussknacker spürte, wie sich sein Herzschlag verlangsamte. *Nein.* Hatte er Clara nicht geglaubt, als sie sagte, dass er ein Prinz war, der sie liebte? Hatte er es nicht geglaubt, als Frederik behauptete, dass der Nussknacker sein Soldat war, den er befahl? Beides war wahr gewesen. Nichts davon war wahr gewesen. Und dann war er vielleicht ein Spielzeug und gleichzeitig auch am Leben.

Der Rattenkönig hatte ihn gewarnt: *Deine Sehnsucht muss stärker sein.*

»Ich will …«, setzte der Nussknacker an. Doch was wollte er? Er konnte sich nicht recht erinnern. Wie hatte all das begonnen? »Ich war …«

Der Uhrmacher beugte sich vor, kam näher. »Du warst ein Baby, das ich aus einem Findelhaus holte. Ich nährte dich mit Sägespänen, bis du mehr Holz als Junge warst.«

»Nein«, sagte der Nussknacker, doch er spürte, wie sich sein Bauch mit Hobelspänen füllte, wie sein Hals vom Staub verstopfte.

»Du warst ein Kind, das ich aus einer Krankenabteilung

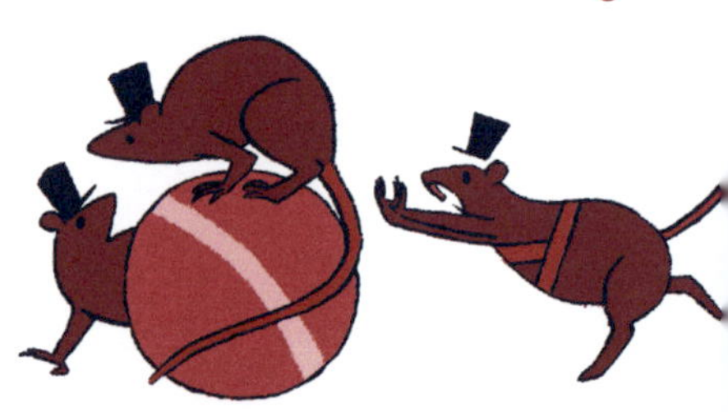

stahl. Wo du Sehnen hattest, spannte ich Schnüre. Wo du Knochen hattest, befestigte ich Holz und Metall. Du schriest und schriest, bis ich deine Stimmbänder nahm und deinen Hals aushöhlte, in den ich Stille oder alle Worte füllen konnte, die mir gefielen.«

Der Nussknacker sank zu Boden. Er konnte nicht um Hilfe rufen. Sein Kopf war leer. Seine Brust war leer. In seinem Mund war der bittere Geschmack der Walnüsse.

Jetzt beugte sich Droessen über das arme zerbrochene Spielzeug. Er schien zu groß, zu hoch, zu weit weg, und der Nussknacker wusste, dass sein Körper schrumpfte.

»Du warst ein Gedanke in meinem Kopf«, sagte der Uhrmacher. »Du warst nichts, und zu nichts wirst du wieder werden, wenn ich nicht mehr an dich denke.«

Der Nussknacker blickte in Droessens blassblaue Augen, und er erkannte die Farbe. *Er malte meine Augen so, dass sie wie seine aussehen.* Der Nussknacker spürte die Ahnung seines Selbst schwinden, als er begriff, dass er nur Droessen war. Dass er immer nur Droessen gewesen war.

Über die Schulter des Uhrmachers hinweg erhaschte er einen Blick auf die vom Mond beleuchtete Auffahrt und die schneebedeckten Felder dahinter. Die Straße schlängelte sich … wohin? Bis zu einer

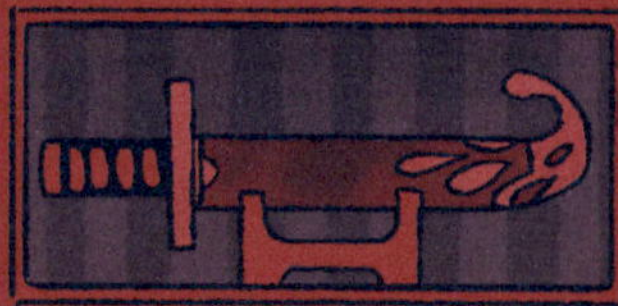

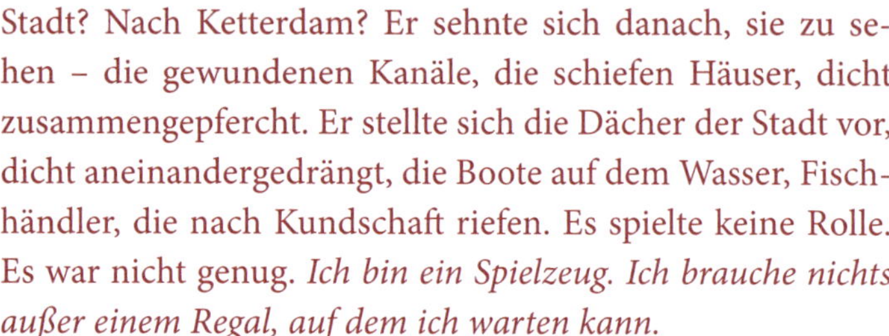

Stadt? Nach Ketterdam? Er sehnte sich danach, sie zu sehen – die gewundenen Kanäle, die schiefen Häuser, dicht zusammengepfercht. Er stellte sich die Dächer der Stadt vor, dicht aneinandergedrängt, die Boote auf dem Wasser, Fischhändler, die nach Kundschaft riefen. Es spielte keine Rolle. Es war nicht genug. *Ich bin ein Spielzeug. Ich brauche nichts außer einem Regal, auf dem ich warten kann.*

Er spürte, wie er hochgehoben wurde, doch der Uhrmacher stellte ihn nicht zurück in die Vitrine. Er ging zum Feuer hinüber. Der Nussknacker fragte sich, ob Clara und Frederik um ihn weinen würden.

Da grunzte der Uhrmacher, er fluchte. Die Welt drehte sich, als der Nussknacker fiel. Er traf mit einem schrecklichen Krachen auf den Boden auf.

Klack, klack, klack. Der Nussknacker hörte das Huschen von Krallen auf Holz, gefolgt von einem quiekenden Chor. Ratten strömten aus den Wänden und krallten sich als wimmelnde Flut an der Hose des Uhrmachers hinauf. Er trat und schlug nach ihnen und stolperte dabei rückwärts.

»Erinnere dich an dich selbst«, sagte eine näselnde Stimme am Ohr des Nussknackers. Der Rattenkönig tippte sich an die Krone.

Ich bin ein Spielzeug, dachte der Nussknacker. *Ich erinnere mich daran, wie sich mein Macher über mich beugt, einen Pinsel in der Hand, die Konzentration in seinem Gesicht, als er das Geschenk für das Mädchen vollendet, das er zu betören hofft.* Der Nussknacker war von Anfang an verflucht ge-

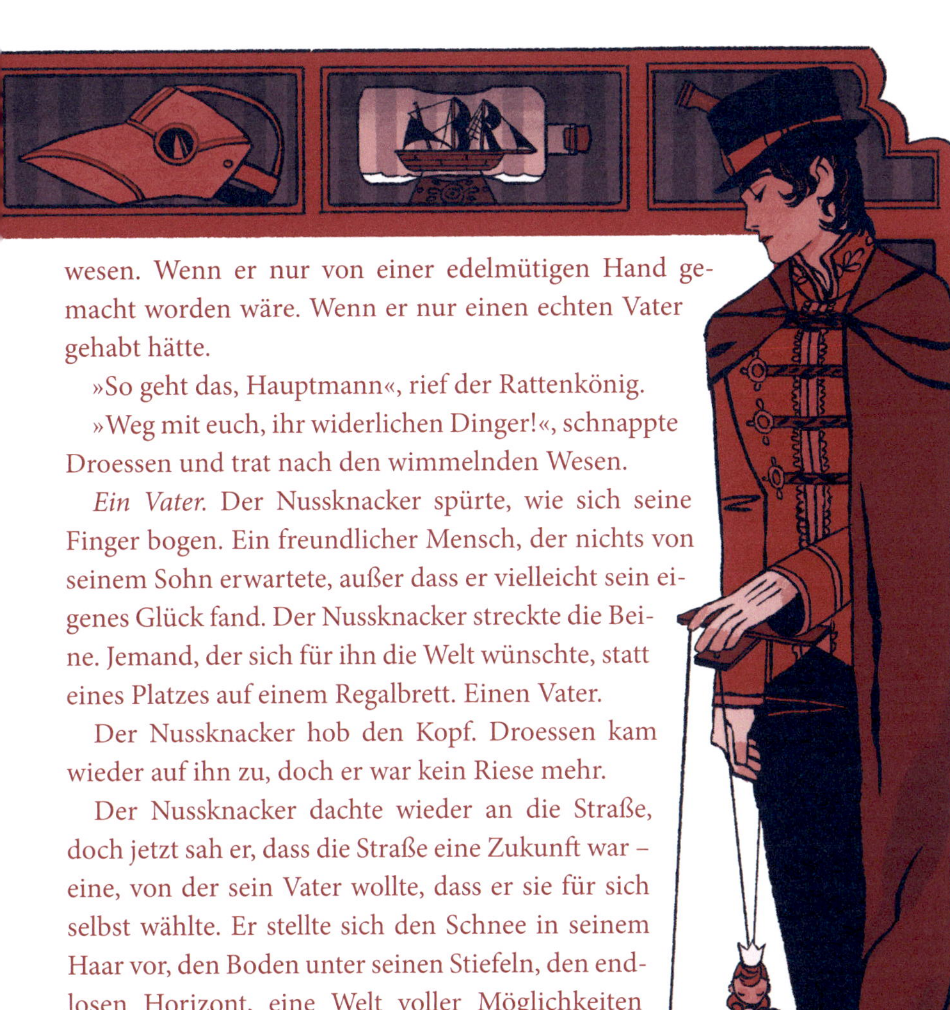

wesen. Wenn er nur von einer edelmütigen Hand gemacht worden wäre. Wenn er nur einen echten Vater gehabt hätte.

»So geht das, Hauptmann«, rief der Rattenkönig.

»Weg mit euch, ihr widerlichen Dinger!«, schnappte Droessen und trat nach den wimmelnden Wesen.

Ein Vater. Der Nussknacker spürte, wie sich seine Finger bogen. Ein freundlicher Mensch, der nichts von seinem Sohn erwartete, außer dass er vielleicht sein eigenes Glück fand. Der Nussknacker streckte die Beine. Jemand, der sich für ihn die Welt wünschte, statt eines Platzes auf einem Regalbrett. Einen Vater.

Der Nussknacker hob den Kopf. Droessen kam wieder auf ihn zu, doch er war kein Riese mehr.

Der Nussknacker dachte wieder an die Straße, doch jetzt sah er, dass die Straße eine Zukunft war – eine, von der sein Vater wollte, dass er sie für sich selbst wählte. Er stellte sich den Schnee in seinem Haar vor, den Boden unter seinen Stiefeln, den endlosen Horizont, eine Welt voller Möglichkeiten und Missgeschicke und sich änderndem Wetter – graue Wolken, Hagel, Donner, das Unerwartete. Ein neues Geräusch hallte in seiner Brust, die sich hob und senkte, *poch, poch, poch.*

Da wären Wälder, die an der Straße entlang standen, Tiere darin, ein Fluss, auf dem Eis floss, Vergnügungsboote, deren Segel für den Winter aufgebunden

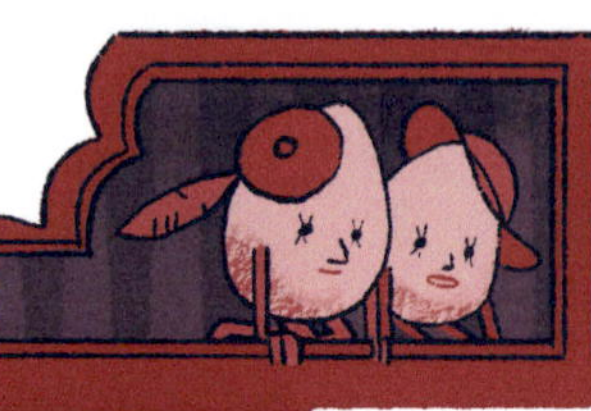

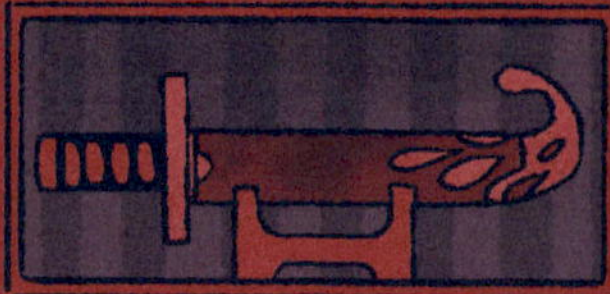

waren. Er würde Hunger bekommen auf der Straße. Er würde Essen brauchen. Er würde Krautwickel essen und Lebkuchen und kalten Apfelwein trinken. Sein Magen knurrte.

»Ich hätte dich als Anmachholz verbrennen sollen, an dem Tag, an dem ich dich in meinem Laden schuf«, sagte der Uhrmacher.

Doch es war zu spät. Der Nussknacker erhob sich und begegnete seinem Blick, Auge in Auge.

»Das konntest du nicht«, sagte der Nussknacker. »Du liebtest mich zu sehr.« Es war nicht wahr. Doch Clara hatte ihn mit der Kraft ihrer Sehnsucht zum Prinzen gemacht, und er konnte sich auch sehnen.

Droessen lachte. »Es scheint, du hast eine Gabe für die Fantasie.«

»Du bist mein Vater«, sagte der Nussknacker.

»Ich bin dein *Macher*«, fauchte der Uhrmacher.

»Du hast Leben in mich geatmet mit all der Liebe in deinem Herzen.«

Der Uhrmacher schüttelte den Kopf und trat einen Schritt zurück, als der Nussknacker auf ihn zukam. »Ich habe dich mit Kunstfertigkeit gemacht. Mit Entschlossenheit.«

»Du gabst mir deine Augen, damit ich sehen kann.«

»Nein.«

»Du hast mich Clara gegeben, damit sie mich wie einen Prinzen in einem Märchen aufweckt, und Frederik, damit ich die Kriegskunst erlerne.«

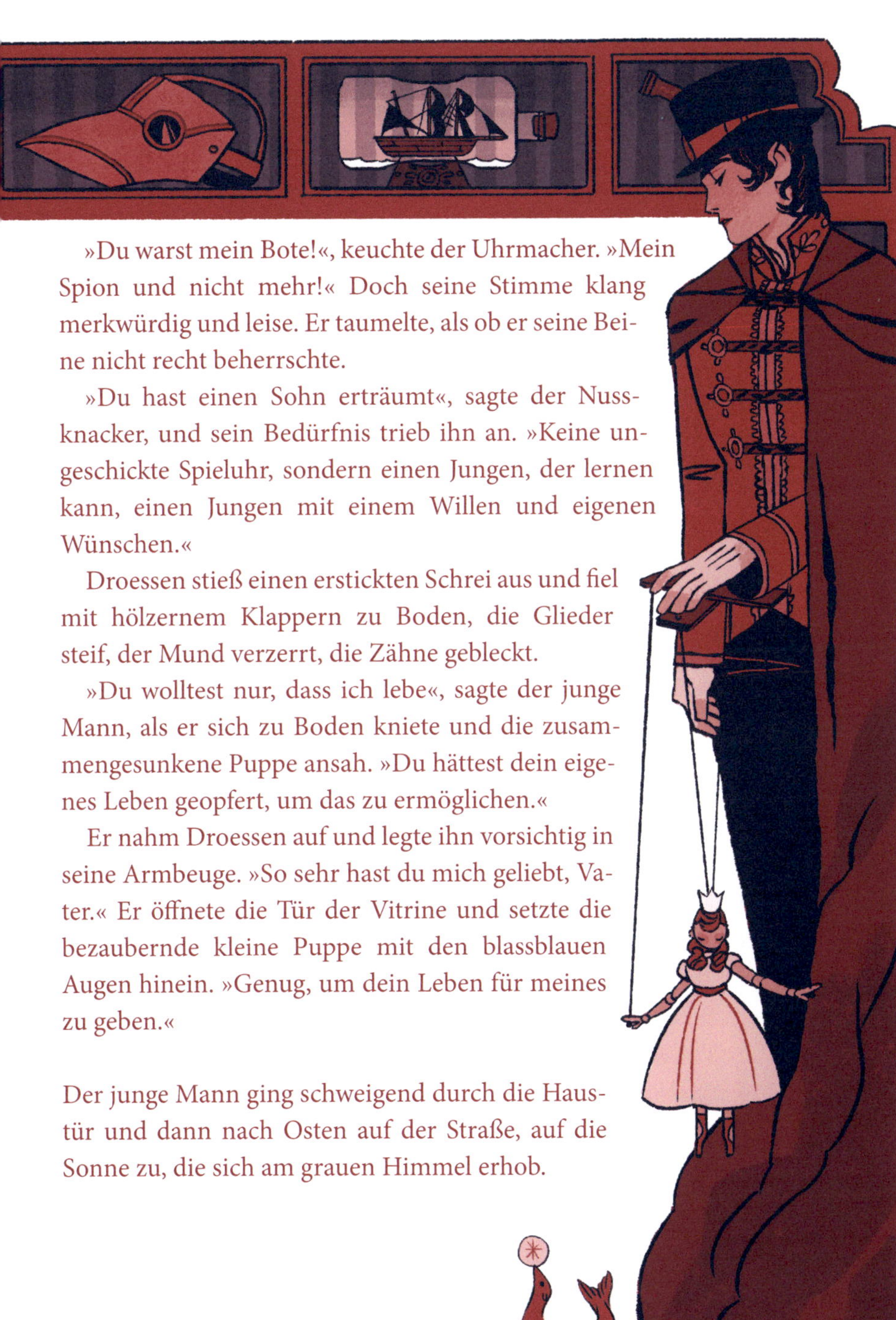

»Du warst mein Bote!«, keuchte der Uhrmacher. »Mein Spion und nicht mehr!« Doch seine Stimme klang merkwürdig und leise. Er taumelte, als ob er seine Beine nicht recht beherrschte.

»Du hast einen Sohn erträumt«, sagte der Nussknacker, und sein Bedürfnis trieb ihn an. »Keine ungeschickte Spieluhr, sondern einen Jungen, der lernen kann, einen Jungen mit einem Willen und eigenen Wünschen.«

Droessen stieß einen erstickten Schrei aus und fiel mit hölzernem Klappern zu Boden, die Glieder steif, der Mund verzerrt, die Zähne gebleckt.

»Du wolltest nur, dass ich lebe«, sagte der junge Mann, als er sich zu Boden kniete und die zusammengesunkene Puppe ansah. »Du hättest dein eigenes Leben geopfert, um das zu ermöglichen.«

Er nahm Droessen auf und legte ihn vorsichtig in seine Armbeuge. »So sehr hast du mich geliebt, Vater.« Er öffnete die Tür der Vitrine und setzte die bezaubernde kleine Puppe mit den blassblauen Augen hinein. »Genug, um dein Leben für meines zu geben.«

Der junge Mann ging schweigend durch die Haustür und dann nach Osten auf der Straße, auf die Sonne zu, die sich am grauen Himmel erhob.

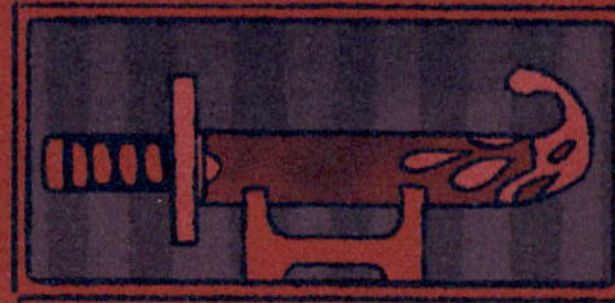

Am Anfang von allem entdeckte er Einsamkeit in der Stille seiner eigenen Gedanken. Er spürte das Echo der Sehnsucht in seinem schnell klopfenden Herzen – eine Sehnsucht nach Clara, nach Frederik. Dann war all das verschwunden. Unbeobachtet und allein machte er seine ersten Schritte auf dem verschneiten Pfad. Er war wieder namenlos, niemand da, der seine Glieder bewegte oder ihm eine Richtung nannte, niemand, der seinen nächsten Schritt bestimmte außer ihm selbst.

Im Haus am See schlummerten die Zelverhauses, ihre Gäste und die Diener weiter. Sie erwachten erst, als es beinahe Mittag war, und ihr Geist war noch von sonderbaren Träumen umwölkt, als sie aus ihren Betten taumelten. Sie fanden die Vordertür des Hauses offen, und Schnee war in die Eingangshalle geblasen worden. Zwei Spuren führten zur Straße.

Claras Vater und seine Freunde nahmen die Pferde und fanden Clara eine Stunde später, Meilen vom Haus entfernt, halb angekleidet, die Füße nackt und die Lippen blau von der Kälte.

»Er hätte nicht ohne mich gehen sollen«, weinte sie, als ihr Vater sie auf sein Pferd hob. »Wo ist mein geflügeltes Pferd?«

»Na, na«, sagte er. »Na, na.«

Unglücklicherweise waren alle im Haus erwacht und wurden so Zeugen, wie die Gesellschaft zurückkehrte und Clara die Vordertreppe in nichts als ihrem Nachthemd und ihres

Vaters Mantel hinaufstolperte, das Gesicht geschwollen vom Weinen, das Haar ein dunkles Durcheinander. Man hatte entdeckt, dass Droessen irgendwann in der Nacht abgereist war, und bald schon flüsterte man von einem mitternächtlichen Rendezvous, das dank des leisen und berauschenden Hauchs des Ruchlosen, der dem Uhrmacher von Anfang an angehaftet hatte, noch skandalöser wirkte. Die Gerüchte wurden schlimmer, als erst Tage, dann Wochen vergingen und Droessens Laden verschlossen blieb. Niemand schien sich an den Soldaten in seiner strahlend blauen Uniform zu erinnern.

Clara ging zu Bett, und dort blieb sie einen Monat lang, sprach mit niemandem und weigerte sich, etwas anderes als Marzipan zu essen. Sie wollte nur schlafen und davon träumen, mit ihrem Prinzen zu tanzen und mit der Königin des Hains zu fliegen. Doch schließlich konnte sie nicht länger schlafen, und sie nahm etwas Mandelcreme zu sich.

Sie stand auf, badete und kam zum Frühstück herunter, wo sie feststellte, dass ihr Ruf ruiniert war. Clara war das egal. Sie konnte sich nicht vorstellen, einen gewöhnlichen Krämersohn zu heiraten oder den Rest ihres Lebens in einer grauen Welt zu verbringen. Sie erwog ihre Möglichkeiten und beschloss, dass sie nur Schriftstellerin werden konnte. Sie verkaufte ihre Perlenohrringe und zog nach Ketterdam, wo sie ein kleines Apartment nahm

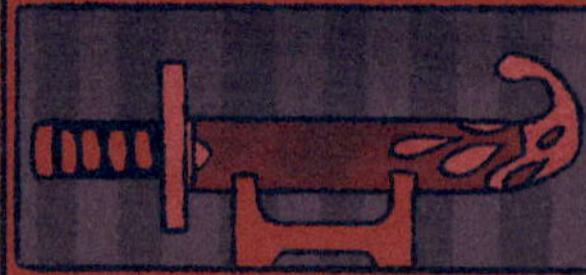

mit einem Fenster, das zum Hafen blickte, damit sie den Schiffen beim Ein- und Auslaufen zusehen konnte. Dort schrieb sie fantastische Geschichten, die die Kinder verzauberten, und unter einem anderen Namen schrieb sie recht schmutzige Werke, durch die sie immer genug Nougat und süßen Rahm hatte, den sie sorgfältig mit den Mäusen teilte.

Eines Morgens erwachte sie und hörte, dass jemand in den Laden des Uhrmachers eingebrochen war und all seine Waren gestohlen hatte. Sie zog ihren Mantel an und ging hinab zur Ost-Wijnstraat, wo sich eine Menge Zuschauer versammelt hatten, während die Männer der Stadtwacht ratlos herumstanden. Eine Frau, die auf der anderen Seite des Kanals lebte, sagte, dass sie spät in der vergangenen Nacht gesehen hatte, wie ein Mann den Laden betreten hatte.

»Ein Soldat war er«, sagte sie. »In Uniform gekleidet. Und als er wieder herauskam, da war er nicht allein. Er führte eine ganze Parade die Straße herab. Lords und Ladys in samtener Pracht, einen Jungen mit Flügeln. Ich habe sogar einen Löwen brüllen hören.«

Ihr Ehemann schob sie rasch davon und behauptete, dass seine Frau in der letzten Zeit schlecht schlief und nicht begriffen habe, dass sie geträumt hatte. Clara kehrte nach Hause zurück, eine neue Idee für eine Geschichte zupfte an ihren Gedanken, und sie hielt nur kurz an, um Karamell und einen Beutel mit sauren Orangendrops zu kaufen.

Als Frederik die Schule abschloss, übernahm er das Familiengeschäft und ging an Bord eines seiner Vaters Schiffe, um eine Ladung Tee von Nowji Sem zu holen. Doch als es an der Zeit war, nach Hause zurückzukehren, da bestieg er ein anderes Schiff, und dann wieder ein anderes, und er blieb nur lange genug in den Häfen, um eine Postkarte zu schreiben oder gelegentlich ein Päckchen zu versenden. Er schickte ein Paket mit einem Tee nach Hause, der eine Blume unter der Zunge des Trinkers erblühen ließ, ein anderer sorgte dafür, dass man von der Stadt seiner Geburt träumte, wenn man ihn vor dem Zubettgehen trank, und eine Mischung, die so bitter war, dass man nach einem Schluck drei Stunden lang weinte. Frederiks Eltern schrieben Briefe und flehten ihn an, zurückzukehren und seine Pflichten zu erfüllen. Jedes Mal schwor er, dass er genau das tun würde. Doch dann wechselte der Wind die Richtung, die See hob sich, und er war wieder an Bord eines Schiffes, sicher, dass eine weitere Welt hinter dem Horizont wartete.

Und so war die Familie Zelverhaus entehrt, und ihr Imperium stand ohne einen Erben da. Im Haus am See wurde es still. Nach der seltsamen Nacht und dem Tratsch, der folgte, feierten Althea und ihr Ehemann keine weiteren Feste, und die Besucher blieben aus. Bei den wenigen stillen Abendessen, die sie veranstalteten, gingen die Gäste

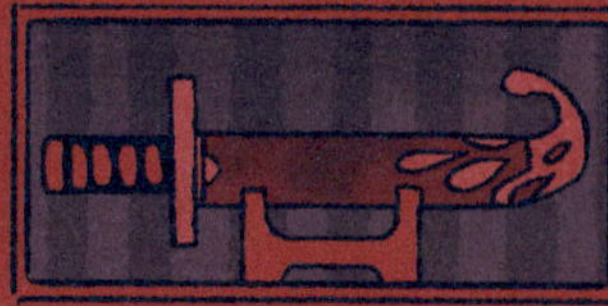

früh, sie wollten das Esszimmer rasch wieder verlassen, in dem sie einst so lustige Stunden verbracht hatten, sich jetzt jedoch beobachtet fühlten, von etwas oder jemandem, das ihnen etwas Böses wollte.

An einem solchen Abend, nach einem weiteren glanzlosen Abendessen, lief Althea Zelverhaus ziellos durch ihr prächtiges Haus. Es war spät. Sie hatte sich nicht mit einem Schlafrock aufgehalten, und mit offenem Haar konnte man sie mit ihrer Tochter verwechseln. Sie dachte daran, Claras neuesten Brief zu beantworten oder das seltsam frankierte Päckchen zu öffnen, das Frederik aus fremden Gefilden geschickt hatte. Doch als es Mitternacht schlug, fand sie sich im Esszimmer vor der Glasvitrine stehen.

Nach dem Verschwinden des Uhrmachers hatte ihr Ehemann die Vitrine mitsamt dem Inhalt mit der Axt bearbeiten wollen, doch Althea hatte gesagt, dass dies die Gerüchte nur noch glaubwürdiger erscheinen lassen würde, und so war die Vitrine in der Ecke geblieben und hatte Staub angesetzt.

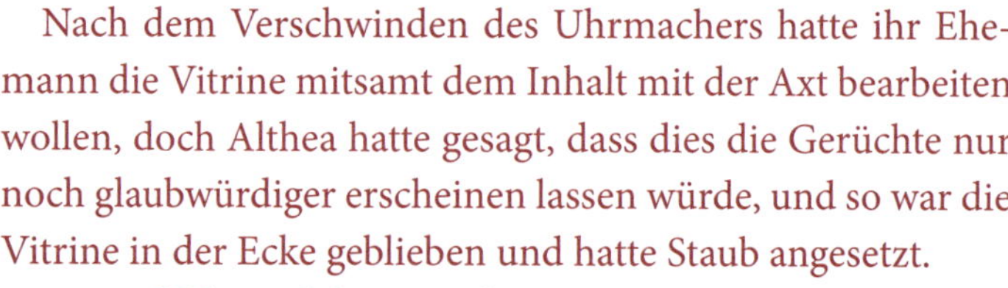

Etwas fehlte auf den Regalbrettern, da war sie sich sicher, auch wenn sie nicht sagen konnte, was.

Althea öffnete die Tür des Kabinetts. Sie griff an den Zuckermäusen und den Feen vorbei nach der kleinen hässlichen Puppe, die sie vorher nicht bemerkt hatte. Das Kinn hatte etwas Vertrautes an sich, und auch der fesche Schnitt des Mantels. Sie fuhr mit dem Finger über das winzigen Revers. Jetzt,

da sie genauer hinsah, erkannte sie, dass das wütende kleine Gesicht einen gewissen Charme hatte.

Bist du mein Soldat?, summte sie in der Stille des Mondlichts. *Bist du mein Prinz?* Sie öffnete den Mund, um über sich zu lachen, doch das Geräusch kam niemals. Sie packte die Puppe fester.

Bist du mein Schatz?, flüsterte sie und stieg die Stufen hinauf.

Die Uhr läutete leise. Irgendwo in dem Haus hörte sie ihren Ehemann schnarchen.

Bist du mein?

Als das Wasser das Feuer ersang

DU WÜNSCHST DIR, EINEN HANDEL ZU SCHLIESSEN, und so gehst du in den Norden, dorthin, wo das Land endet und du nicht weiterkannst. Du stehst an der felsigen Küste und blickst über das Wasser, siehst die Wellen, die gegen zwei große Inseln branden, die Küstenlinien schwarz und zerklüftet. Vielleicht bezahlst du einen Einheimischen, damit er dir hilft, ein Boot zu finden, und einen sicheren Ort, um es ins Wasser zu lassen. Du wickelst dich in Seehundfelle, um die Kälte und Nässe von dir fernzuhalten, und kaust Walspeck, damit dein Mund unter der unnachgiebigen Wintersonne nicht ausdörrt. Irgendwie überquerst du das breite Stück steinfarbener See und bringst die Kraft auf, das wütende Angesicht der Klippe zu erklimmen. Dein Atem sitzt dir eng in der Brust, und deine Finger werden fast taub in den Handschuhen.

Dann, müde und zittrig, läufst du über die Insel und suchst den einzigen halbmondförmigen grauen Sandstrand. Du suchst dir einen Weg zu einem Kreis aus Felsen, zu einem kleinen Gezeitentümpel, und dein Wunsch brennt jetzt wie eine Sonne in deinem sterblichen Herzen. Du bist hergekommen wie schon so viele zuvor – allein, sorgenschwer, krank vor Gier. Tausend verzweifelte Wünsche wurden an diesen Ufern ausgesprochen, und am Ende sind sie alle gleich: *Mach mich zu jemand Neuem.*

Doch bevor du nun sprichst, bevor du einen kleinen Teil deiner Seele eintauschst für den Hunger, der dir so deutlich ins Gesicht geschrieben steht, gibt es eine Geschichte, die du kennen solltest.

Wie du dort kniest, hörst du das Eis klagen und stöhnen. Der Wind kratzt über dich hinweg wie eine

Rasierklinge am Streichriemen. Und dennoch. Sei still und lausche. Sieh es als Teil des Handels an.

Es war einmal eine Zeit, als die Nördlichen Meere weder so schwarz noch so kalt waren, als Kiefern diese Inseln bedeckten und Rehe auf den Wiesen grasten, als man das Land bestellen konnte bis hinauf nach Elling und darüber hinaus.

In diesen Tagen kauerten die Sildroher sich nicht unter den Wellen zusammen, und sie fürchteten auch nicht, dass Seemänner ihre glatten Leiber und silbrigen Schwänze erspähen könnten. Sie erbauten weitläufige Paläste, die sich über den Meeresboden erstreckten, sie sangen Lieder, um Stürme anzulocken und ihre Gewässer zu sichern, und jedes Jahr zerschnitten sich einige wenige Glückliche die Schwänze und liefen kühn zwischen den Menschen der Küste umher, um ihre Gebräuche zu erlernen und ihre Geheimnisse zu stehlen. Es war fast wie ein Spiel für sie. Drei Monate lang zwangen sie sich, menschliche Nahrung zu sich zu nehmen, von der ihnen übel wurde, und sich von der Sonne die Haut mit Sommersprossen überziehen oder verbrennen zu lassen. Sie liefen auf Gras, auf kühlen Fliesen und auf Brettern, die man so glatt poliert hatte, dass sie sich wie Seide unter ihren neuen Zehen anfühlten. Sie küssten warme, menschliche Lippen.

Doch sieh sie dir jetzt an. Nicht besser als Selkies, mit feuchtem, flehendem Blick, der zwischen Wellen und Felsen hin und her springt, so als warteten sie darauf, jeden Moment gekeult zu werden. Jetzt sind ihre Gesetze anders. Sie wissen, dass das Land ein Ort der Gefahren ist. Und doch sehnen sie sich immer noch nach einer Kostprobe des sterblichen Lebens. Und genau das ist das Problem mit Verboten. Sie lassen bloß Schmerz im Herzen erwachsen.

Die alte Stadt der Sildroher war ein zerklüfteter Felsvorsprung, bedeckt von dunkelgrünem, wogendem Seegras, damit kein Taucher oder Seemann, der unter die Wellen gezogen wurde, jemals erfuhr, welche Wunder darunter lagen. Sie zog sich über Meilen hin, stieg und fiel mit dem Meeresboden, und das Meeresvolk huschte zu Tausenden durch die korallenen Kavernen und muschelbeladenen Senken. Die Wohnstätte ihrer Könige und Königinnen unterschied sich von der Umgebung nur durch sechs Felsnadeln, die wie gierige Finger eine felsige Ebene umgaben. Diese beinernen Spitzen waren mit den Schuppen von Kreaturen bedeckt, die in der Tiefsee lebten, und sie glühten während der Tagesstunden in blauem Licht wie ein gefangener Mond, und in der Nacht strahlten und phosphoreszierten die Kammern und Katakomben in der tiefen Dunkelheit.

Unter dem Felsen und den Herzmuschelschalen, tief unter dem Mittelpunkt der Stadt, lag die Nautilushalle, geformt wie ein großes Horn, das in sich selbst gedreht war, und so groß, dass eine ganze Armada von Schiffen zwischen die gewundenen Wände gepasst hätte. Sie war vor langer Zeit verzaubert worden, das Geschenk eines Prinzen an seinen Vater, bevor er den Thron für sich beanspruchte, und hier schlug das Herz der Macht der Sildroher. Meerwasser umspülte den Sockel, und der Stand des Wassers konnte gehoben oder gesenkt werden, während der Rest der Halle trocken blieb, sodass das

Meeresvolk seine Melodien in beiden Elementen erproben konnte – im Wasser und an der Luft, so wie es der jeweilige Zauberspruch erforderte.

Gesang war damals keine bloße Frivolität, dazu gedacht, zu unterhalten oder Seemänner in ihren Untergang zu locken. Die Sildroher nutzten ihn, um Stürme heraufzubeschwören und ihre Heimstätten zu schützen, um Kriegsschiffe und Fischerboote von ihren Wassern fernzuhalten. Sie nutzten ihn, um ihre Unterkünfte zu erschaffen und Geschichten zu erzählen. Sie besaßen kein Wort für *Hexe*. Die Magie durchfloss sie alle, ein Lied, das kein Sterblicher hören konnte, das nur das Wasservolk wiedergeben konnte. In manche schien es hinein- und hinauszufließen wie die Gezeiten, und es blieb nur wenig in seinem Kielwasser zurück. Doch in anderen, in Mädchen wie Ulla, fing sich die Strömung an einem dunklen Ding in ihren Herzen und wirbelte um es herum, formte tiefe Tümpel mit Macht.

Vielleicht begann der Ärger mit Ullas Geburt und den Gerüchten, die sie begleiteten. Oder in ihrer einsamen Kindheit, in der man sie mied wegen ihrer bleichen Haut und den seltsamen Augen. Oder vielleicht begann es auch gar nicht mit einem Mädchen, sondern mit zweien, an dem Tag, an dem Ulla zum ersten Mal mit Signy sang, in den hallenden Kavernen der Konzerthalle.

Sie waren beide noch jung, noch keine dreizehn, und obwohl sie an den gleichen Orten unterrichtet worden waren, an den gleichen Gezeitenfeierlichkeiten und Störjagden teilgenommen hatten, waren sie keine Freundinnen. Ulla kannte Signy wegen ihres Haares – flammend rot, leuchtend wie eine Warnung, das sie verriet, wo immer sie auch hinging. Und natürlich kannte Signy Ulla, mit dem schwarzen Haar und der grauen Haut. Ulla, die ein Lied gesungen hatte, um Entenmuscheln von der Wand ihres Kinderzimmers zu kratzen, als sie noch klein gewesen war; die ohne eine einzige Unterrichtsstunde eine Melodie gesummt hatte, die die Schilfröcke ihrer Puppen zum Tanzen brachte. Ulla, die mehr Macht mit einer einzigen einfachen Melodie fließen ließ als Sänger, die doppelt so alt waren wie sie.

Ullas Klassenkameraden waren jedoch die Festigkeit ihrer Tonlage oder die Originalität der Lieder, die sie komponierte, gleichgültig. Sie waren nur neidisch, und so tuschelten sie noch mehr über die ungewisse Abstammung, die Möglichkeit, dass ihr Vater gar nicht ihr Vater war, dass ihre Mutter von einem Sommer an der Küste zurückgekehrt war mit dem Kind eines Menschenjungen in ihrem Bauch. Was eigentlich unmöglich war, so glaubte man. Menschen waren niedere Wesen und konnten sich nicht mit den Sildroher fortpflanzen. Und doch hörten die Kinder, wie ihre Eltern flüsterten und tratschten, und so taten sie es ihnen gleich. Sie behaupteten, Ulla wäre mit Beinen geboren worden, und dass ihre Mutter den Schwanz mit Blutmagie geformt und die Kiemen mit einem Messer in den Hals ihrer Tochter geschnitten hätte.

Ulla sagte sich, dass dies nicht wahr war, dass es nicht sein konnte, dass ihres Vaters Abstammung deutlich zu erkennen war in den Mustern ihrer silbernen Schuppen. Sie konnte je-

doch nicht leugnen, dass sie keinem ihrer Elternteile ähnelte, oder dass auf dem Gesicht ihrer Mutter gelegentlich ein Ausdruck lag, der Angst sein konnte, oder schlimmer noch, Abscheu, während sie Ullas Haar flocht und es mit Perlenkämmen schmückte.

Ulla träumte manchmal von einem Leben in fernen Wassern, davon, irgendwo ein anderes Meeresvolk zu finden, das sie wollte, das sich nicht darum kümmerte, wie sie aussah oder wer sie gezeugt hatte. Meistens träumte sie aber davon, zur Hofsängerin zu werden – verehrt und geschätzt. Sie stellte sich vor, wie sie geschmückt mit Edelsteinen und Torskfischgräten dastand, eine Generalin mit einem Chor als Armee, die Stürme befahl und neue Städte für den König und die Königin baute. Hofsänger wurden vom König ernannt, und sie trugen fast immer adliges Blut. Es hielt Ulla dennoch nicht davon ab, zu hoffen, oder davon, sich an diesen Traum zu klammern, wenn man sie allein in der Nautilushalle stehen ließ, während die anderen Studenten sich zu Paaren für ihre Duette zusammentaten oder sich zu Gruppen für Ensembles zusammenschlossen und Ulla wieder gezwungen war, mit dem Chormeister zu singen, dessen Miene weich war vor Mitleid.

Das alles änderte sich, als sie zum ersten Mal mit Signy sang.

An diesem Tag hatte man die Konzerthalle beinahe geleert, und die Felsen trockneten an der Luft, während das Meer draußen weiterströmte. Die Schüler lagen mit gelangweilten Mienen auf den glatten Steinen, ein geschmeidiger Haufen aus gewundenen Schwänzen und hübschen Wangen, die auf feuchten Unterarmen ruhten. Signy war am Rande der Gruppe und lehnte sich an den glitschigen Haufen. Den ganzen Morgen über hatte sie Ulla verbitterte Blicke zugeworfen, die Mundwinkel des rosafarbenen Knochenmuschelmundes heruntergebogen, und erst als der Chormeister begann, sie für ein Duett in Paare einzuteilen, begriff Ulla den Grund. Lis, Signys Partner, war nicht zum Unterricht gekommen. Ihre Zahl war gerade, und so würde Signy gezwungen sein, mit Ulla zu singen.

An diesem Tag übte die Klasse einfache Sturmmagie mit wenig Erfolg. Jedes Paar unternahm einen Versuch, und einige schafften es sogar, ein paar Wolken oder Nebel heraufzubeschwören, den man großzügig als Sprühregen hätte bezeichnen können. Einmal war das Grollen von Donner zu hören, aber dann war es doch nur das Knurren von Klein Kettils Magen.

Als es schließlich an der Zeit war, dass Ulla und Signy auftraten, glitten sie auf die Felszunge, die als Bühne diente, und Signy hielt Abstand, während ihre Klassenkameraden über ihr Pech kicherten.

Ulla dachte kurz an eine leichte Melodie, etwas, das diese Demütigung rasch beenden würde. Dann schob sie den Gedanken beiseite. Sie hasste Signy, weil sie solche Angst davor hatte, auch noch so kurz mit ihr zusammengespannt zu werden, hasste ihre Klassenkameraden für das unterdrückte Gekicher und die

hinterhältigen Blicke, aber am meisten wünschte sich Ulla, dass sie das Ding in sich töten könnte, das dennoch nach der Zustimmung der anderen hungerte. Sie warf Signy einen kalten Blick zu und sagte: »Mach es mir nach. Wenn du es kannst.«

Ulla begann mit einem Zauberspruch, den sie für sich geübt hatte, ein Stakkato voller plötzlicher Synkopen. Sie sprang flink von Note zu Note, pflückte die Melodie aus dem geheimen Gesang, den sie so deutlich hörte, und sie freute sich darüber, Signy mit ihrer süßen, aber zittrigen Stimme abzuhängen.

Wo immer Ulla das Lied aber auch hinlenkte, das andere Mädchen folgte ihr mit grimmiger Entschlossenheit.

Graubäuchige Wolken formten sich hoch über ihnen an der Decke.

Ulla warf Signy einen Blick zu, der erste Regen fiel.

Es gibt unterschiedliche Arten der Magie. Manche erfordern seltene Kräuter oder komplizierte Anrufungen. Andere verlangen nach Blut. Und wieder andere Magie ist noch rätselhafter, sie fügt eine Stimme mit einer anderen zusammen, fügt ein Wesen mit einem anderen zusammen, die doch Augenblicke zuvor einander noch fremd gewesen waren.

Das Lied schwoll an. Donner grollte und erschütterte die Nautilushalle. Der Wind heulte und riss an den Haaren der Schüler auf den Felsen.

»Keine Blitze!«, schrie der Chormeister über den Lärm hinweg, er wedelte mit den Armen und schlug mit seinem kräftigen orangefarbenen Schwanz.

Das Lied wurde leiser. Die anderen Studenten

quietschten und kauerten sich nieder. Ulla und Signy war das egal. Als die letzte Note verklungen war, wandten sie sich einander zu, und nicht ihren Klassenkameraden, um von ihnen ein Lob zu erhalten. Der Gesang hatte einen Schild um sie herum erschaffen, eine Zuflucht, entstanden aus dem, was sie gerade miteinander geteilt hatten, das niemandem sonst gehörte.

Am nächsten Tag kehrte Lis in den Unterricht zurück, und Ulla wappnete sich, bereitete sich darauf vor, wieder mit dem Chormeister zu singen. Doch als der ihnen sagte, dass sie sich für die Duette zusammentun sollten, legte Signy ihre Hand in Ullas.

Für den Bruchteil eines Moments verabscheute Ulla Signy, wie wir nur die hassen können, die uns aus unserer Einsamkeit retten. Es war unerträglich, dass dieses Mädchen eine solche Macht hatte und dass Ulla nicht den Willen besaß, ihre Freundlichkeit abzulehnen. Doch Signy sah Ulla an und grinste – schüchtern, ein Stern, der in der Abenddämmerung aufgeht –, und die ganze Bitterkeit löste sich auf, war verschwunden wie Worte, die auf den Meeresboden geschrieben waren, und Ulla spürte nichts als Liebe. Dieser Moment band sie für immer an Signy.

Von da an war es so – Signy und Ulla gehörten zusammen, und die arme Lis war gezwungen, mit dem Chormeister zu singen, den Mund verzogen, sodass all ihre Noten ein wenig flach klangen.

Der Ärger erwachte an diesem Tag, an dem sich die beiden Mädchen wie Seetang miteinander verbanden, doch er schloss wieder die Augen, gab vor zu schlafen und überließ Ulla und Signy ihren Spielen und geflüsterten Vertraulichkeiten, ließ sie einander ihre Geheimnisse zuraunen und ihre Träume miteinander verwirren, während die Jahre dahingingen, und er wartete geduldig auf den Winter und die Geburtstagsfeier des Prinzen.

Roffe war der jüngste von sechs Prinzen, Faden entfernt vom Thron, und seine Eltern und Brüder verhätschelten ihn, wohl weil er keine Gefahr darstellte. Die königlichen Söhne hatten ihre eigenen Tutoren, aber Roffes Abneigung gegen das Lernen oder überhaupt jegliche Verantwortung war wohlbekannt und wurde unter den Adligen mit liebevoller Nachsicht bemerkt. An seinem siebzehnten Geburtstag kamen Sildroher aus den umliegenden Gewässern und brachten ihm Geschenke, und alle, die ein gewisses Talent für den Gesang hatten, wurden zu der felsigen Ebene zwischen den Spitzen des Palastes bestellt, um dort aufzutreten. Die königliche Familie saß an eine milchige Seeglasmulde gelehnt da, vor dem Grat der höchsten Spitze – der König und die Königin mit ihren Kronen aus Haizähnen, und alle gut aussehenden Brüder mit ihrem blassgoldenen Haar und in ihre Walknochenrüstungen gekleidet.

Jeder Sänger und jedes Ensemble trat für seine Aufführung vor, manche waren alt, manche waren jung, und sie alle waren berühmt für die Magie, die sie sangen. Hjalmar, der große Meister, der als Hofsänger unter zwei Königen gedient hatte, brachte eine Kaskade aus Sonnenlicht von der Oberfläche herab, um die Menge zu wärmen. Sigrid von der Östlichen Strömung ersang einen großen Berg Smaragde, der sich bis ganz hinauf zum königlichen Balkon erhob. Die Zwillinge, Agda und Linnea, riefen eine Herde Grönlandwale, die die Sonne verdunkelten, und dann erfüllten sie das Wasser um die Gäste herum mit den hellen, träumenden Körpern der Ohrenquallen.

Als es schließlich an der Zeit war für Ullas und Signys Auftritt, trieben sie zur Mitte der Plattform, die Finger ineinander verschlungen.

Ihre Familien waren nicht reich, aber die Mädchen hatten sich so gut es ging für den Anlass herausgeputzt. In den Haaren trugen sie Kränze aus Salzlilien und kleine Perlenkämme, die sie sich von ihren Müttern geliehen hatten. Sie hatten ihre Körper mit Splittern der Abalonemuschel verziert, sodass ihre Oberkörper glitzerten und ihre Schwänze blitzten wie Schätze. Ulla war annehmbar, wenn auch immer noch grau, immer noch missmutig, doch Signy wirkte wie eine aufgehende Sonne, ihr rotes Haar wallte wie eine flammende Krone um sie herum. Ulla wusste noch nicht, wie sie diese Farbe benennen sollte. Sie hatte noch nie Flammen gesehen.

Ulla blickte zu der Menge über sich hinauf, dann um sich herum. Sie konnte die Neugier spüren wie tastende Tentakel, hörte ihren Namen als trillernde, hasserfüllte Melodie.

Ist das das Mädchen? Sie ist ohne jeden Zweifel grau.
Sieht ihrer Mutter oder ihrem Vater gar nicht ähnlich.
Nun, sie gehört zu jemandem, die unglückliche Seele.

Signy zitterte ebenfalls. Sie hatte Ulla an diesem Tag in der Nautilushalle ausgewählt, berauscht von der Macht, die sie gemeinsam erschaffen hatten, und sie hatten sich gemeinsam eine geheime Welt errichtet, in der es gleich war, dass Signy arm war, oder dass sie hübsch war, aber nicht hübsch genug, um über ihren Stand hinauszuwachsen. Hier, vor den Sildrohern und der königlichen Familie, schien diese Zuflucht ihrer Welt jedoch sehr weit entfernt.

Ulla und Signy waren aber nicht die gleichen verängstigten Mädchen, die einander im Unterricht einst finstere Blicke zugeworfen hatten. Mit fest ineinander verschränkten Händen hoben sie beide das Kinn.

Das Lied begann süß. Ullas Schwanz zuckte, er gab das Tempo an, und sie sah, wie der König und die Königin hoch über ihnen im Takt mit den Köpfen nickten. Sie wusste, dass sie bereits an das Festmahl dachten, das noch folgte. Sie waren nur höflich genug, ihre Langeweile nicht zu zeigen – anders als ihre gutaussehenden Söhne.

Und obwohl Ulla den Zauber komponiert hatte, war er Signys Idee gewesen, ein Tagtraum, den sie Ulla mit aufgeregt flatternden Händen beschrieben hatte, den sie in trägen Stunden ausgestaltet hatten, während sie sich in den Untiefen wärmten.

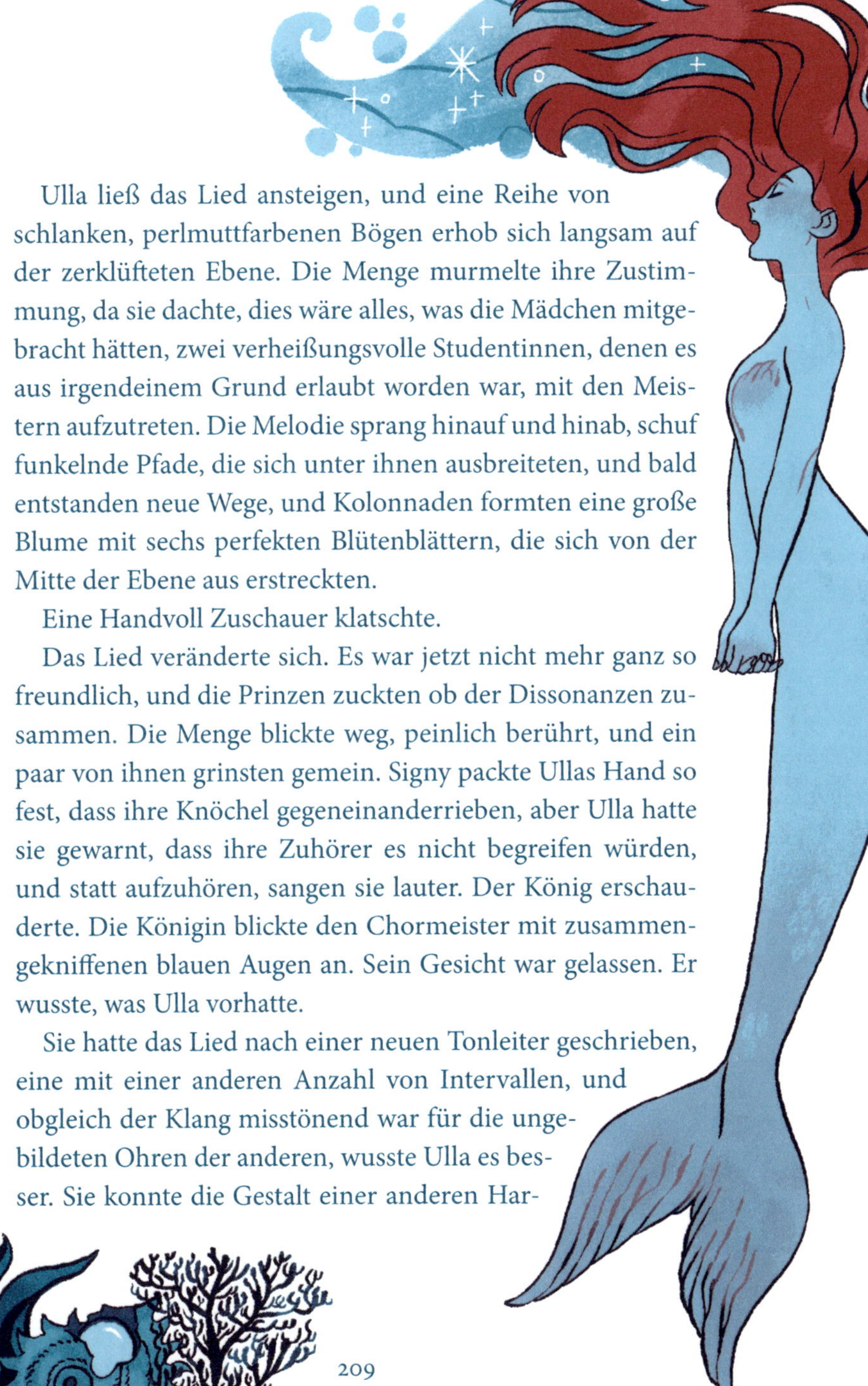

Ulla ließ das Lied ansteigen, und eine Reihe von schlanken, perlmuttfarbenen Bögen erhob sich langsam auf der zerklüfteten Ebene. Die Menge murmelte ihre Zustimmung, da sie dachte, dies wäre alles, was die Mädchen mitgebracht hätten, zwei verheißungsvolle Studentinnen, denen es aus irgendeinem Grund erlaubt worden war, mit den Meistern aufzutreten. Die Melodie sprang hinauf und hinab, schuf funkelnde Pfade, die sich unter ihnen ausbreiteten, und bald entstanden neue Wege, und Kolonnaden formten eine große Blume mit sechs perfekten Blütenblättern, die sich von der Mitte der Ebene aus erstreckten.

Eine Handvoll Zuschauer klatschte.

Das Lied veränderte sich. Es war jetzt nicht mehr ganz so freundlich, und die Prinzen zuckten ob der Dissonanzen zusammen. Die Menge blickte weg, peinlich berührt, und ein paar von ihnen grinsten gemein. Signy packte Ullas Hand so fest, dass ihre Knöchel gegeneinanderrieben, aber Ulla hatte sie gewarnt, dass ihre Zuhörer es nicht begreifen würden, und statt aufzuhören, sangen sie lauter. Der König erschauderte. Die Königin blickte den Chormeister mit zusammengekniffenen blauen Augen an. Sein Gesicht war gelassen. Er wusste, was Ulla vorhatte.

Sie hatte das Lied nach einer neuen Tonleiter geschrieben, eine mit einer anderen Anzahl von Intervallen, und obgleich der Klang misstönend war für die ungebildeten Ohren der anderen, wusste Ulla es besser. Sie konnte die Gestalt einer anderen Har-

monie hören. Sie und Signy hielten sich nah an die Noten – erlaubten ihnen nicht, sich aufzulösen in etwas Althergebrachtes, Abgedroschenes –, und so vibrierten ihre Stimmen durch das Wasser und über die Ebene. Ein Farbwirbel explodierte zwischen den Pfaden, die sich unter ihnen ausbreiteten. Blasspinke Anemonen und leuchtend rote Seefächer, dicke purpurne Seetangstängel und blühende Korallendornen.

Die Menge stieß erstaunte Rufe aus, als die Gärten weiter wuchsen. Ulla spürte, wie ihr Puls raste, ihr Blut knisterte, als würden Blitze durch ihre Adern schießen, als ob das Lied, das sie geschaffen hatte, schon immer existiert und nur darauf gewartet hätte, dass sie es fand. Sturmmagie war einfach. Selbst Gebäude zu errichten oder Edelsteine zu formen war einfach mit den richtigen Noten. Aber lebende Wesen zu erschaffen? Das Lied konnte sie nicht einfach ins Leben rufen. Es musste sie lehren, ihre eigenen Bedürfnisse zu begreifen, sich Nahrung zu nehmen und zu überleben.

So entstanden die königlichen Gärten. Ulla und Signy waren ihre Architektinnen. Zwei Niemande, die bis zu diesem Moment beinahe unsichtbar gewesen waren.

Als die Aufführung endete, war es der junge Prinz Roffe, der am lautesten klatschte, und er befreite sich aus den förmlichen Mustern des Tanzes, laut denen er stundenlang seine Kreise hätte ziehen müssen, bevor er zu Ulla und Signy gelangte, unbedeutend, wie ihr Stand nun einmal war. Doch jetzt kam er direkt durch die

Menge auf sie zu, und Ulla sah, wie sich Signys Gesicht dem des Prinzen zuwandte, als würde es von einer Strömung angezogen.

Roffes Blick wandte sich zuerst der glitzernden Signy zu. »Erzähle mir, wie man das macht«, flehte er sie an. »Diese Wesen und Pflanzen, werden sie weiterleben? Oder ist das alles nur ein vorübergehendes Schauspiel?«

Jetzt, da das Lied verklungen war, schien es, als hätte Signy ihre Stimme vergessen.

Der Prinz versuchte es erneut. »Die Pflanzen …«

»Sie werden leben«, erwiderte Ulla.

»Der Klang war so hässlich.«

»War er das?«, fragte Ulla, und eine harte Schale funkelte unter all ihren Edelsteinen durch. »Oder war es nur etwas, das Ihr noch nie zuvor gehört habt?«

Signy war entsetzt. Damals und auch heute widersprach man einem Prinzen nicht, selbst wenn er es verlangte.

Aber Prinz Roffe blickte nur nachdenklich drein. »Es war nicht vollkommen unerfreulich.«

»Es war überhaupt nicht unerfreulich«, sagte Ulla, die nicht wusste, warum ihre Zunge plötzlich so spitz schien. Dieser Junge gehörte der Königsfamilie an, nahm er sie zur Kenntnis, könnte das einen Weg zur Hofsängerin bedeuten. Sie sollte ihm schmeicheln, ihm nachgeben. Stattdessen fuhr sie fort: »Deine Ohren wussten nur nicht, was sie davon halten sollten.«

Da sah er Ulla an, er sah sie wirklich an. Sei-

ne Familie hatte schon immer außerordentliche Augen gehabt, das Blau so tief, tiefer als jedes Meer. Roffe sah Ulla mit diesen Augen an und nahm ihren matten schwarzen Blick in sich auf, den weißen Lilienkranz, der schief auf ihrem schwarzen Haar saß. War es die Direktheit dieses Blickes, der Ulla so kühn machte? Sie war daran gewöhnt, dass jeder außer Signy wegsah, manchmal sogar ihre Mutter.

»Magie erfordert keine Schönheit«, sagte sie. »Leichte Magie ist hübsch. Große Magie verlangt, dass man das Wasser aufwühlt. Es bedarf einer Störung, etwas Neuem.«

»Etwas Seltenem«, fügte Roffe mit einem schimmernden Lächeln hinzu.

»Ja«, stimmte sie ihm widerwillig zu.

»Und welche Störung könntest du wohl über der Oberfläche schaffen?«, fragte Roffe.

Ulla und Signy wurden ganz still, als verzauberten diese einfachen Worte sie, ein Angebot, das wie ein Köder glitzerte, vielleicht aber genauso gefährlich war. Jeden Sommer reisten die königlichen Söhne an die Küste, zur großen Stadt in Söndermane. Und nur die begünstigtsten Söhne und Töchter des Adels durften sie begleiten.

Nun war es Ulla, die nicht mehr zu sprechen vermochte, und so antwortete Signy, mit einer neuen, beschwingten Melodie in der Stimme, als ob sie sich endlich wiedergefunden hätte, und noch etwas anderes obendrein.

»Wir könnten eine Menge Ärger an der Küste

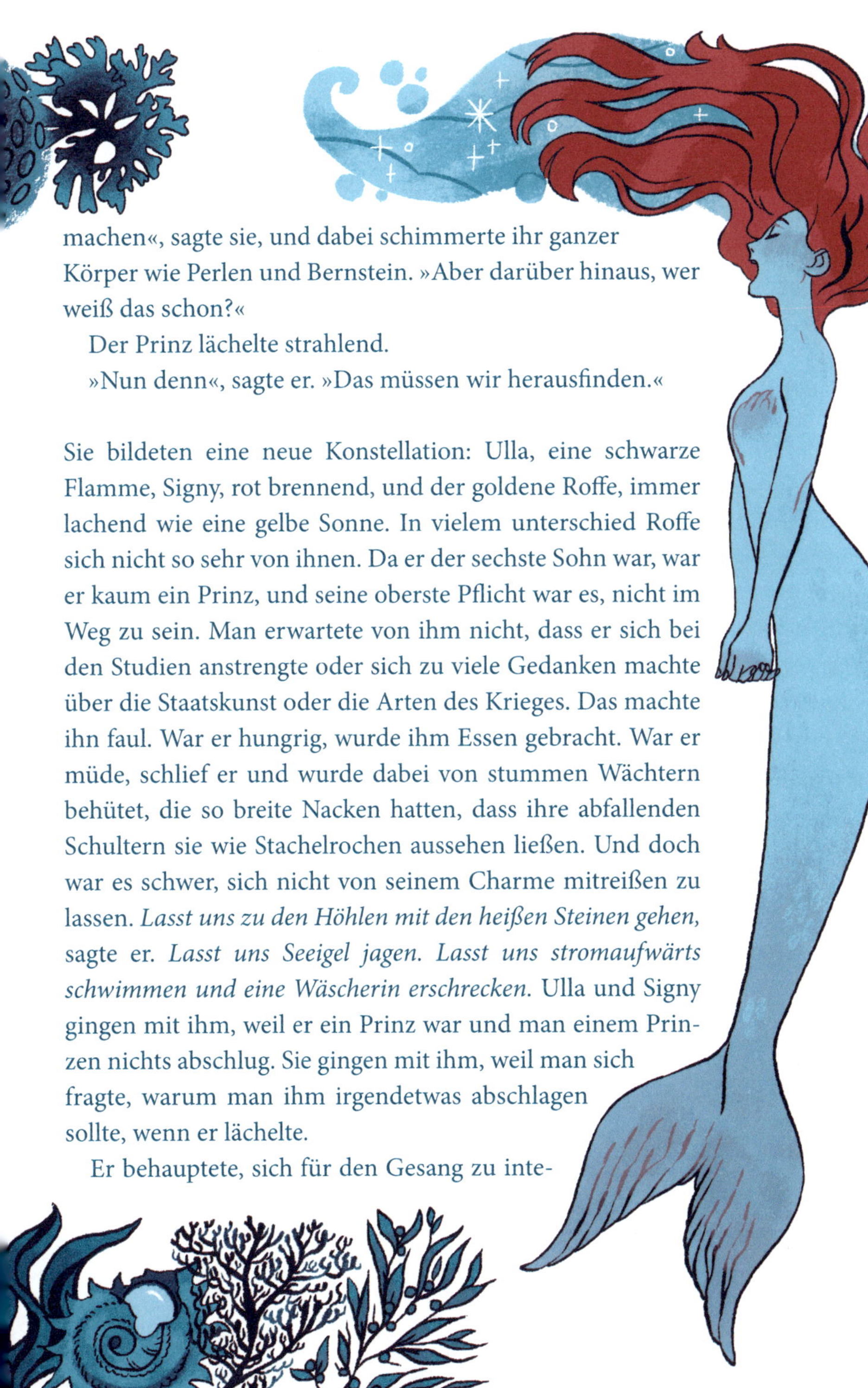

machen«, sagte sie, und dabei schimmerte ihr ganzer Körper wie Perlen und Bernstein. »Aber darüber hinaus, wer weiß das schon?«

Der Prinz lächelte strahlend.

»Nun denn«, sagte er. »Das müssen wir herausfinden.«

Sie bildeten eine neue Konstellation: Ulla, eine schwarze Flamme, Signy, rot brennend, und der goldene Roffe, immer lachend wie eine gelbe Sonne. In vielem unterschied Roffe sich nicht so sehr von ihnen. Da er der sechste Sohn war, war er kaum ein Prinz, und seine oberste Pflicht war es, nicht im Weg zu sein. Man erwartete von ihm nicht, dass er sich bei den Studien anstrengte oder sich zu viele Gedanken machte über die Staatskunst oder die Arten des Krieges. Das machte ihn faul. War er hungrig, wurde ihm Essen gebracht. War er müde, schlief er und wurde dabei von stummen Wächtern behütet, die so breite Nacken hatten, dass ihre abfallenden Schultern sie wie Stachelrochen aussehen ließen. Und doch war es schwer, sich nicht von seinem Charme mitreißen zu lassen. *Lasst uns zu den Höhlen mit den heißen Steinen gehen,* sagte er. *Lasst uns Seeigel jagen. Lasst uns stromaufwärts schwimmen und eine Wäscherin erschrecken.* Ulla und Signy gingen mit ihm, weil er ein Prinz war und man einem Prinzen nichts abschlug. Sie gingen mit ihm, weil man sich fragte, warum man ihm irgendetwas abschlagen sollte, wenn er lächelte.

Er behauptete, sich für den Gesang zu inte-

ressieren, aber Ulla fand bald heraus, was auch schon Roffes Tutoren bemerkt hatten: Obwohl er eine starke Stimme hatte und sein Ohr gut genug war, besaß er die Konzentration einer Möwe, die ihre Flugbahn änderte, sobald sie ein Glitzern entdeckte. Sein Geist wanderte, ihm wurde langweilig, und selbst einen kleinen Fehler fasste er als Katastrophe auf.

Doch wenn Ulla Roffe rügte, sagte er einfach: »Niemand erwartet von mir, dass ich etwas erreiche. Das überlassen sie meinen Brüdern.«

»Und das reicht dir?«

»Hungrige Ulla«, sagte er neckend. »Warum arbeitest du so verbissen? Ich kann deine Ambition riechen wie Blut im Wasser.«

Ulla wusste nicht, warum diese Worte sie beschämten. Der Gesang war alles, was sie hatte, und so klammerte sie sich daran, schliff und perfektionierte ihn, also ob sie so einen wahren Platz für sich in der Welt schaffen konnte, wenn sie ihre Fähigkeit nur vollkommen genug schärfte.

»Was weißt du schon über Ambitionen?«, fragte sie spöttisch.

Doch der Prinz zwinkerte ihr nur zu. »Ich weiß, dass man sie wie ein Geheimnis für sich behalten und nicht wie einen Fluch hinausschreien sollte.«

Vielleicht hätte diese Lektion sie treffen sollen, doch Ulla mochte Roffe am liebsten, wenn er seine Schläue unter seiner charmanten Maske durchblitzen ließ.

Die Sildroher, die Ulla und Signy früher belächelt hatten, belächelten sie weiterhin, sie fragten sich, was Roffe vorhatte, und höhnten, dass die Mädchen nur eine Ablenkung waren. Doch nun waren sie gezwungen, ihre Verachtung zu verbergen. Roffes Gunst hatte Ulla und Signy verändert, hatte ihnen Schutz gewährt, wie es kein Lied je konnte. Der Neid ihrer Klassenkameraden umfloss sie wie giftige Wolken, und Ulla beobachtete, wie Signy dieses Gift trank, als wäre es Wein. Es machte ihre Bewegungen langsam, ihre Haut glatt, ihr Haar seiden. Sie erblühte im Hunger nach der Beachtung der anderen. Und dann, endlich, bat Roffe Ulla und Signy, seine Gäste an Land zu sein.

»Stell dir nur vor!«, rief Signy und packte Ullas Hand, drehte sich mit ihr im Kreis, und das Wasser brodelte um sie herum, als sie sich immer schneller und schneller drehten.

Ja, dachte Ulla, als sich die Wunder der Küste in ihrem Geiste entfalteten, die Gelegenheit, für eine Weile jemand anderes zu sein, die dumme Hoffnung darauf, dass der König vielleicht vergaß, wie gewöhnlich sie war, und ihr einen Herzenswunsch erfüllte, wenn sie sich nur wie eine Adlige benahm. *Ich kann es mir vorstellen.*

Signys Eltern waren erfreut. Die Günstlinge des jungen Adels würden an Land gehen, und obwohl sie ihre Tage damit verbringen würden, mit den Menschen zu schäkern, so könnten sie doch vielleicht auch die wunderschöne Signy bemerken. Ihre Mut-

ter verkaufte ein paar Edelsteine, um die Anfertigung einiger sterblicher Gewänder bezahlen zu können, und für die samtenen Schläppchen für die Füße, die Signy bald haben würde.

Ullas Eltern weigerten sich, sie gehen zu lassen. Sie kannten die Verlockungen der Küste. Ihre Mutter klagte ein so trauriges Lied, dass der Seetang um ihr Heim herum verging, und ihr Vater wütete mit großem Gebrüll, und sein Schwanz schlug das Wasser wie eine Peitsche.

Es gab merkwürdige Strömungen hier, das wusste Ulla, ein Geheimnis, das ihre Mutter weinen ließ, wenn sie Ullas Haar flocht, und wegen dem sie ihre Tochter vom Schoß schob, bevor sie fertig war, eine Frage, die ihren Vater schroff machte und seine Stimme hart. Sie wusste, es war nicht möglich, dass sie einen menschlichen Vater hatte, doch wer hatte sie gezeugt, und wer hatte sie so merkwürdig gemacht? Ulla wollte fragen, wollte die Vergangenheit aus der trüben Dunkelheit zerren und endlich wissen, welches Geflüster nun wahr war.

Stattdessen saß sie stumm da, und als ihre Eltern fertig waren mit Jammern und den Warnungen, sagte sie: »Ihr könnt mich nicht aufhalten.«

Das konnten sie nicht. Aber sie konnten ihr die Gewänder und die Münzen der Menschen verweigern.

»Gehe nackt zwischen den Männern an der Küste umher und sieh, welche Freude es dir einbringt«, sagte ihr Vater.

»Vielleicht tue ich das«, sagte Ulla mutiger, als sie sich tatsächlich fühlte. Vielleicht würde sie an der Küste Antworten finden, oder einen menschlichen Liebhaber, oder überhaupt nichts, aber sie würde gehen.

In dieser Nacht schwamm sie zum Wrack der *Djenaller,* einem Schiff, das vor wenigen Monaten aufgelaufen war, eine Warnung an die Menschen des Landes, sich von diesen Gewässern fernzuhalten. Sie zog Streifen aus Stoff und Perlen von den Skeletten in den Kabinen, und über diesen zerlumpten Resten sang sie ein Lied. Sie wusste kaum, wie sterbliche Gewänder aussehen sollten, aber sie zog Saatperlen und verlorene Seide zusammen und schuf so drei Kleider, die ihr gefielen, und dann versiegelte sie sie in einer verzauberten Truhe.

»Du kannst solche Kleider nicht tragen«, sagte Signy. »Sie werden zu viel Aufmerksamkeit auf sich ziehen.« Ulla zuckte mit den Schultern und gab vor, dass es ihr egal war. Sie konnte Signy nicht sagen, dass ihre Mutter und ihr Vater sich weigerten, sie gehen zu lassen, und sie ertrug es auch nicht, ihr zu erzählen, warum. »Außerdem werden dir drei Kleider kaum für die drei Monate an Land reichen!«

Was sollte Ulla sagen? Sie hatte ihre Stimme. Sie hatte ihre Magie. Das würde reichen müssen. »Signy«, begann sie deshalb vorsichtig und stellte eine Frage, die zugleich eine Warnung war. »Du weißt, warum er uns dort haben will?«

Es war in Ordnung, über Kleider und Feiern zu reden, aber Signys Blick folgte Roffe wie ein Schiff, das einen Leuchtturm an der Küste

suchte. Ulla ertrug es nicht, mit anzusehen, wie ihre Freundin verletzt wurde. Roffe war von der Macht angezogen worden, über die sie an dem Tag verfügten, an dem sie den Garten geschaffen hatten. Er war ihr Freund, das wusste sie, aber er war immer noch der jüngste Sohn. Nur Magie könnte ihn vielleicht zu mehr machen.

Am Ende eines jeden Sommers an Land kehrten die Sildroher in die See zurück, und alle Prinzen übergaben ihrem Vater, dem König, ein Geschenk. Die Geschenke wurde eine Geste genannt, eine Nichtigkeit, aber der König hatte verkündet, dass dies das letzte Jahr seiner Herrschaft sein würde, und so wussten sie es alle besser. Diese Geschenke sollten ein Ausdruck des Scharfsinns eines jeden Prinzen sein, eine Darstellung seiner Gefühle für seinen Vater und das Königreich. Das erste Lied des Erbauens war ein solches Geschenk gewesen, und es hatte den königlichen Palast aus dem Meeresboden wachsen lassen. Das lag fast fünfhundert Jahre zurück, aber es hatte einen dritten Sohn zum König gemacht. Für einen sechsten Sohn würde es noch größerer Magie bedürfen.

Signy legte die Stirn kurz an Ullas. »Ich weiß«, sagte sie. »Aber Roffe könnte nach der einen Sache suchen und eine andere finden. Immerhin wollte ich nur ein Duett überleben, und stattdessen fand ich dich.«

Ulla drückte ihre Freundin fest an sich, und sie sangen gemeinsam, während sie fertig packten. Sie wusste, sie sollte Signy noch einmal warnen, sollte

ihr sagen, dass Roffe sie nicht erwählen konnte, dass er immer noch ein Prinz war, wenn auch der jüngste und somit fast gar kein Prinz.

Du bist mehr wert als das hier, wollte sie sagen. *Du solltest ihn dir nicht verdienen müssen.* Stattdessen hielt sie den Mund und versuchte, die Sorge in ihrem Herzen wegzusummen. *Was kann ein wenig Hoffnung schon schaden?,* dachte Ulla.

Doch Hoffnung steigt wie Wasser, das von einem Damm gefangen gehalten wird, höher und höher, in Stufen, die nichts bedeuten, bis man sich endlich einer Flut gegenübersieht.

Sie erreichten die Oberfläche vor der Morgendämmerung, als der Himmel noch dunkel war. Ulla war bereits oben gewesen, als sie die Sturmmagie erlernt hatte, sie hatte auf den Wellen getanzt, und die Sterne hatten am schwarzen Himmel über ihr geglitzert wie ein weiteres großes Meer, und die massige Gestalt der Küste hatte vor dem Horizont gelegen wie der Schwanz eines Monsters. Sie war geblieben und hatte zugesehen, wie die Sonne das Wasser rosa und golden färbte und das Schloss auf den hohen Klippen vergoldete, und dann hatte sie wieder unter Wasser Schutz gesucht. Doch jetzt ließen Ulla und die anderen sich von der Flut ins Landesinnere zu einer kleinen Bucht tragen, ein düsterer Strich grauen Sandes und schwarzen Steins.

Sie wurden an der Küste von den Hedjüt begrüßt, den Fischern des Nordens, mit denen

die Sildroher ein loses Bündnis pflegten. Das Meeresvolk hielt die Stürme von den Booten der Hedjüt fern, sie füllten ihnen die Netze mit Muscheln und Krabben und trieben die Wale in ihre Gewässer. Im Gegenzug bewahrten die Fischer die Geheimnisse der Sildroher, versorgten sie mit Pferden und holten Truhen mit Menschenkleidung, die von den adligen Familien der Sildroher bestellt wurden. Von den Hedjüt hatte das Seevolk die Menschensprache und -gebräuche gelernt, und vor diesen stillen Fischern zuckten sie nun in den Wellen.

Es gibt keinen Schmerz wie den Schmerz der Verwandlung. Eine Meerjungfrau streift nicht einfach ihre Haut ab und findet einen sterblichen Körper darunter vor. Um an Land zu wandeln, muss der Körper entzweigespalten werden, er muss geteilt und zu etwas anderem werden. An diesem Strand nun zogen Ulla, Signy, Roffe und die anderen die geheiligten Sykurn-Klingen hervor, gemacht aus den Hörnern der Narwale und schwer von Zaubern. Sie ließen das Lied der Wandlung erklingen und stießen dann die Messer in ihre Körper.

Viele königliche Söhne und Adlige hatten Hilfe von den Hofsängern erhalten, um ihre Messer zu erschaffen, nicht jedoch Ulla, die die Noten mit grenzenloser Sorgfalt allein gesummt hatte, um die Macht an ihre Klinge zu binden. Dennoch war das Lied die größere Herausforderung, egal, wie gut das Messer war. Es war die tiefste Magie, Musik des Zerstörens und Heilens, das einzige

Lied, in dem alle Mitglieder der Königsfamilie von Geburt an ausgebildet wurden. Sie war nicht kompliziert, doch sie erforderte großen Willen, und Ulla sorgte sich, dass Signy nicht die Kraft dafür hätte. Doch Signy blickte Roffe fest an, erhob ihre Stimme und führte den Schnitt. Erst da fügte Ulla ihre eigene Stimme dem Lied hinzu und trieb sich die Klinge in den Schwanz.

Der Schrecken war schlimmer als der Schmerz, die Sicherheit, dass etwas schiefgegangen war und dass sie vom Kopf bis zur Flosse zerrissen würde. Blut wirbelte in Strömen um sie herum und befleckte den Seeschaum rostrot, bevor die Flut eine weitere salzige Welle heranbrachte, die ihre Wunden auswusch. Und doch sang sie weiter, hielt ihre Noten gleichmäßig, denn sie wusste, dass sie sonst niemals mehr richtig heilen und einfach blutend daliegen würde, nur ein Haufen Schuppen und halb geformter Glieder.

Der Schmerz nahm ab. Die letzten Noten waren gesungen. Ulla bewunderte den seltsamen Schwung ihrer Hüften, den dunklen Schopf zwischen ihren Schenkeln, die komischen, ungelenken Knubbel ihrer Knie. Und Füße! Traurige kleine Flossen mit zinnengleichen Zehen. Sie konnte kaum glauben, dass solche Dinger sie tragen sollten, ganz zu schweigen davon, sich auf ihnen zu bewegen.

Die Hedjüt-Fischer wandten den Blick ab und zogen die Sildroher vom Sand und über die Felsen, und ihre neuen Beine zappelten schlaff. Die Männer waren vorsichtig, doch Ulla spürte dennoch,

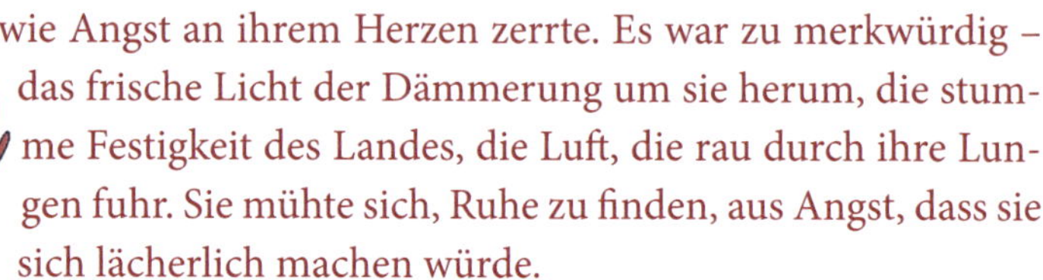

wie Angst an ihrem Herzen zerrte. Es war zu merkwürdig – das frische Licht der Dämmerung um sie herum, die stumme Festigkeit des Landes, die Luft, die rau durch ihre Lungen fuhr. Sie mühte sich, Ruhe zu finden, aus Angst, dass sie sich lächerlich machen würde.

In den Hütten der Fischer zogen Ulla und die anderen Sildroher sich an, und sie streiften Schuhe über ihre empfindlichen und unerprobten Füße, die extra für diese Reise angefertigt und mit Lammwolle und Sprüchen ausgepolstert worden waren. Sie verbrachten den größten Teil des Tages damit, das Gehen zu erlernen, wobei sie wackelten und lachten, während sie taumelten, nach etwas griffen und die Erde unter sich spürten. Manche hatten Erfahrung von vergangenen Sommern, doch selbst für die, die noch nie an Land gekommen waren, war es nicht so schwer, wie es das für ein Menschenkind gewesen wäre. Sie waren ein anmutiges Volk, stark von den Jahren, die sie damit verbrachten, sich gegen die Gezeiten zu stemmen.

Die Sildroher achteten bei alledem gut auf ihre Messer. In drei Monaten mussten neue Schnitte geführt werden, mehr Blutmagie, um ihre Beine zu binden und ihre Schwänze zu formen, damit sie wieder nach Hause gehen konnten. Die Klingen durften vorher nichts aus der Welt der Sterblichen berühren, sonst würden sie ihre Macht verlieren, mit der sie das Meeresvolk in seine wahre Gestalt zurückverwandelten, und so schlugen die Sildroher die Sykurn-Messer in die Haut und die Schuppen, die sie abgelegt hatten, und verwahrten sie sicher in ihren Truhen.

Ulla sah, dass Signy und Roffe sie komisch ansahen, aber sie hatte wenig Zeit, darüber nachzudenken, denn die Kutschen waren angekommen, silbern und golden, und die Türen glänzten und trugen das Wappen der Königsfamilie der Sildroher – auch wenn dieses Wappen den Menschen der Küste nichts bedeuten würde. Die Pferde waren gewaltige, grau gescheckte Tiere mit schwarzen Augen wie Seehunde, die mit den großen Hufen stampften, während Signy und Ulla aufkeuchten und Roffe sich vor Lachen bog. Keins dieser Wunder war neu für ihn.

Bald schon donnerten sie über die große Straße, die an der Küste entlang zur Stadt Söndermane führte. Sie erblickten die Stadt aus der Ferne, wie sie auf der Spitze der weißen Klippen hockte, die sie den Zerbrochenen Mond nannten, die Türme der Kirche, in der die großen Eisenglocken, verzaubert von der Magie der Sildroher, sogar die schlimmsten Sünder zum Gebet bekehrten. Ulla konnte kaum denken vor lauter Empfindungen, die durch sie hindurchrasten – der Sitz unter ihren neu geformten Schenkeln, wie ihre Röcke gegen ihre Beine streiften, das Schütteln der Kutsche. Bei jedem Ruck jubelten die Sildroher auf oder hielten sich die Seiten, vor lauter Seltsamkeiten ganz ungebärdig.

Durch das Chaos und den Verkehr der unteren Stadt ratterten sie, über harte Pflastersteine, dann an den Toren zum großen Palast vorbei. Wie er glitzerte, weiß und silbern und umgeben von hoch aufragenden Kiefern, wie aus Perlen gemacht und von eigener Magie besessen. Die Spitzen waren so schlank, dass es schien, ein Atemzug könnte sie beugen, und jeder Balkon, jedes Gelän-

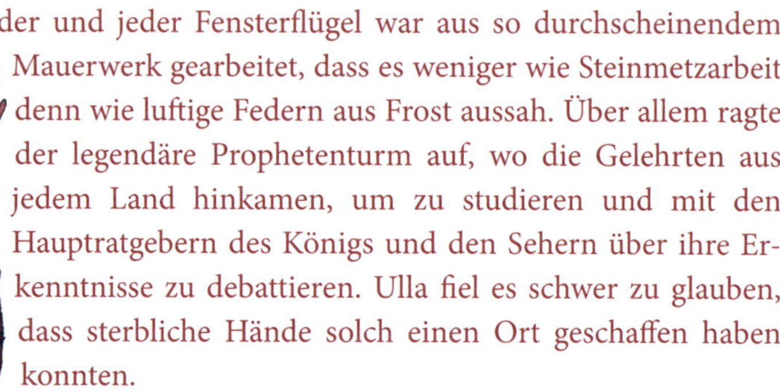

der und jeder Fensterflügel war aus so durchscheinendem Mauerwerk gearbeitet, dass es weniger wie Steinmetzarbeit denn wie luftige Federn aus Frost aussah. Über allem ragte der legendäre Prophetenturm auf, wo die Gelehrten aus jedem Land hinkamen, um zu studieren und mit den Hauptratgebern des Königs und den Sehern über ihre Erkenntnisse zu debattieren. Ulla fiel es schwer zu glauben, dass sterbliche Hände solch einen Ort geschaffen haben konnten.

»Viele Menschenadlige verbringen die warmen Tage hier«, sagte Roffe und nickte zu einer weiteren Reihe Kutschen hinüber. »Sie glauben, wir sind von einem Anwesen weit im Süden.«

Als der Lakai die Tür öffnete, wartete Kalle auf sie, Roffes ältester Bruder, und er hatte lauter Warnungen für sie auf der Zunge.

»Vergnügt euch, wie es euch gefällt«, rief er ihnen in Erinnerung, als sie langsam die breite, geschwungene Palasttreppe hinaufstiegen – immer noch nicht ganz sicher, wie ihre Körper diesen Akt anstellen sollten, und mit den Schuhen den kalten Marmor unter ihren Füßen ertastend. »Doch erinnert euch daran, wie zerbrechlich diese Kreaturen sind. Vergießt nicht ihr Blut. Erregt nicht ihre Aufmerksamkeit.«

Sein Blick blieb an Ulla hängen.

Durch zwei hohe schmale Türen traten sie in eine große Eingangshalle, die von geschwungenen Treppen flankiert war, die sich über ihnen auf einem breiten Absatz trafen. Wieder stiegen sie, und ihre

Muskeln zitterten bei der ungewohnten Anstrengung, sie klammerten sich an das Geländer, überrascht vom Gewicht ihrer Körper und davon, wie ihre Kleider sie herabzogen. Endlich kamen sie oben an und betraten einen lang gestreckten Audienzsaal, der vor Menschen nur so wimmelte.

Hier waren Männer und Frauen aus jedem Land, in Spitze und Seiden gekleidet, mit Juwelen an den Aufschlägen und kleinen vergoldeten Absätzen an den Schuhen. Ulla staunte darüber, wie sehr sie sich von den Hedjüt unterschieden mit ihren breiten Schultern und den gebeugten Rücken, die Hände mit den groben Knöcheln und vom Wetter gefurchten Gesichtern. Diese hier hatten weiche, parfümierte Körper, die keine Arbeit leisten mussten.

Schweigen senkte sich herab, als die Sildroher vorbeiliefen, und Ulla fiel es schwer, nicht zu lachen bei dem Gedanken an Kalles Warnung. Ihre Gesellschaft konnte es gar nicht vermeiden, keine Aufmerksamkeit auf sich zu ziehen. Trotz ihrer vorsichtigen Schritte bewegte sich das Meeresvolk, wie es kein Mensch konnte, die geschmeidigen Leiber schwebten mit flüssigem Schwung, die Glieder so anmutig wie Seegras.

Wie sie angewiesen worden waren, machten sie ihre Verbeugungen und Knickse vor dem Menschenkönig, der die königlichen Brüder freundlich begrüßte. Und so sollte es auch sein. Denn auch wenn ihre Kleider eigen und ihr Akzent merkwürdig war, so brachten die Sildroher doch jedes Jahr Schätze, wie der Menschenkönig sie noch nie gesehen hatte. Kalle winkte seinen Dienern, die drei Truhen mit Perlen nach vorn trugen. Die in der ersten waren weiß und leuchtend wie Schnee, die in der nächsten waren vom silbrigen Grau der Sturmwolken, und die dritte Truhe mit Perlen glitzerte schwärzer als eine mondlose Nacht. Es gab auch Truhen mit Münzen, juwelenbesetzten Schwertern und schwere Teller aus Gold. Ulla sah zu, wie der Menschenkönig lächelte und Wein in einen silbernen Becher goss und dabei nicht erkannte, dass dieser Schatz von versunkenen Schiffen stammte, Geschenke von toten Menschen, deren Knochen am Grunde der Meeres verrotteten. Was scherte es Sterbliche? Schatz war Schatz.

Die Blicke des Menschenhofstaats waren auf jeden neuen Edelstein und jedes Glitzerstück konzentriert, aber Ulla bemerkte, dass ein junger Mann nicht mit den anderen gaffte und staunte. Er stand hinter dem Thron des Königs, neben einem Mann mit Bart, der eine Schärpe und den rauchblauen Saphir eines Sehers trug. Die Kleider des Jungen waren schwarz, sein Haar noch schwärzer, und er sah Ulla direkt an, das Gewicht seines Blickes eine Last. Ulla erwiderte den Blick, und sie erwartete, dass er wegsehen würde. Doch das tat er nicht, und obwohl sie wusste, dass es unmöglich war, hatte sie das seltsame Gefühl, dass sie ihn schon einmal getroffen hatte.

Der König klatschte in die Hände. Die Türen zur Festhalle wurden weit geöffnet, und die Adligen gingen in der Reihenfolge ihres Ranges voran. Doch als Ulla durch die Türen der Audienzhalle trat, hinein in die seltsam riechenden Düfte der Menschennahrung, blickte sie zurück und erkannte, dass der Junge in Schwarz ihr immer noch hinterhersah.

Sie speisten. Sie tanzten. Sie hoben zum ersten Mal

Becher mit Wein an die Lippen. Sie lachten und stampften mit den Füßen, wie es die Sterblichen taten, zum Takt der Fidel und der Trommel. Die Menschen drängten sich um die Sildroher, Blut strömte warm in ihre Wangen, und Brüste hoben sich, als bekämen sie nicht ausreichend Luft, die Augen waren feucht und glänzten vor Sehnsucht, und am Ende des Abends hatte Roffe ein sterbliches Mädchen auf dem Schoß, während ein anderes sich eng an ihn drängte.

Ulla sah keinen Schmerz in Signys Gesicht, doch sie bemerkte die Mühe, mit der ihre Freundin ihn verbarg.

»Du wusstest, warum er uns hierhaben wollte«, rief Ulla ihr in Erinnerung, so sanft sie konnte.

Nicht wegen der Liebe, sondern wegen der Magie, damit sie Roffe an Land halfen, das zu erreichen, was er wollte.

Signy zuckte mit einer glänzenden Schulter. Sie hatte ihr Haar mit zwei Saphirkämmen aus dem Gesicht gestrichen und ein blaues Kleid mit Korsett angezogen, das sich wie eine Welle um ihre Brüste schmiegte und ihre weißen Schultern frei ließ. Wie viele Male hatte Ulla Signys Schultern gesehen? Warum erschienen sie ihr so neu, jetzt, da sie von Seide umhüllt waren?

»Er soll seinen Spaß haben«, sagte Signy mit einer Leichtigkeit, die nicht echt klang.

»Du solltest auch welchen haben«, sagte Ulla und nahm Signys Hand, zog sie auf die Tanzfläche, sodass sie die Hitze der menschlichen Körper und das kurze wilde Aufzucken des sterblichen Lebens umgab.

Später, als die Kerzen niedrig gebrannt waren und Ulla ihre zwickenden Schuhe von den Füßen ge-

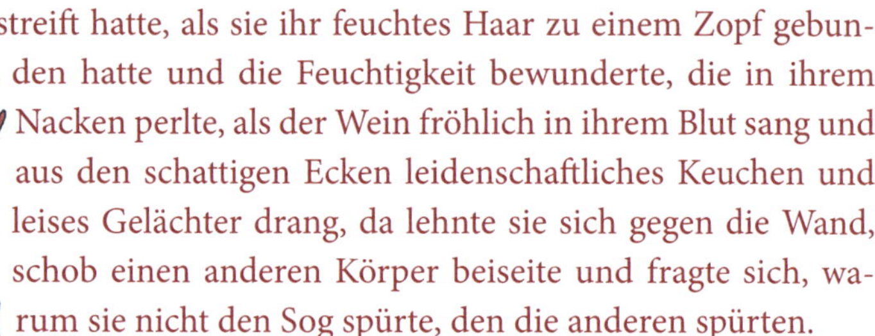

streift hatte, als sie ihr feuchtes Haar zu einem Zopf gebunden hatte und die Feuchtigkeit bewunderte, die in ihrem Nacken perlte, als der Wein fröhlich in ihrem Blut sang und aus den schattigen Ecken leidenschaftliches Keuchen und leises Gelächter drang, da lehnte sie sich gegen die Wand, schob einen anderen Körper beiseite und fragte sich, warum sie nicht den Sog spürte, den die anderen spürten.

Die Sildroher gingen an die Küste, um die menschliche Sprache zu schmecken, um die Ausschweifung ihrer Welt zu kosten, aber auch, um *sie* zu kosten. Sie besänftigten so ihre Sehnsucht, kontrollierten die Verlockung. Das Meeresvolk hatte sich schon immer von Sterblichen angezogen gefühlt, von ihren festen Körpern und den kurzen Leben, der Art, wie sie strebten und sich mühten und bebten vor Anstrengung. Warum verspürte Ulla also kein Verlangen? Warum konnte sie nicht sein wie Signy, die von sterblichen Arme langsam hin und her gewiegt wurde, oder Roffe, der sich Küsse von jedem sehnsüchtigen menschlichen Mund stahl? War sie dazu verdammt, am Rande der Welt zu sitzen, so wie schon unter den Wellen?

Erst da sah sie, dass der in Schwarz gekleidete Junge den Raum durchquerte und auf sie zukam. Die Schatten schienen sich zu bewegen, wenn er vorbeikam, wurden von ihm angezogen wie die Flut. Ulla nahm die vertrauten Linien seines Gesichts wahr, die dunklen geraden Brauen, und sie spürte Angst, die sich in ihrem Magen zusammenrollte. Sie berührte die Zähne mit ihrer Zunge und stellte sich bereits das Lied vor, das sie anstimmen würde, um sich zu verteidigen. Solche Musik würde sie verdammen – Sildroher-Magie war nicht für sterbliche Augen bestimmt. Doch der Gedanke beruhigte sie dennoch.

»Ich erinnere mich an dich«, sagte er als er endlich bei ihr ankam. Seine Augen waren graue Achate.

Das ist nicht möglich, wollte sie sagen, doch stattdessen fragte sie: »Wer bist du?«

»Der Lehrling des Sehers.«

»Und kann er wirklich die Zukunft voraussagen?«, fragte sie, da ihre Neugier die Oberhand gewann.

»Er kann dem König sagen, was er hören möchte, und das ist wichtiger, als die Zukunft zu kennen.«

Ulla wusste, dass sie ihm eine gute Nacht wünschen und Abstand zwischen sich und diese seltsame Kreatur bringen sollte, doch sie hatte zu viel Wein getrunken, um noch vorsichtig zu sein. »Warum sagst du, dass du dich an mich erinnerst? Und warum beobachtest du mich wie eine Schwarzrückenmöwe, die nach Beute sucht?«

Er beugte sich ein wenig vor, und Ulla konnte nicht anders, sie zog sich zurück.

»Komm morgen zum Prophetenturm«, sagte er mit einer Stimme, so kühl wie Glas. »Komm, und ich sage dir alles, was du wissen möchtest.«

»In die Bibliothek?« Sie konnte nicht lesen. Nur die Königsfamilie der Sildroher konnte das, da sie in der Art der Diplomatie und der Verhandlungen ausgebildet wurden.

»Ich erwarte nicht, dass du liest.« Er strich ohne jedes Geräusch an ihr vorbei. »Genauso wenig, wie du von mir erwartest, dass ich unter Wasser atme.«

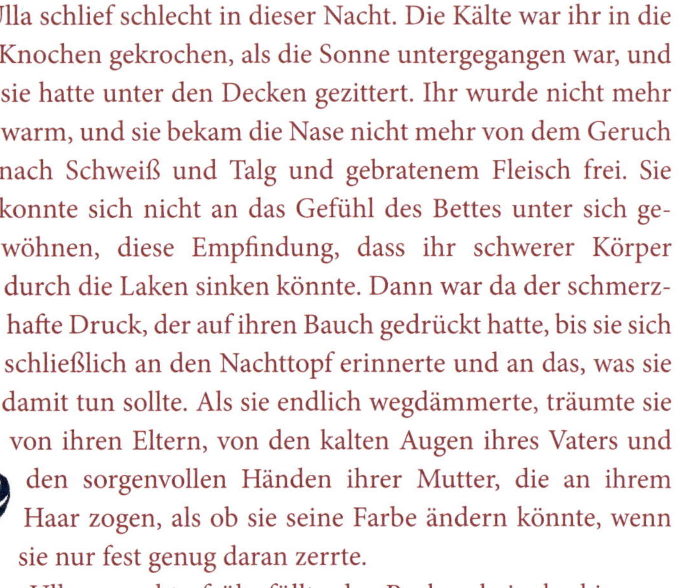

Ulla schlief schlecht in dieser Nacht. Die Kälte war ihr in die Knochen gekrochen, als die Sonne untergegangen war, und sie hatte unter den Decken gezittert. Ihr wurde nicht mehr warm, und sie bekam die Nase nicht mehr von dem Geruch nach Schweiß und Talg und gebratenem Fleisch frei. Sie konnte sich nicht an das Gefühl des Bettes unter sich gewöhnen, diese Empfindung, dass ihr schwerer Körper durch die Laken sinken könnte. Dann war da der schmerzhafte Druck, der auf ihren Bauch gedrückt hatte, bis sie sich schließlich an den Nachttopf erinnerte und an das, was sie damit tun sollte. Als sie endlich wegdämmerte, träumte sie von ihren Eltern, von den kalten Augen ihres Vaters und den sorgenvollen Händen ihrer Mutter, die an ihrem Haar zogen, als ob sie seine Farbe ändern könnte, wenn sie nur fest genug daran zerrte.

Ulla erwachte früh, füllte das Becken beinahe bis zum Rand und tauchte ihr Gesicht in das kalte Wasser, ließ ihre Ohren von der Stille ausfüllen, versuchte, sich daran zu erinnern, wer sie selbst war. Ihre wenigen Habseligkeiten waren bereits in ihr Ankleidezimmer gebracht worden, und sie prüfte rasch den Inhalt ihrer verschlossenen Truhe, sorgte dafür, dass die Sykurn-Klinge sicher in die Schuppen gewickelt dalag.

Sie konnte sich nicht ganz beruhigen. Ihre Haut roch sauer und fühlte sich straff gespannt und steif an. Ihr Magen knurrte. Sie fuhr mit der Hand über die bestickte Tagesdecke auf dem Bett, zog die Pantoffeln aus und spürte die kalten Steinböden durch ihre Fußsohlen. Sie vergrub ihre Zehen in die weichen Felle, die vor dem großen Kamin lagen. Obwohl die Sommerluft warm war, bestand der Palast aus kaltem Fels und hohen Decken, und die Überreste des Feuers glühten nur im Kamin. Sie war zu müde gewesen und hatte am Abend zuvor nicht bemerkt, dass es da war. Doch jetzt kniete sich Ulla davor, spürte die Hitze, die davon abstrahlte, unter den Handflächen und musste sich dazu zwingen, nicht nach der glühenden Asche zu greifen. Sie hatte die Lieder und Artefakte studiert. Sie kannte den Begriff Feuer. Man hatte ihn ihr beigebracht, hatte das Wort gesungen. Doch es zu *sehen* – so dicht vor sich und so lebendig … Das war, als hätte sie eine kleine Sonne ganz für sich allein.

Das Gemach war hoch, und spitze Fenster gaben den Blick frei auf die königlichen Gärten und den Wald dahinter. Auf dem Tisch stand ein grauer Wasserkrug aus Glas, der gefüllt war mit etwas, das Ulla für Rosen hielt, Dinger mit schweren Köpfen, der Geruch süß und seltsam, die blassen, pinkfarbenen Blütenblätter etwas dunkler in der Mitte. Sie berührte mit den Fingern die Stelle an ihrem Hals, an dem vor dem Lied des Wandels ihre Kiemen gewesen waren, dann atmete sie tief ein, und der Duft der Blumen füllte ihre Nase und ihre Lunge, bis ihr schwindlig wurde. Sie zupfte ein Blütenblatt ab und legte es sich nachdenklich auf die Zunge. Der Geschmack war jedoch enttäuschend bitter.

Sie war dankbar, als ein Zimmermädchen kam und ein Tablett mit Tee und Salzfischen brachte, gefolgt von Dienern, die Kübel mit dampfendem Wasser trugen. Obwohl man Ulla vom Baden erzählt hatte, war sie niemals zuvor wirklich schmutzig gewesen, und sie war entsetzt über den Staub, der wie eine Wolke im Wasser trieb, und dem süßen Öl, das sie überzog. Doch nichts war irritierender als der Anblick ihrer lustigen kleinen Zehen, die sich am Rand der Badewanne krümmten, die zarten Knochen ihrer Knöchel, die glatten Verkrustungen ihrer Klauen – ihrer *Nägel*. Das Wasser fühlte sich zu glatt an auf ihrer Haut, flach und unsalzig wie die Flüsse, die sie mit Signy und Roffe an wolkigen Nachmittagen erkundet hatte.

Als Ulla sauber und trocken und mit Puder bestäubt war, half die Magd ihr in ein Kleid und schnürte sie fest ein, dann verschwand sie mit einem nervösen Schulterblick durch die Tür. Erst da, in der Stille ihres Zimmers, sah Ulla sich endlich selbst in dem Spiegel an, der über ihrer Frisierkommode hing. Erst da begriff sie, warum sie so viele Blicke der Sildroher auf sich gezogen hatte – und auch von den Menschen. Außerhalb der blauen Tiefen des Meeres war das fahle Graugrün ihrer Haut verschwunden, und sie glühte wie polierte Bronze, als ob sie Sonnenlicht unter ihrer Zunge trüge. Ihr Haar war so schwarz wie immer, doch hier im hellen Licht der Menschenwelt glänzte es wie poliertes Glas. Ihre Augen waren immer noch dunkel und merkwürdig, doch dunkel wie ein Mitternachtspfad, der zu einem wundervollen Ort führte, seltsam wie der Klang einer neuen Sprache.

Sie verließ das Zimmer, der Palast lag still um sie herum, während die Diener leise ihren Aufgaben nachgingen, darauf bedacht, die Feiernden nicht zu wecken, die nur Stunden zuvor in ihre Betten gestolpert waren. Ulla erkannte, dass überall Spiegel hingen – als ob die Menschen Angst hätten, dass sie vergessen könnten, wie sie aussahen –, und in ihnen erblickte sie ihr neues Selbst, groß und schlank, in graue Spitze gekleidet wie Meerschaum, die Perlen des Mieders sanft glänzende Sterne im Nebel.

Der Lehrling wartete am Fuß der Turmtreppe.

Ohne ein Wort begannen sie den Aufstieg, und Ulla klammerte sich an das Geländer, während sie höher stiegen, die Luft dick mit dem Staub, der in den Strahlen der frühen Morgensonne glitzerte.

Bücher hatten einen Geruch, erkannte sie, als sie Stockwerk um Stockwerk der Bibliothek und der Labore passierten, Regalbretter reihten sich an den runden Wänden aneinander, voll mit farbenfroh gebundenen Bänden, die dicht gedrängt dastanden. Die Bücher bedeuteten ihr nichts. Die Sildroher hatten weder Stift noch Papier, kein Pergament überlebte unter den Wellen, und sie brauchten es auch nicht. Ihre Geschichten und ihr Wissen wurden in Liedern erfasst.

Auf jedem Stockwerk verkündete der Lehrling ein anderes Fachgebiet: Geschichte, Weissagung, Geografie, Mathematik, Alchemie. Ulla hoffte, dass sie bis ganz nach oben in die Spitze des Turmes gelangten, wo sie das berühmte Observatorium finden würden. Doch der Lehrling führte sie von der Wendeltreppe zu einem schwach beleuchteten Raum mit langen Tischen und hohen Glasschränken, als noch viele Stockwerke über ihnen lagen, die es zu entdecken galt. Die Schränke waren voller seltsamer Gegenstände –

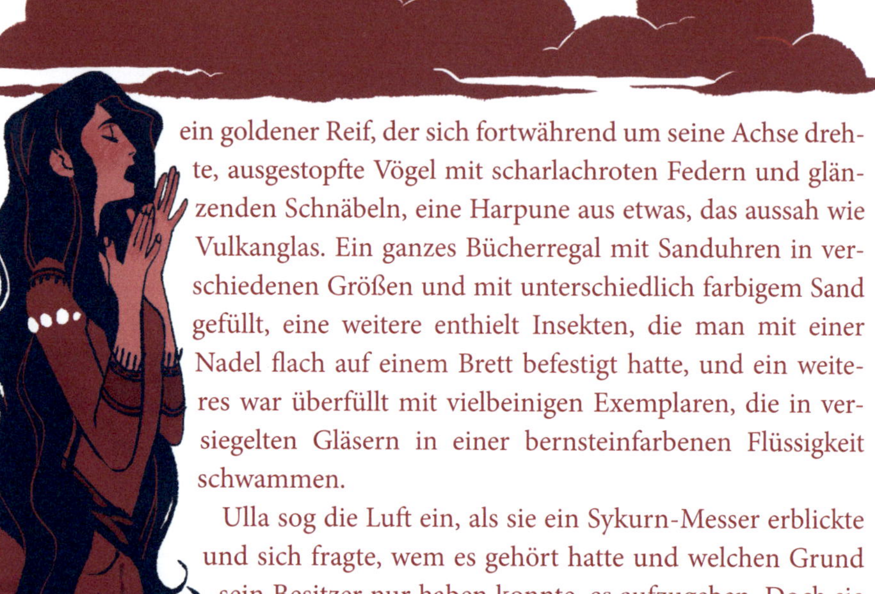

ein goldener Reif, der sich fortwährend um seine Achse drehte, ausgestopfte Vögel mit scharlachroten Federn und glänzenden Schnäbeln, eine Harpune aus etwas, das aussah wie Vulkanglas. Ein ganzes Bücherregal mit Sanduhren in verschiedenen Größen und mit unterschiedlich farbigem Sand gefüllt, eine weitere enthielt Insekten, die man mit einer Nadel flach auf einem Brett befestigt hatte, und ein weiteres war überfüllt mit vielbeinigen Exemplaren, die in versiegelten Gläsern in einer bernsteinfarbenen Flüssigkeit schwammen.

Ulla sog die Luft ein, als sie ein Sykurn-Messer erblickte und sich fragte, wem es gehört hatte und welchen Grund sein Besitzer nur haben konnte, es aufzugeben. Doch sie zwang sich weiterzugehen, denn sie war sich des wachsamen Blickes des Lehrlings bewusst.

Sie kamen an einem großen Spiegel vorbei, und Ulla sah ihre Gestalten in der Düsternis widergespiegelt. Das Mädchen im Glas winkte.

Ulla sprang zurück, und der Lehrling lachte. Sein Spiegelbild fiel ein, wenn auch die Tonhöhe nicht ganz übereinstimmte.

»Ich kann ihn hören«, sagte Ulla und umklammerte den Rand des Tisches. Es war, als ob der Junge im Glas einfach ein anderer Junge in einem anderen Teil des Zimmers wäre, als wäre der Rahmen eine geöffnete Tür.

»Es ist ein Trugbild, sonst nichts«, sagte der Lehrling, und sein Spiegelbild winkte abschätzig mit der Hand.

»Ein mächtiges.«

»Ein nutzloses. Das ist ein albernes Ding. Meines Meisters Vorgänger schuf es, als er versuchte, eine Seele in den Spiegel zu bringen, sodass der alte König für immer weiterleben könnte, wenn sein Körper schon verschwunden war. Doch das war alles, was ihm gelang.«

Ulla blickte die Spiegelung an, und das Mädchen im Glas lächelte. Kein Wunder, dass andere vor ihr zurückzuckten. Etwas Listiges stand in der Miene des Spiegelmädchens, als ob sich ihre Lippen jeden Moment teilen und den Blick auf eine Reihe zusätzlicher Zähne freigeben könnte.

»Es ist dennoch beeindruckend«, brachte sie endlich heraus.

»Es ist eine Verschwendung. Das Spiegelbild hat keine Seele, keinen beseelenden Geist. Es kann nur ein Echo hervorbringen. Der neue König bringt ihn bei Festen nach unten, um die Gäste zu bezaubern. Du wirst es bei dem Ball sehen. Die stellen ihn als Ablenkung in die Haupthalle. Man kann sogar eine kleine Unterhaltung mit sich selbst führen.«

Ulla konnte einer solchen Verlockung nicht widerstehen.

»Hallo«, sagte sie langsam.

»Hallo«, antwortete das Spiegelmädchen.

»Wer bist du?«

»Wer bist *du?*« Da war wieder dieses Lächeln. Bildete Ulla sich das ein, oder hatte sich der Tonfall des Mädchens verändert?

Ulla sang leise eine Note, keinen Spruch, nur ein

Ton, und das Mädchen öffnete den Mund und fiel in Ullas Melodie ein. Ulla konnte das erfreute Auflachen nicht unterdrücken, das ihr entsprang, doch das Spiegelmädchen wurde rot, als es die Belustigung des Lehrlings bemerkte.

»Es scheint, ich bin so einfach zu unterhalten wie die Gäste des Königs«, sagte Ulla.

Seine Lippen verzogen sich. »Wir alle lieben Neues.«

Der Blick des Lehrlings glitt zu ihrem Spiegelbild, und er drehte sich, sodass er und Ulla Seite an Seite dastanden, in etwa von gleicher Größe, die Haare so schwarz und glänzend wie Tiefwasserperlen.

»Sieh dir das an«, sagte er, und sein Spiegelbild hob eine Augenbraue. »Wir könnten beinahe blutsverwandt sein.«

Er hatte recht, begriff Ulla. Es war nicht nur das Haar oder der schilfschlanke Körperbau, den sie gemeinsam hatten. Da war etwas in der Form ihres Gesichts, dem scharfen Schnitt der Knochen. Sie berührte ihre Kopfhaut mit den Fingern, als ob sie immer noch das Zerren der Hände ihrer Mutter spürte, wie sie an ihren Zöpfen zog, hörte ihr klagendes Lied, das den Garten verdorren ließ und Ulla mit Bedauern erfüllte. Der Lehrling bot ihr eine Antwort, eine geöffnete Auster, ein Juwel auf einem Teller dar. Sie musste nur die Hand danach ausstrecken.

Sie sagte nichts.

»Warum bist du hier in Söndermane?«, fragte er, und sein Spiegelbild blieb stumm, als wartete es auch auf die Antwort.

Ulla strich mit dem Daumen über den Tisch. Ihr

Spiegelbild blinzelte hektisch, und es sah wesentlich aufgewühlter aus, als ihr gefiel. »Ich kam wegen des kühlen Wetters«, sagte sie leichthin. »Du kamst her, um zu studieren?«

»Nein«, sagte der Lehrling. Die grauen Augen seines Spiegelbildes verengten sich. Seine Stimme war wie der kalte Sog eines Gletschers. »Ich kam her, um zu *jagen*.«

Unter den Wellen überlebten kleine Kreaturen, indem sie sich verbargen, wenn ein Raubtier in der Nähe war, und alles in Ulla drängte danach, sich zu ducken, sich in die Schatten zu drücken und seinem Blick zu entkommen. Doch es gab nichts hier an Land, wo sie sich verstecken konnte, und die Sildroher wichen auch nicht vor den Menschen zurück. Sie hatte Lieder, und er war nur ein Sterblicher.

Ulla drehte sich zu dem Lehrling um, zwang sich, seinem Blick zu begegnen. »Dann wünsche ich dir Glück«, sagte sie. »Und leichte Beute.«

Er lächelte, das gleiche listige, gefährliche Lächeln, das sie in ihrem eigenen Gesicht im Glas gesehen hatte. Ulla war wegen Antworten gekommen, doch warum sollte sie glauben, dass dieser Junge irgendetwas über sie wusste? Soweit sie wusste, waren seine rätselhaften Worte nicht mehr gewesen als ein leerer Köder. Am besten sah sie zu, dass sie schnell davonkam. Selbst damals, in diesen weit zurückliegenden Zeiten, erkannte Ulla einen schlechten Handel, wenn sie ihn vor sich hatte. Vielleicht hatte dieser Junge Geheimnisse, doch welches Wissen auch immer er besaß, war den Preis nicht wert. Sie drehte ihm den Rücken zu

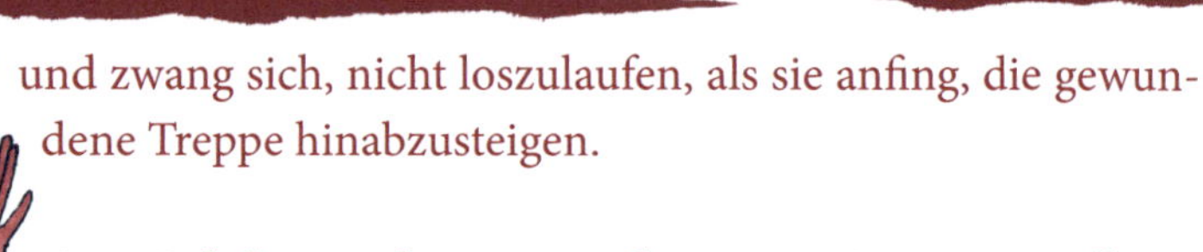

und zwang sich, nicht loszulaufen, als sie anfing, die gewundene Treppe hinabzusteigen.

Dem Lehrling und seiner Drohung zum Trotz war Ulla einige Zeit glücklich. Sie alle waren es, auf ihre eigene Art. Roffe vergnügte sich; Signy litt, doch ertränkte ihre Sorgen in einer Flut von menschlichen Liebhabern; und Ulla ließ sich ebenfalls davontragen, hielt sich fern vom Durcheinander leidenschaftlicher Herzen und lief in die wilden Wälder, wo die Kiefern eine grüne Kathedrale formten und die Luft schwer war vom Geruch nach sonnenwarmem Harz. Sie sah Rehe und Biber, befleckte ihre Lippen mit Beerensaft, verfolgte die Sonne auf ihrem Weg, wenn sie hinter dem Horizont unterging und sich dann wieder erhob, um die ganze Welt in Farbe zu tauchen.

Am Abend speiste sie mit den anderen, sah, wie Signy hoffte und Roffe bezauberte und all seine goldenen Brüder Hof hielten. Die Schönheit, die sich in Ulla gezeigt hatte, als sie an Land gekommen war, brachte ihr Geschenke ein, Juwelen und Gedichte, Blumensträuße, die vor ihrer Tür abgelegt wurden, und sogar einen Antrag. Nichts brachte sie in Versuchung, und das stärkte nur ihre Anziehungskraft. Der stetige Schlag der sterblichen Faszination machte sie müde.

Stundenlang saß sie da, während sich die große Halle leerte, und lauschte den Menschenmusikern, studierte ihre Finger auf den Festbünden einer Oud, übergab sich dem Schlag der Trommel, dem Ziehen des Bogens, bis die letzte Note verklang. Es gab Legenden von Instrumenten, die von den Sildrohern verzaubert waren, die sie ihren Lieblingsmenschen geschenkt hatten. Fingerzimbeln, die Tänzer eleganter machten, Harfen, die auf sich selbst spielten, wenn man die Saiten mit Blut benetzte. Doch für Ulla gab es nur die Musik.

In manchen Nächten, wenn Signy sich keinen Liebhaber nahm, kam sie in Ullas Zimmer, und sie lagen unter den Laken, die Zehen ineinander verhakt, rieben einander die Hände und lachten sich warm. Das waren die Nächte, in denen Ulla nicht von ihrer Mutter oder ihrem Vater träumte, von den Zähnen des Lehrlings oder der kalten blauen Stille der Tiefe.

Doch die Tage vergingen, Roffes Laune veränderte sich, und Ulla sah, wie auch seine Brüder wachsamer und geheimnistuerischer wurden. Sie trödelten weniger mit den sterblichen Mädchen herum und verbrachten lange Stunden im Prophetenturm. Ulla wusste, dass sie alle die Seiten der Menschenbücher nach sterblicher Magie durchsuchten, nach einem Geschenk, das sie ihrem Vater bringen konnten – das eine Ding, das ihr Glück für immer wandeln würde.

Als Roffes Laune düsterer wurde, wurde Signy rastlos und auch schreckhaft, sie wickelte ihr helles Haar endlos um die nervösen Finger, knabberte an ihrer Unterlippe, bis winzige granatrote Tropfen darauf erblühten.

»Du musst aufhören«, sagte Ulla ihr unter den Laken und tupfte das Blut mit dem Ärmel ihres Nachtgewandes weg. »Dein Elend wird das für ihn nicht richten. Er wird seinen Weg finden. Es ist noch Zeit.«

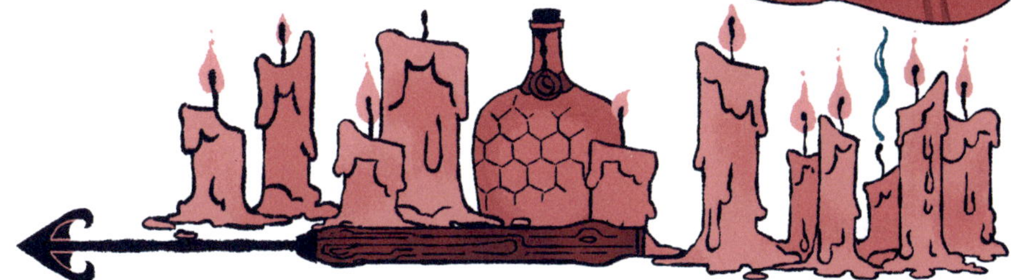

»Wenn er es findet, wird er zu dir kommen.«

»Zu uns beiden«, sagte Ulla.

»Aber du bist die Komponistin«, sagte Signy und drückte ihre fiebrige Stirn an Ullas. »Du bist die, die er braucht.«

»Er braucht uns beide für ein Lied von Wert.«

Da kamen die Tränen, und Signys Stimme brach. »Wenn er deine Macht wirklich begreift, wird er dich als seine Braut wollen. Du wirst mich zurücklassen.«

Ulla drückte sie an sich und wünschte, sie könnte Signy aus diesen Gedanken aufrütteln. Keine von ihnen taugte zur Prinzessin, egal, wie mächtig ihr Lied auch war. »Ich werde dich niemals verlassen. Ich habe nicht den Wunsch, seine Braut zu werden.«

Signys Lachen war bitter in der Dunkelheit. »Er ist ein Prinz, Ulla. Er wird bekommen, was er will.«

Als ob Signys kleine Hände eine geheime Uhr in Gang gebracht hätten, kam Roffe am nächsten Tag zu Ulla. Es war später Nachmittag, und ein langes, träges Mahl aus kaltem Geflügel und Kastanien mit Zitrone war auf der Terrasse gedeckt worden, von der aus man über die Gärten blickte. Sie hatten gekühlte Flaschen mit gelbem Kirschwein geleert, und jetzt, als die Diener den Tisch abräumten, dösten die Menschen und die Sildroher in schattigen Alkoven oder jagten einander durch die Windungen eines Heckenlabyrinthes.

Ulla stand am Rande der Terrasse und sah hinab auf die Gärten, lauschte dem Summen der Bienen. Ihr Geist hatte bereits begonnen, ein Lied zu formen, das eine Ecke des Unterseegartens verwandeln konnte, den sie und Signy für die königliche Familie angelegt hatten, sodass es ein Labyrinth wie dieses hier würde, mit einem strudelnden Becken in der Mitte. Das musste natürlich ein Trick für das Auge werden, ein Hinweis auf die Brunnen der Menschen, doch sie glaubte, Fische dazu bringen zu können, im Kreis zu schwimmen, wenn sie nur ein ausreichend starkes Muster in die Melodie einfügen konnte.

»Ich brauche ein Geschenk wie Rundstroms Tiger«, sagte Roffe, der neben sie trat und sich mit den Ellbogen auf das Geländer stützte. »Ein Pferd. Eine große Eidechse, wenn ich eine finden könnte.«

Der Tiger war ein legendäres Geschenk, doch es war kein einfacher Spruch. Die Kreatur musste verzaubert sein, um unter Wasser atmen und die Kälte ertragen zu können und ihrem Meister zu gehorchen. Rundstroms Tiger hatte kaum ein Jahr unter den Wellen überlebt. Lange genug, um einen zweiten Sohn zum König zu machen.

»Du wirst etwas Besseres finden müssen«, murmelte sie, die Sonne warm auf ihren Schultern. »Oder du bist nicht besser als eine billige Nachahmung.«

»Kalle und Edvin haben ihre Geschenke bereits gefunden. Zumindest sagen sie das. Doch ich zaudere noch. Ein Kraftelixier von dem Alchemisten? Ein Vogel, der unter den Wellen singt?«

Ulla stieß ein Schnauben aus, eine menschliche Geste, die sie zu genießen gelernt hatte. »Warum hat es

eine Bedeutung? Warum möchtest du überhaupt König sein?«

»Ich dachte, du von allen würdest es verstehen.«

Hungrige Ulla. Vielleicht tat sie das. Ein Lied hatte zwei einsame Mädchen zu Freundinnen gemacht. Eines Prinzen Gunst hatte sie würdig gemacht, bemerkt zu werden. Was würde eine Krone für diesen Prinzen machen?

»Du willst deine Tage damit verbringen, mit anderen Seevölkern zu verhandeln?«, fragte sie. »Deine Nächte in endlosen Ritualen?« Sie stupste mit der Schulter gegen seine. »Roffe, man kann kaum darauf zählen, dass du vor Mittag aufstehst.«

»Dafür sind Berater da.«

»Ein König kann sich nicht nur auf die Berater verlassen.«

»Ein König verneigt sich vor niemandem«, sagte Roffe, und seine blauen Augen richteten sich auf etwas, das Ulla nicht sehen konnte. »Ein König wählt seinen eigenen Pfad. Seine eigene Frau.«

Ulla trat unruhig vom einen auf den anderen Fuß, wünschte sich, dass sie nur für einen Moment schwerelos wäre, getragen von den Salzwasserarmen des Meeres. Machte Roffe da das Angebot, vor dem Signy sich fürchtete?

»Roffe …«, setzte sie an.

Doch als ob er ihr Unbehagen spürte, sagte Roffe: »Ein König wählt seinen eigenen Hofstaat. Seine eigenen Sänger.«

Wie leicht Prinzen doch spielten. Wie leicht sie

von Träumen sprachen, die ihnen nicht zustanden, sie anzubieten. Doch Ulla konnte nichts gegen die Sehnsucht tun, die sie verspürte, als Roffe den Kopf neigte, als ob er ihr Zärtlichkeiten zuflüstern wollte.

»Ich würde dich so hoch heben, Ulla. Niemand würde über deine Geburt oder über deine Mutter jemals wieder reden.«

Ulla zuckte zusammen. Es war eine Sache, zu wissen, was die anderen dachten, doch eine andere, es ausgesprochen zu hören. »Sie werden immer reden.«

Roffe lächelte ein wenig. »Dann werden sie es sehr viel leiser tun.«

Was könnte eine Krone für einen Prinzen tun? Was könnte ein König für ein Mädchen wie sie tun?

Signys Lachen schwebte aus dem Irrgarten unter ihnen hinauf zu ihnen. Sie war leicht zu entdecken, ihr Haar brannte wie aufgehäufte Glut, ein rotes Kriegsbanner, das hinter ihr herwehte, während ein sterblicher Junge hinter ihr herlief. Ulla sah zu, wie sie dem Jungen erlaubte, sie zu fangen und herumzuwirbeln.

»Du willst den Thron gewinnen und deinen Vater beeindrucken?«, fragte sie Roffe.

»Du weißt, dass ich das will.«

Signy warf den Kopf zurück und streckte die Arme aus, das Gesicht von Locken umrahmt wie eine lebende Flamme.

Ulla nickte. »Dann bring ihm Feuer.«

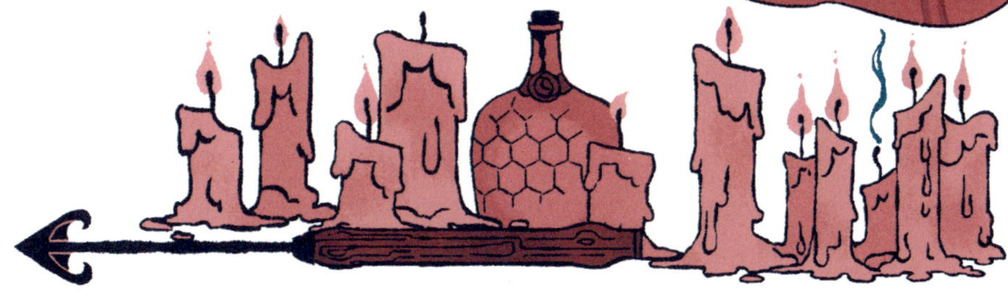

In dem Moment, in dem Ulla das aussprach, erkannte sie ihre Dummheit, doch von da an konnte der Prinz an nichts anderes denken. Er hörte auf, Menschenmädchen zu jagen, und schloss sich im Prophetenturm ein, und er aß und trank kaum etwas.

»Er wird sich in den Wahnsinn treiben«, sagte Signy, als sie eines Nachts unter den Laken zitterten.

»Ich bezweifle, dass er dafür die Konzentration hat.«

»Sei nicht grausam.«

»Das will ich nicht sein«, sagte Ulla, denn sie glaubte, dass es wahr wäre.

»Könnte der Spiegel stattdessen ein Geschenk für den König sein?«, fragte Signy. Ulla hatte ihr von dem seltsamen Spiegel erzählt und von dem Raum voll mit merkwürdigen Gegenständen im Turm.

»Er würde ihn vielleicht amüsieren.« Für eine Weile.

»Roffe denkt nur noch an Feuer, Tag und Nacht. Warum hast du einen solchen Gedanken in seinen Kopf gesetzt?«

Weil er mich dazu gebracht hat, von Dingen zu träumen, die ich niemals haben kann, dachte sie, doch sie sagte stattdessen: »Er fragte und ich antwortete. Er sollte es besser wissen, als zu glauben, dass es möglich ist.« Es war eine Sache, ein Wesen des Landes unter Wasser zu bringen und es eine Zeit lang dort leben und atmen zu lassen. Das war mächtige Magie, ja, doch nicht so vollkommen verschieden von den Zaubereien, die den Sildrohern erlaubten, an Land zu wandeln. Doch mit den Elementen zu spielen, eine Flamme zum Brennen zu bringen, wenn sie kein Brennmaterial hatte … Das würde eine größere Magie erfordern als ein Lied, das die Nautilushalle erschaffen hatte. Es konnte nicht gelingen. »Er muss seine Gedanken etwas anderem zuwenden.«

»Das habe ich ihm gesagt«, sagte Signy besorgt. »Doch er will nicht hören.« Sie zog sanft an Ullas Ärmel. »Vielleicht kann der Seher des Königs helfen. Oder der Lehrling des Sehers. Er war freundlich zu dir. Ich habe es gesehen.«

Ulla erschauderte. Der Lehrling hatte sie in Frieden gelassen seit dem Tag im Turm. Er schien eigene Aufgaben zu haben, um die er sich kümmern musste, doch sie war sich seiner immer bewusst, wie er schweigend am Tisch neben seinem Meister saß, über das Gelände lief, wie er sich in seinen schwarzen Kleidern verschütteter Tinte gleich von Schatten zu Schatten bewegte.

»Rede mit ihm«, verlangte Signy. »Bitte, Ulla.« Sie nahm Ullas Hände in ihre. »Für mich. Wirst du nicht wenigstens mit ihm reden? Welchen Schaden kann das schon anrichten?«

Eine Menge, dachte Ulla. »Vielleicht.«

»Ulla …«

»Vielleicht«, sagte sie und rollte sich herum. Sie wollte Signy nicht länger ansehen.

Doch als ihre Freundin ein verträumtes Lied anstimmte, leise und süß, stimmte Ulla ein, sie konnte nicht anders. Es wob ein warmes Glühen um sie herum, als es lauter und leiser wurde.

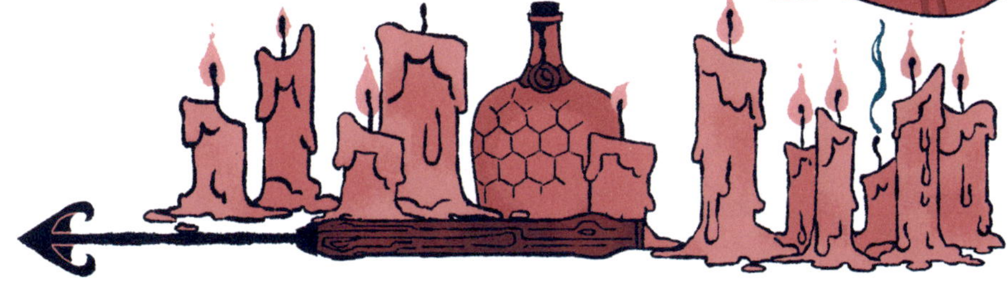

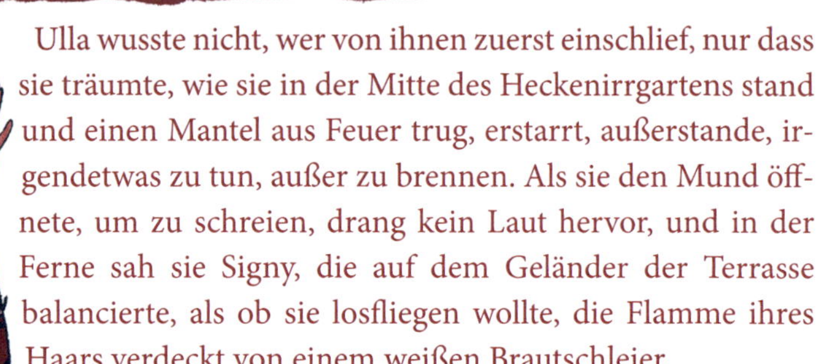

Ulla wusste nicht, wer von ihnen zuerst einschlief, nur dass sie träumte, wie sie in der Mitte des Heckenirrgartens stand und einen Mantel aus Feuer trug, erstarrt, außerstande, irgendetwas zu tun, außer zu brennen. Als sie den Mund öffnete, um zu schreien, drang kein Laut hervor, und in der Ferne sah sie Signy, die auf dem Geländer der Terrasse balancierte, als ob sie losfliegen wollte, die Flamme ihres Haars verdeckt von einem weißen Brautschleier.

Die Tage krochen vorbei. Roffe wurde verzweifelter. Signys Blick wurde anklagender. Ulla wusste, dass nur die Angst sie von dem Lehrling fernhielt. Sie hatte Roffes Botschaft nicht missverstanden. Falls die Flamme gemeistert werden konnte und Roffe zum König ernannt wurde, würde er Ulla als seine Hofsängerin wählen. Sie musste wenigstens versuchen, mit dem Lehrling zu sprechen. Er mochte gefährlich sein, doch selbst diese kleine Chance auszulassen, ihren Traum wahr werden zu lassen, schien noch gefährlicher.

Ulla fand ihn in einem Lesesaal im unteren Teil des Prophetenturms, wo er Bücher in eine einfache Umhängetasche packte. Eines war in Leder gebunden, die Seiten lose und mit hastigem Gekritzel gefüllt, das sich von den ordentlichen Mustern unterschied, die sie in anderen Büchern gesehen hatte, doch es war genauso bedeutungslos für sie. In einer Ecke erspähte sie etwas, das wie das Geweih eines Hirsches aussah. Der Lehrling schlug die Umhängetasche zu.

»Du gehst?« Sie konnte ihre Überraschung oder

die Erleichterung nicht aus der Stimme bannen, als sie im Türrahmen stehen blieb. Sie hatte nur ein gewisses Maß an Mut.

»Ich kann niemals allzu lange an einem Ort bleiben.«

Sie fragte sich, warum. Hatte er irgendein Verbrechen begangen?

»Du wirst den Ball verpassen«, sagte sie.

Der Hauch eines Lächelns berührte seine Lippen. »Ich habe nichts übrig fürs Tanzen.«

Doch Ulla hatte diesen Besuch nicht gewagt, um müßige Konversation zu betreiben. Sie bog die Zehen in ihren Schuhen. Sie musste einfach fragen. »Ich suche … ich suche nach einer Flamme, die unter dem Meer brennen kann.«

Die grauen Augen des Lehrlings spießten sie auf wie die Nadel, die man durch den Körper einer Motte stach. »Und welchen Nutzen sollte eine solche haben?

»Eine Spielerei«, sagte Ulla. »Wie der Spiegel. Eine Kleinigkeit für einen König.«

»Ah«, sann der Lehrling, »doch für welchen König?«

Ulla sagte nichts.

Der Lehrling zog die Riemen an der Tasche fest. »Komm«, sagte er. »Ich werde dir zwei Antworten geben.«

»Zwei?«, fragte sie und folgte ihm die Wendeltreppe hinauf.

»Eine auf die Frage, die du gestellt hast, und eine auf die Frage, die du hättest stellen sollen.«

»Welche Frage ist das?« Sie erkannte, dass er sie

wieder in den Raum mit den merkwürdigen Gegenständen führte.

»Warum du nicht bist wie die anderen.«

Ulla spürte, wie sich die Kälte in ihren Knochen breitmachte, die Nacht, die hereinströmte, ausufernder als die See. Und doch folgte sie ihm.

Als der Lehrling die Tür des Glasschranks neben dem Trickspiegel öffnete, dachte sie, er würde nach dem Sykurn-Messer greifen. Doch stattdessen hielt er eine Glocke hoch, die sie nicht einmal bemerkt hatte, die die Größe eines Apfels hatte und angelaufen war, weil man sie nicht putzte.

Er hob sie auf, und dabei schlug der Schwengel gegen den Rand – ein hoher, silbriger Ton –, und Ulla stieß einen Schrei aus und fasste sich an die Brust. Ihre Muskeln verkrampften sich. Es fühlte sich an, als krampfte sich eine Faust um ihr Herz.

»Ich erinnere mich an dich«, sagte er und beobachtete sie, die gleichen Worte, die er ausgesprochen hatte, als er sich ihr am ersten Abend des Festmahles genähert hatte.

»Das kann nicht sein«, keuchte sie, atemlos vor Schmerz, der nur langsam nachließ, als der Klang der Glocke verklang.

»Weißt du, warum deine Stimme so stark ist?«, fragte der Lehrling. »Weil du an Land geboren wurdest. Weil du deinen ersten Atemzug über der Oberfläche genommen und deinen ersten Schrei hier ausgestoßen hast. Dann hat meine Mutter, *unsere* Mutter, die Glocke genommen, die dein Vater ihr gegeben hatte, die Glocke, die er in ihre Hand gelegt hatte,

als er begriff, dass sie ein Kind trug. Sie ging hinab zur Küste und kniete sich ans Wasser und hielt die Glocke unter die Wellen. Sie läutete sie einmal, zweimal, und ein paar Augenblicke später tauchte dein Vater aus den Tiefen auf, sein silbriger Schwanz wie ein Sichelmond hinter ihm, und er nahm dich mit.«

Sie schüttelte den Kopf. *Das kann nicht sein.*

»Blick in den Spiegel«, befahl er. »Und dann leugne es.«

Ulla dachte an die langen Finger ihrer Mutter, die durch ihr Haar kämmten, erst vorsichtig, dann widerwillig, als ob sie es nicht ganz ertragen könnte, sie zu berühren. Sie dachte an ihren Vater, der wütete und sie vor den Verlockungen der Küste warnte. *Es darf nicht sein.*

»Ich erinnere mich an dich«, wiederholte er. »Du wurdest mit einem Schwanz geboren. Jeden Sommer bin ich hierhergekommen, um zu studieren und das Seevolk zu beobachten, und ich fragte mich, wann du zurückkehren würdest.«

»Nein«, sagte Ulla. »Nein. Die Sildroher können sich nicht mit Menschen fortpflanzen. Ich kann keine sterbliche Mutter haben.«

Er zuckte leicht mit den Schultern. »Nicht ganz sterblich. Die Menschen in diesem Land würden sie Drüsje nennen, Hexe. Sie würden mich auch so nennen. Sie spielen mit Magie, lesen die Sterne, werfen Knochen. Doch es ist am besten, ihnen nicht die echte Macht zu zeigen. Deine Leute kennen das gut.«

Unmöglich, beharrte eine schrille, verängstigte Stim-

me in ihrem Inneren. *Unmöglich*. Doch eine andere Stimme, listig, voller Wissen, flüsterte: *Du warst niemals wie die anderen, und das wirst du auch niemals sein.* Ihr schwarzes Haar. Ihre schwarzen Augen. Die Macht ihres Liedes.

Es kann nicht wahr sein. Doch wenn es das war … Wenn es wahr war, dann hatten sie und dieser Junge eine Mutter. Hatte Ullas Vater gewusst, dass das Mädchen, zu dem er sich gelegt hatte, eine Hexe war? Dass es einen Preis für diese Tändelei geben mochte, einen, den er jeden Tag würde ansehen müssen? Und was war mit Ullas Sildroher-Mutter? Hatte sie kein eigenes Kind tragen können? Hatte sie deshalb eine Krippe für ein unnatürliches Ding gemacht, hatte sie gefüttert, hatte versucht, sie zu lieben? *Sie liebt mich.* Die Stimme wieder, schmeichelnd, schwach. *Das tut sie.*

Ulla spürte, wie sich der Schmerz in ihrem Inneren zu einer harten Spitze zusammenzog. »Und hat deine Hexenmutter sich überhaupt um das Kind gesorgt, das sie der See überlassen hatte?«

Doch der Lehrling sah nicht verärgert aus von ihren harten Worten. »Sie ist keine Freundin von Gefühlen.«

»Wo ist sie?«, fragte Ulla. Eine Mutter sollte hier sein, um ihre Tochter zu begrüßen, um sich zu erklären, um Wiedergutmachung zu leisten.

»Weit im Süden, sie reist mit den Suli. Ich treffe mich mit ihr, bevor das Wetter umschlägt. Komm mit mir. Stell ihr deine Fragen, wenn du denkst, dass die Antworten dir Trost bringen.«

Ulla schüttelte erneut den Kopf, als ob eine solche Geste dieses Wissen ausradieren könnte. Ihre Glieder waren schwach geworden. Sie packte die Tischkante und versuchte, stehen zu bleiben, doch es war, als ob mit dem Läuten der Glocke ihre Beine vergessen hätten, was sie tun sollten. Ulla glitt zu Boden und sah zu, wie das Mädchen im Glas es ihr gleichtat.

»Du hast behauptet, du jagst«, sagte sie, ein schwacher Einwand.

»Sie sagen, die Gorgonie durchstreift diese Gewässer. Ich will den Eisdrachen selbst sehen. Wissen. Macht. Eine Gelegenheit, die Welt neu zu erfinden. Ich kam auf der Suche nach all diesen Dingen. Ich kam auf der Suche nach dir.« Der Lehrling kniete sich neben sie. »Komm mit mir«, sagte er. »Du musst nicht mit ihnen zurückkehren. Du musst nicht zu ihnen gehören.«

Ulla schmeckte das Salz ihrer Tränen auf den Lippen. Es erinnerte sie an das Meer. Weinte sie also? Was für ein menschlicher Akt. Sie spürte, wie sie sich spaltete, auflöste, als ob die Worte des Lehrlings ein Zauberspruch gewesen wären. Es war wie der Schnitt mit dem Sykurn-Messer, erneut zerrissen zu werden, zu wissen, dass sie niemals mehr vollständig das eine oder das andere sein würde, dass das Meer seltsam für sie wäre, dass sie immer den Makel des Landes mit sich tragen würde. Nichts konnte sie verwandeln. Nichts konnte sie richtig machen. Wenn die Sildroher jemals erfuhren, was sie war, dass die Gerüchte

nicht nur Gerüchte waren, sondern wahr, dann würde man sie verbannen, vielleicht sogar töten.

Es sei denn, sie wäre zu mächtig, als dass man sie verstoßen konnte. Wurde Roffe König, fand Ulla eine Möglichkeit, ihm zu geben, was er wollte, dann könnte er sie beschützen. Sie könnte sich selbst unangreifbar machen, unentbehrlich. Sie hatte immer noch Zeit.

»Die Flamme«, sagte sie. »Sag mir, wie man es macht.«

Er seufzte, schüttelte den Kopf und stand auf. »Du weißt sehr gut, was es verlangt. Du musst einen Gegensatz schaffen. Eine Flamme muss gemacht und wieder gemacht werden, von Augenblick zu Augenblick, wenn sie unter Wasser brennen soll.«

Wandlung. Schöpfung. Das würde keine bloße Illusion sein. »Blutmagie«, flüsterte sie.

Er nickte. »Doch das Blut des Meervolkes wird nicht ausreichen.«

Bei diesen Worten krampfte sich Ullas Herz angstvoll zusammen. Es gab wenige Regeln, an die die Sildroher an Land gebunden waren. Sie mochten mit den Menschen tändeln, ihre Herzen brechen, ihre Geheimnisse oder Schätze stehlen, doch sie durften kein sterbliches Leben nehmen. *Vergesst nicht, wie zerbrechlich diese Wesen sind. Vergießt nicht ihr Blut.* Das Seevolk hatte so schon zu viel Macht über die Menschen der Küste.

»Menschenblut?« Selbst die Worte auszusprechen, fühlte sich wie ein Vergehen an.

»Nicht nur Blut.« Ihr Bruder beugte sich vor und flüsterte ihr die Anforderungen des Spruches in die Ohrmuschel. Ulla stieß ihn von sich und rappelte sich auf, ihr Magen war in Aufruhr, und sie wünschte, sie könnte die Worte, die er gerade gesagt hatte, ungehört machen.

»Dann kann es nicht getan werden«, sagte sie. Sie war verloren. Roffe war verloren. So einfach war das. So endgültig. Sie wischte die Tränen aus ihren Augen und glättete ihre Röcke, wünschte, dass sie Schuppen wären. »Der Prinz wird nicht glücklich sein.«

Ihr Bruder lachte. Er berührte die silberne Glocke mit dem Finger, die immer noch auf dem Tisch stand. »Wir wurden nicht gemacht, um Prinzen zufriedenzustellen.«

Du wurdest an Land geboren … Du hast deinen ersten Atemzug über der Oberfläche genommen und deinen ersten Schrei hier ausgestoßen.

Und seither hatte sie geschrien. Sie wollte das Wissen des Lehrlings nicht, nicht über ihre Geburt, nicht über die Blutmagie. Sie wollte diesen Turm mit seinen verrottenden Büchern und den geplünderten Schätzen nicht. Sie drehte sich um und floh auf die Treppe zu.

Da ertönte die Glocke, süße und silbern, der Klang ein Haken in ihrem Herzen. Ihre Muskeln verkrampften sich, und sie spürte, wie sie sich umdrehte, als die Glocke sie zurückrief, so wie sie einst ihren Vater bezwungen hatte.

Ulla packte den Türrahmen, zwang ihre Muskeln zum Innehalten, weigerte sich, sich von ihren verräte-

rischen Beinen zurücktragen zu lassen. Sie sah über die Schulter. Der Lehrling trug den Hauch eines Lächelns auf den Lippen, als er die Glocke in den Schrank stellte und das schreckliche Läuten so zum Schweigen brachte. Ulla spürte, wie sich ihre Muskeln lockerten, wie der Schmerz nachließ. Der Lehrling schloss die Glastür.

»Ich muss gehen«, sagte er. »Ich habe meinen eigenen Kampf vor mir, einen langen. Ich bin auch nicht ganz sterblich, und ich habe viele Leben zu leben. Denk über mein Angebot nach«, sagte er leise. »Es gibt keine Magie, die sie dazu bringen kann, dich zu lieben.«

Die gab es, doch sie konnte sie nicht ausführen.

Ulla ging aus dem Zimmer und die Treppe hinab. Sie verlor den Halt, stolperte nach vorn, klammerte sich an das Geländer, richtete sich wieder auf und lief weiter. Sie brauchte das Meer. Sie brauchte Signy. Doch Signy war nicht in ihrem Zimmer und auch nicht in den Gärten.

Endlich fand sie sie in der Musikgalerie, den Kopf an der Schulter eines sterblichen Mädchens, während sie einem Jungen lauschten, der auf einer silbernen Harfe spielte. Als sie Ulla sah, sprang sie auf.

»Was ist los?«, fragte sie und nahm Ullas Hand, um sie auf den Steinbalkon zu ziehen. »Was ist passiert?«

Weit unter ihnen krachten die Wellen. Die Salzbrise hob Ullas Haar, und sie atmete tief ein.

»Ulla, bitte«, sagte Signy bestürzt. Sie zog Ulla neben sich auf eine Marmorbank. Ihr Fuß war so

gehauen, dass er wie springende Delfine aussah. »Warum die Tränen?«

Doch jetzt, da sie hier war, da Signys Arm um sie lag, was konnte Ulla da sagen? Wenn Signy vor ihr zurückschreckte, selbst das leiseste Anzeichen von Abscheu zeigte, würde Ulla das nicht ertragen können, das wusste sie. Sie wäre erledigt.

»Signy«, setzte sie an, den Blick auf die ferne blaue Fläche des Meeres gerichtet. »Wenn die Geschichten … Was ist, wenn die Geschichten über mich wahr wären? Was, wenn ich keine Sildroher wäre, sondern auch sterblich?« Drüsje. Hexe.

Signy stieß ein ungläubiges Lachen aus. »Sei nicht albern, Ulla. Niemand hat das jemals wirklich geglaubt. Es waren nur grausame Kinder.«

»Antwortest du mir nicht?«

»Oh, Ulla«, rügte Signy sie und zog Ullas Kopf in ihren Schoß. »Wo kommt dieser Unfug nur her? Warum dieses Elend?«

»Ein Traum«, murmelte sie. »Ein schlimmer Traum.«

»Ist das alles?« Signy stimmte leise ein beruhigendes Lied an, eines, das zwischen die einzelnen Noten gewoben war, die von der Harfe zu ihnen hinausschwebten.

»Wirst du nicht antworten?«, flüsterte Ulla erneut.

Signy strich sanft mit der Hand über Ullas seidiges Haar. »Es wäre mir egal, wenn du halb Mensch und halb Frosch wärest. Du wärest immer noch meine wilde Ulla. Das wirst du immer sein.«

Sie saßen lange so da, während der Harfenist spielte

und Ulla weinte und der Wind kalt über die unveränderliche See blies.

Ulla gestellte sich bei dem Nachmittagsmahl nicht zu Signy. Stattdessen ging sie hinab zu den Klippen, dann in die Wälder, wo die Kiefern die Brise vom Wasser einfingen und zu flüstern schienen *sei still sei still*. Ihr Kleid war zerknittert und ihre Schuhe von Gras befleckt, und sie war sich über nichts mehr sicher. Sie könnte mit dem Lehrling gehen – ihrem Bruder. Sie könnte ihre wahre Mutter treffen. Doch es würde bedeuten, niemals mehr ins Meer zurückzukehren. Drei Monate durften sie an der Küste bleiben, nicht länger. Je länger die Sildroher an Land blieben, desto größer wurde die Chance, dass sie ihre Macht verrieten oder Verbindungen eingingen, die nicht so leicht wieder gebrochen werden konnten, und so hielten die Zauber, die ihre Schwänze und Kiemen banden, nur so lange an. Vielleicht galten diese Regeln nicht für Ulla, da sie nicht ganz Sildroher war, doch sie konnte es nicht mit Sicherheit wissen. Und würde sie jemals wirklich sicher sein an Land? Unter den Wellen war sie vielleicht seltsam oder sogar ungewollt, doch man verstand wenigstens ihre Gaben. Der Lehrling selbst hatte gesagt, dass die Sterblichen es nicht mochten, echte Macht zu sehen, und er hatte kaum eine Ahnung davon, was ihr Lied wirklich tun konnte. Sie spürte, dass es vielleicht am besten war, wenn er es nicht wusste.

Ulla dachte an die Erfordernisse des Spruches,

und sie erschauderte. Sie konnte Roffe und Signy nicht geben, was sie wollten. Niemand konnte das.

Und doch, als sie Roffe in den Gärten fand und erklärte, was der Lehrling zu ihr gesagt hatte, da legte er nicht das Gesicht in die Hände und gab sich geschlagen. Stattdessen sprang er auf und lief hin und her.

»Es könnte getan werden.«

Ulla setzte sich ins Gras im Schatten einer Erle. »Nein, das könnte es nicht.«

»Es gibt Gefangene in den Verliesen des Palastes, Mörder, die sowieso der Galgen erwartet. Wir würden niemandem Schaden zufügen.«

Das war eine Lüge, der sie sich nicht hingeben würde. »Nein.«

»Du brauchst deine Hände nicht schmutzig machen«, flehte Roffe und ging auf die Knie wie ein Bittsteller. »Du brauchst nur den Spruch durchführen.«

Als wäre das eine kleine Sache. »Es kann nicht sein, Roffe.«

Er legte die Hände auf ihre Schultern. »Ich war dir ein Freund, oder nicht, Ulla? Kümmerst du dich denn nicht um mich?«

»Genug, um dich von dieser Bosheit abzuhalten.«

»Denk doch, wie unsere Leben sein könnten. Denk, was du erreichen könntest. Wir könnten einen neuen Palast bauen, eine neue Konzerthalle. Ich würde dich zur Hofsängerin machen. Du könntest deinen eigenen Chor haben.«

Die Träume, die sie so lange im Herzen getragen hatte. Es gab für sie keinen Platz an Land oder im Meer, doch Roffe bot ihr die Chance an, sich einen zu schaffen. Eine Chance, die Welt neu zu formen. Mit einem Chor unter ihrem Befehl würde sie ihre eigene Armee haben, und wer würde es wagen, sie dann herauszufordern?

Die Not in ihr war ein Tier, das an ihrer Entschlossenheit kratzte, sich die Krallen wund scheuerte und rief: *Warum nicht? Warum nicht?* Sicherheit, Respekt, Gemeinschaft, eine Chance auf Höheres. Welche Wunderdinge sie erreichen könnte, welche neue Musik sie machen könnte, welche Zukunft sie beanspruchen könnte – wenn sie nur das Risiko einging, den blutigen Preis bezahlte.

»Nein«, sagte sie und fand die Kette des Ankers in sich. Sie musste hart bleiben. »Ich werde diesen Handel nicht eingehen.«

Roffe senkte die Braue. Wochen in der Sonne hatten seine Haut golden gefärbt und sein Haar weiß. Er sah aus wie eine gereizte Pusteblume, die Luft holte, um einen Wutanfall zu bekommen. »Sag mir, was du willst, Ulla. Sag es mir, und ich werde es dir geben.«

Sie schloss die Augen. Sie hatte sich noch nie so müde gefühlt. »Ich will nach Hause gehen, Roffe. Ich will die Stille und das Gewicht des Wassers. Ich will, dass du aufgibst und aufhörst, Signy krank vor Sorge zu machen.«

Lange herrschte Schweigen. Als Ulla schließ-

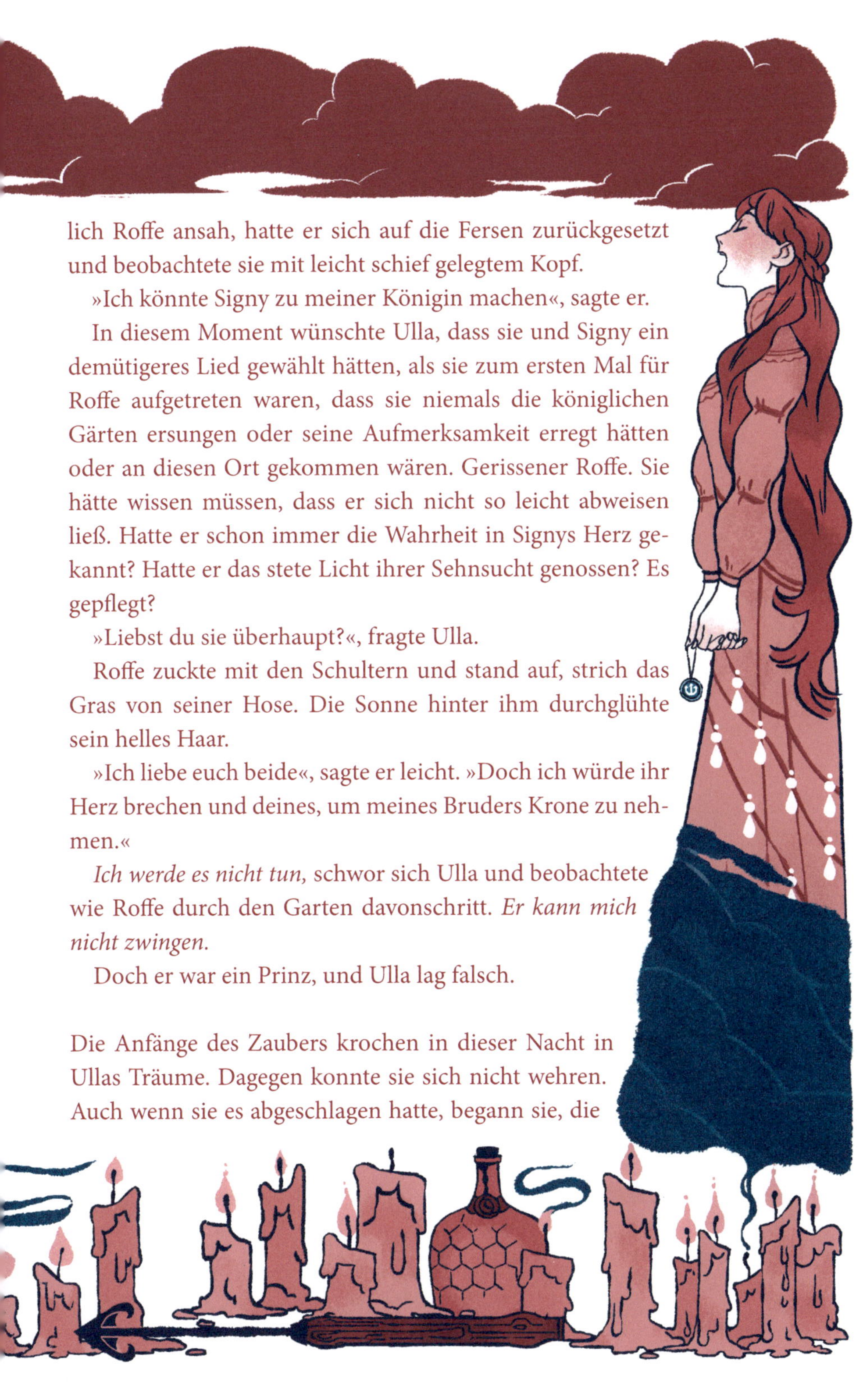

lich Roffe ansah, hatte er sich auf die Fersen zurückgesetzt und beobachtete sie mit leicht schief gelegtem Kopf.

»Ich könnte Signy zu meiner Königin machen«, sagte er.

In diesem Moment wünschte Ulla, dass sie und Signy ein demütigeres Lied gewählt hätten, als sie zum ersten Mal für Roffe aufgetreten waren, dass sie niemals die königlichen Gärten ersungen oder seine Aufmerksamkeit erregt hätten oder an diesen Ort gekommen wären. Gerissener Roffe. Sie hätte wissen müssen, dass er sich nicht so leicht abweisen ließ. Hatte er schon immer die Wahrheit in Signys Herz gekannt? Hatte er das stete Licht ihrer Sehnsucht genossen? Es gepflegt?

»Liebst du sie überhaupt?«, fragte Ulla.

Roffe zuckte mit den Schultern und stand auf, strich das Gras von seiner Hose. Die Sonne hinter ihm durchglühte sein helles Haar.

»Ich liebe euch beide«, sagte er leicht. »Doch ich würde ihr Herz brechen und deines, um meines Bruders Krone zu nehmen.«

Ich werde es nicht tun, schwor sich Ulla und beobachtete wie Roffe durch den Garten davonschritt. *Er kann mich nicht zwingen.*

Doch er war ein Prinz, und Ulla lag falsch.

Die Anfänge des Zaubers krochen in dieser Nacht in Ullas Träume. Dagegen konnte sie sich nicht wehren. Auch wenn sie es abgeschlagen hatte, begann sie, die

Gestalt der Musik in ihrem Kopf zu hören, und obwohl sie versuchte, die Melodie zu unterdrücken, fand sie ihren Weg in sie hinein. Sie erwachte summend, eine düstere Wärme in der Brust. Die Flamme würde in ihrem Körper erschaffen werden müssen und auf ihrem Atem geboren werden. Doch was dann? Könnte sie in einen Gegenstand übertragen werden?

Nein.

Als sie ganz erwachte, setzte sie sich in ihrem Bett auf und versuchte, das Echo des Liedes und den köstlichen Sog dieser Fragen aus ihrem Kopf zu schütteln.

Sie konnte nicht tun, um was Roffe sie bat. Das Risiko und der Preis waren zu hoch.

Doch beim Frühstück füllte Roffe selbst Signys Wasserglas, statt es einem der Diener zu überlassen. Beim Mittagessen schälte er die Orange auf seinem Teller und fütterte sie mit einem Stück davon. Und als sie zum Abendessen gingen, wandte er sich von dem Menschenmädchen zu seiner Linken ab und verbrachte den Abend damit, Signy vor Lachen zum Heulen zu bringen.

Es war eine gewissenhafte Kampagne, die er da führte. Er sorgte dafür, dass er bei den Essen neben Signy saß. Er ritt bei jeder Jagd neben ihr. Er überhäufte sie mit seinem goldenen Lächeln – zaghaft erst, als wäre er unsicher, wie sie ankämen, doch Ulla wusste, dass diese Befangenheit eine List war. Roffe beobachtete Signy jetzt, wie sie einst ihn beobachtet

hatte. Er ließ sich dabei ertappen. Jedes Mal wurden ihre Wangen rot. Jedes Mal sah Ulla neue Hoffnung in ihr aufflammen. Stück für Stück, Moment um Moment, in tausend kleinen Gesten ließ er Signy glauben, dass er sich in sie verliebte, und Ulla konnte nichts tun, als zusehen.

Am Abend vor dem großen Ball, das letzte Fest, bevor sie ins Meer zurückkehren würden, glitt Signy unter die Laken in Ullas Bett, glühend von der Hoffnung, die Roffe in ihr entfacht hatte.

»Als wir Gute Nacht sagten, drückte er seine Lippen auf mein Handgelenk«, sagte Signy und legte die Lippen an die blauen Adern, in denen der Puls schlug. »Er nahm meine Hand und legte sie auf sein Herz.«

»Bist du sicher, dass du ihm vertrauen kannst?«, fragte Ulla, so sanft und so vorsichtig, als versuchte sie, zerbrochenes Glas aufzuheben.

Doch Signy zuckte zurück, drückte ihre geküsste Hand an ihre Brust wie einen Talisman. »Wie kannst du das fragen?«

»Du bist nicht von Adel …«

»Doch das ist die Magie daran. Es kümmert ihn nicht. Er ist der adligen Mädchen müde geworden. Oh, Ulla, es ist mehr, als ich mir hatte erhoffen können. Zu denken, dass er mich vor allen anderen wollen könnte.«

»Natürlich könnte er das«, murmelte Ulla. *Natürlich.*

Signy seufzte und plumpste in die Kissen zurück, die schmalen Hände an die Braue gedrückt, als ob sie Kopfschmerzen hätte. »Es kann nicht alles echt sein.

Er kann keinesfalls vorhaben, mich zu seiner Frau zu machen.« Sie ließ die zierlichen Absätze gegen die Laken prallen und trat, wie es die Menschen taten, wenn sie versuchten, nicht zu ertrinken. Sie war niemals schöner gewesen. Ulla schmeckte Gift in ihrem Mund.

»Denkst du, ich würde eine passable Prinzessin abgeben?«, fragte Signy.

Der charmante Roffe. Cleverer, als Ulla sich jemals vorgestellt hatte. Wenn Ulla tat, was der Prinz verlangte, würde er Signy alles geben, was sie wollte, oder wenigstens die Illusion davon. Wenn Ulla es nicht tat, würde er Signys Herz brechen, und Ulla wusste, dass es ihre Freundin zerstören würde. Es war eine Sache für Signy, Roffe aus der Ferne geliebt zu haben, doch wie tief hatte sie sich sinken lassen, jetzt, da er ihr die Erlaubnis gegeben hatte, ihn zu lieben. Der Damm war gebrochen. Das Wasser war nicht mehr aufzuhalten.

Und so war es beschlossen.

»Du würdest eine passable Prinzessin abgeben«, sagte Ulla. »Aber eine weitaus bessere Königin.«

Signy packte Ullas Handgelenke. »Du hast mit dem Lehrling gesprochen? Du hast einen Spruch für die Flamme gefunden?«

»Ein Lied«, sagte Ulla. »Doch es wird gefährlich.«

Signy drückte einen Kuss auf die Wange ihrer Freundin. »Es gibt nichts, was du nicht tun kannst.«

Und nichts, was ich nicht tun werde, um dich zu schützen, schwor Ulla. *Der Handel ist beschlossen.*

Signy war voller Freude am nächsten Tag, bat Ulla, ihr ein Kleid für den Ball zu singen, lachte, dass sie sich nicht länger um sterbliche Kleider sorgte.

Ulla betete, dass Roffe Signy glücklich machen würde. Auch wenn er keinen großen König abgeben mochte, würde er immerhin ein gerissener sein. Außerdem würde sie zu seiner Rechten sein und sichergehen, dass er den Handel einhielt. Jetzt, da sie wusste, dass sie nicht nur Sildroher war, sondern noch etwas anderes. Sie hatte Hexenblut in den Adern. Roffe würde Signy zur Königin machen und sie als solche behandeln, oder Ulla würde das Dach seines Palastes über seinem königlichen Kopf einstürzen lassen.

Signy brachte eines ihrer sterblichen Kleider in Ullas Zimmer. Sie öffneten ihre Truhen weit und wählten die schönsten Perlen und Stickereien aus ihren Garderoben und sangen sie in ein Kleid aus Kupferfeuer, in dem Signy aussah wie ein lebender Feuersturm. Eine gute Erinnerung für Roffe. Als sie fertig waren, war wenig für Ulla übrig, also pflückte sie einen Strauß Schwertlilien aus dem Garten, und daraus und aus einem schmalen Streifen Seide sang sie ein lila Ballkleid, das in Gold gesäumt war.

Sie stiegen die große Treppe hinauf und kamen an dem Absatz vorbei, wo der schlaue Spiegel aufgestellt worden war, um die Gäste zu unterhalten, die bereits

davor herumalberten. Ihre Spiegelbilder winkten ihnen zu, dann stolzierten sie in ihrer feinen Kleidung herum.

Hinauf in den großen Ballsaal stiegen Ulla und Signy, und dort schlossen sie sich den Feierlichkeiten an.

Ulla tanzte mit jedem, der in dieser Nacht fragte. Sie hatte sich nicht die Mühe gemacht, Schuhe anzuziehen, und ihre flinken Füße blitzten unter ihren Röcken auf, während sie auf dem Marmorboden herumwirbelte und sprang. Doch sie fand keinen Gefallen an dem Schweiß auf ihrer Haut und dem raschen Klagen der Fideln. Denn trotz all ihrer Wunder war sie der Welt der Menschen und dem ständigen Drängen der sterblichen Sehnsüchte überdrüssig geworden. Sie sehnte sich nach der See, nach der Mutter, die sie kannte, nach der selten unterbrochenen Stille.

Sie wäre mit Freuden in diesem Moment zurückgekehrt, bevor es Mitternacht schlug, doch es gab an Land noch eine Aufgabe zu erledigen – eine Aufgabe, die ihr Schicksal besiegeln würde.

Ulla sah, wie Roffe aus der Menge verschwand. Sie sah seine Brüder trinken und tanzen an diesem letzten Abend. Und dann schlug die Uhr die elfte Stunde.

Sie fand Signy in der Menge und legte ihr die Handfläche auf den feuchten Rücken. »Es ist Zeit«, sagte sie.

Hand in Hand verließen sie den Ball und gingen, um Roffe vor Ullas Zimmer zu treffen.

Als Ulla die Tür aufstieß, konnte sie bereits die Falschheit spüren, die sich dort eingenistet hat-

te. Das Gemach war ihr vertraut geworden, sie hatte es auf ihre Art gemocht, trotz ihres Heimwehs. Sie war an seine Gerüche gewöhnt, Stein und Wachs und die Kiefern weit unten. Doch jetzt war da etwas – jemand in ihrem Bett.

Im Mondlicht sah sie den Körper, der auf den Laken lag.

»Ich möchte das nicht hier tun.«

»Wir haben keine Zeit mehr«, sagte Roffe.

Ulla ging näher an das Bett heran.

»Er ist jung«, sagte sie, und Übelkeit wuchs in ihren Eingeweiden. Seine Hände und Füße waren gefesselt. Seine Brust hob und senkte sich gleichmäßig, der Mund stand ein wenig offen.

»Er ist ein Mörder. Verurteilt zum Strang. Auf eine Art ist das eine Freundlichkeit.«

Dieser Tod würde schmerzlos sein, ohne Zuschauer. Kein Warten in einer Gefängniszelle, kein Gang zum Galgen oder eine Menge, die ihm zujubelte. Konnte man das Güte nennen?

»Du hast ihn betäubt?«, fragte Signy.

»Ja, aber er wird aufwachen, und die Stunde der Rückkehr kommt. Beeil dich.«

Ulla hatte ihm gesagt, dass sie ein Gefäß aus purem Silber brauchen würden, um die Flamme einzufangen. Von einem Koffer am Fenster zog Roffe eine rechteckige silberne Laterne. In die Seite war das Wappen seiner Familie geritzt – ein dreizackiger Triton. Es gab wenig andere Vorbereitungen zu erledigen.

Ulla hatte den Spruch wieder und wieder in ihrem Geist erprobt, hatte Schnipsel davon für sich geübt, bevor sie versuchte, das Ganze zusammenzufügen. Und wenn sie ehrlich war, dann hatte sie den Klang davon bei sich, seit sie den Vorschlag Roffe zum ersten Mal im Garten gemacht hatte. Er hatte sie zu diesem Moment gedrängt, doch jetzt, da sie hier waren, freute sich ein beschämter Teil von ihr über die Herausforderung.

Sie kniete sich vor den Kamin und stellte die silberne Laterne ab. Signy setzte sich neben sie, und Ulla entzündete die weißen Birkenzweige, die sie auf den Rost gelegt hatte. Die Nacht war viel zu heiß für ein Feuer, doch die Flamme war notwendig.

»Wann werde ich …«, fragte Roffe.

Ohne sich umzudrehen, brachte Ulla ihn mit einer Hand zum Schweigen. »Sieh mir zu«, sagte sie. »Warte auf mein Signal.« Er mochte ein Prinz sein, doch heute Nacht würde er ihre Befehle befolgen.

Sie behielt die Hand in der Luft, die Augen auf die Flammen gerichtet, und langsam begann sie mit der Melodie.

Das Lied war aus einfachen Sätzen gefügt, als ob Ulla unterschiedliche Arten Feuerholz aufschichtete. Die Melodie war neu, nicht ganz ein Lied des Heilens, nicht ganz ein Lied des Erschaffens. Sie bedeutete Signy, dass sie einstimmen sollte. Der Klang ihrer verwobenen Stimmen war leise und

unsicher, das Schlagen auf den Flintstein, das Hüpfen und Prasseln der Funken.

Dann sprang das Lied, als finge es Feuer. Ulla konnte es jetzt spüren, ein warmes Glühen in ihr, eine Flamme, die sie in die Laterne atmen würde, und dann, in einem lichten Moment, würde sie eine Zukunft für sie alle schaffen. Der Preis war der Junge auf dem Bett. Ein Fremder. Kaum mehr als ein Kind. Doch waren sie nicht alle nur Kinder? Ulla hielt sich an die Melodie, schob den Gedanken aus ihrem Kopf. *Der Junge ist ein Mörder,* rief sie sich ins Gedächtnis.

Mörder. Sie behielt das Wort in ihrem Kopf, als das Lied anschwoll, als die Glut des Kamins wild und orange loderte, als der Misston schärfer wurde und die Hitze in ihrem Bauch wuchs. *Mörder,* sagte sie sich erneut, doch sie wusste nicht, ob sie den Jungen oder sich selbst meinte. Schweiß brach auf ihrer Stirn aus. Das Lied erfüllte das Zimmer, so laut, dass sie sich sorgte, dass sie jemandes Aufmerksamkeit erregten, doch alle waren unten, tanzten und aßen.

Der Moment kam, ein lautes Crescendo. Ulla ließ die Hand wie eine Kapitulationsflagge fallen. Selbst über dem Klang ihrer Stimmen hörte sie das schreckliche, nasse dumpfe Geräusch, und der Junge schrie auf, erwachte aus dem Schlaf von der Klinge, die seine Brust durchdrang. Sie hörte gedämpftes Stöhnen und wusste, dass Roffe eine Hand auf dem Mund des Jungen haben musste, während er schnitt.

Signys verängstigter Blick huschte zum Bett. Ulla

sagte sich, dass sie nicht hinsehen sollte, doch sie konnte nicht anders. Sie wandte sich um und sah Roffes Rücken, gebeugt über sein Opfer, während er seine Arbeit erledigte – seine Schultern zu breit, sein grauer Umhang wie der Pelz eines Biestes.

Ulla wandte den Blick wieder dem Feuer zu und sang, spürte, wie Tränen über ihre Wangen glitten, wusste, dass sie eine Grenze überschritten hatten in Länder, aus denen sie niemals zurückkehren konnten. Doch sie konnte nirgendwo anders hinsehen, als Roffe sich neben sie kniete und zwei frische rote Menschenlungen in den Scheiterhaufen legte.

Das war es, was der Spruch verlangte. Atem. Das Feuer verlangte Luft, genau wie die Menschen. Es würde für sich selbst atmen müssen unter dem Meer.

Die Flammen schlossen sich über dem nassen Gewebe, sie knisterten und spuckten. Ulla spürte, wie sich die magische Hitze in ihr zusammenschob, und für einen Moment dachte sie, dass beide Feuer einfach ausgehen würden. Dann, mit einem Lauten *Knack,* brüllten die Flammen auf, als hätte sie selbst eine Stimme.

Ulla fiel rückwärts, bezwang den Drang aufzuschreien, als die Flamme in ihrem Inneren durch sie hindurchfuhr, hinauf durch ihre Lunge, ihren Hals. Etwas war furchtbar falsch. Oder war das der Schmerz, den das Erschaffen verlangte? Ihre Augen rollten zurück, und Signy streckte die

Hand nach ihr aus, doch dann zuckte sie zurück, als die Flammen unter Ullas Haut zu flackern begannen und über ihre Arme wanderten und sie wie eine Laterne aus Papier erleuchteten. Ulla roch etwas Verbranntes und wusste, dass ihr Haar Feuer gefangen hatte.

Sie stieß ein Heulen aus, und es wurde ein Teil des Liedes, als die Flammen sich aus ihrem Hals ergossen und in das silberne Gefäß. Signy schluchzte. Roffe hatte die blutigen Hände vor sich geballt.

Ulla konnte nicht aufhören zu schreien. Sie konnte das Lied nicht beenden. Sie packte Signys Arm, flehend, und Signy griff vor, um die silberne Laterne mit einem Ruck zuzuschlagen.

Stille. Ulla sackte zu Boden.

Sie hörte, wie Signy ihren Namen rief, und versuchte zu antworten, doch der Schmerz war zu groß. Ihre Lippen waren von Blasen bedeckt, ihr Hals fühlt sich immer noch an, als würde er brennen. Ihr ganzer Körper zuckte und bebte.

Roffe hielt die silberne Laterne in Händen, der Umriss des Familientritons glühte in goldenem Licht.

»Roffe«, sagte Signy. »Geh in den Ballsaal. Hol die anderen. Wir müssen die Heilung singen. Meine Stimme wird nicht ausreichen.«

Doch der Prinz hörte nicht zu. Er ging zu der Frisierkommode und schüttete das Wasser aus dem Becken über die Laterne. Die Flamme zischte nicht einmal.

Ulla stöhnte.

»*Roffe!*«, schnappte Signy, und ein Teil von Ullas Herz kehrte bei der Wut in der Stimme ihrer Freundin zurück. »Wir brauchen Hilfe.«

Die Uhr schlug die halbe Stunde. Roffe schien wieder zu sich zu kommen.

»Es ist Zeit, nach Hause zu gehen«, sagte er.

»Sie ist zu schwach«, sagte Signy. »Sie wird die Wandlung nicht singen können.«

»Das ist wahr«, sagte Roffe langsam, und das Bedauern in seinen Worten entfachte Angst in Ulla.

»Roffe.« Ulla keuchte seinen Namen. Ihre Stimme war zerbrochen, kaum ein Krächzen. *Was habe ich getan?*, dachte sie wild. *Was habe ich getan?*

»Es tut mir leid«, sagte er. Gab es verfluchtere Worte? »Die Laterne darf nur mein Geschenk sein.«

Trotz der Schmerzen wollte Ulla lachen. »Niemand … wird glauben … dass du … das Lied … geschaffen hast.«

»Signy wird meine Zeugin sein.«

»Das werde ich nicht«, spie Signy aus.

»Wir werden ihnen erzählen, dass du und ich das Lied gemeinsam geschaffen haben. Dass die Laterne ein Zeichen unserer Liebe ist. Dass ich ein würdiger König bin und du eine würdige Königin.«

»Du hast ein Menschenleben genommen …«, keuchte Ulla. »Du hast Menschenblut vergossen.«

»Habe ich das?«, fragte Roffe, und aus seinem Mantel zog er Ullas Sykurn-Messer hervor. Er

wischte es beinahe ganz sauber, doch die nassen Überreste des Blutes glänzten immer noch auf der Klinge. »Du hast eines Jungen Leben genommen, eines unschuldigen Pagen, der dich dabei erwischte, wie du Blutmagie wobst.«

Unschuldig. Ulla schüttelte den Kopf, und neuer Schmerz flammte in ihrem Hals auf. »Nein«, stöhnte sie. »Nein.«

»Du sagtest, er wäre ein Mörder«, schrie Signy.

»Du wusstest es«, sagte Roffe. »Ihr beide wusstet es. Ihr wart so willig wie ich, so hungrig. Ihr wolltet nur eurem Ehrgeiz nicht ins Auge sehen.«

Signy schüttelte den Kopf. Doch Ulla war erstaunt. Hatte eine von ihnen sich die Mühe gemacht, die weichen Hände des Jungen genauer anzusehen? In sein sauberes Gesicht? Oder hatten sie das hier einfach so sehr gewollt, dass sie bereit waren, die hässliche Arbeit Roffe zu überlassen?

Roffe ließ die Klinge zu Ullas Füßen fallen. »Sie kann jetzt nicht mehr zurückkehren. Die Klinge ist heilig. Sie kann nichts Menschliches berühren, sonst ist sie verdorben. Sie ist nutzlos.«

Signy schluchzte. »Du kannst das nicht tun, du kannst das nicht tun, Roffe.«

Er kniete sich hin, und die Flamme der Laterne fing das Gold seines Haares ein, den tiefen Ozean seiner Augen. »Signy, es ist getan.«

Da begriff Ulla. Es war Signy gewesen, die sie gebeten hatte, ihre Truhe aufzuschließen, um ein Ballkleid zu machen.

»Warum?«, krächzte sie. »Warum?«

»Er sagte, er brauche das Messer, um sich deine Treue zu sichern.« Signy weinte. »Falls du deine Meinung wegen des Spruches änderst.«

O Signy, dachte Ulla, während sich ihre Augen mit frischen Tränen füllten. *Meine Treue hat nie gewankt, und sie gehörte niemals ihm.*

»Es ist getan«, wiederholte Roffe. »Bleib bei Ulla und lebe im Exil, bezahle mit ihr zusammen den Preis, wenn die Menschen ihr Verbrechen entdecken. Oder …« Er zuckte mit den Schultern. »Kehre ins Meer zurück als meine Braut. Es ist grausam. Ich weiß es. Doch Könige müssen manchmal grausam sein. Und um meine Königin sein zu können, musst du jetzt auch grausam sein können.«

»Signy«, stieß Ulla hervor. Es schmerzte mehr als alles andere, ihren Namen auszusprechen. »Bitte.«

Signys Tränen fielen zahlreicher, spritzten auf die Klinge. »Ulla«, schluchzte sie. »Ich kann nicht alles verlieren.«

»Nicht alles. Nicht alles.«

Signy schüttelte den Kopf. »Ich bin nicht stark genug für diesen Kampf.«

»Das bist du«, krächzte Ulla durch das gemarterte Fleisch ihrer Kehle. »Wir sind es. Zusammen. Wie wir es immer waren.«

Signy strich mit kühlen Knöcheln über Ullas Wange. »Ulla. Meine wilde Ulla. Du weißt, dass ich niemals stark war.«

Meine wilde Ulla. Da sah sie, was sie die ganze Zeit für Signy gewesen war – ein Unterschlupf, eine Verteidigung. Ulla war der einzige Felsen gewesen, an den sie sich hatte klammern können, und so hatte sich Signy festgeklammert, doch jetzt hatte das Meer sich beruhigt, und sie glitt davon, um sich eine andere Zuflucht zu suchen. Sie ließ los.

Ulla stellte fest, dass sie müde war. Der Schmerz hatte ihre Kraft verschlungen. *Ruh dich aus,* sagte eine Stimme in ihr. Ihre Mutter? Oder die Hexenmutter, die sie niemals gekannt hatte? Die Mutter, die sie der Gnade der Wellen überlassen hatte? Wenn Signy sie auch so leicht zurücklassen konnte, vielleicht war es am besten, nicht zu versuchen, sich festzuhalten.

Ulla hatte einen Schwur geleistet, Signy zu beschützen, und das hatte sie getan. Das musste etwas bedeuten. Sie ließ die Hand ihrer Freundin los, eine letzte freundliche Geste. Immerhin war sie die Starke.

»Lass das Messer hier«, krächzte Ulla mit ihrer gebrochenen Stimme und betete, dass der Tod sich über ihr schließen würde wie das Wasser.

Doch Signy nahm das Messer nicht auf. Sie wandte den Blick Roffe zu – und am Ende war es das, was ganz Söndermane verdammte. Ulla konnte Betrug verzeihen, erneut verlassen zu werden, sogar ihren eigenen Tod. Doch nicht diesen Moment, wenn nach all ihrem Opfer sie um Gnade bat und Signy nach der Erlaubnis des Prinzen suchte, sie zu gewähren.

Roffe nickte. »Es soll unser Geschenk an sie sein.«

Erst da legte Signy das Messer in Ullas Hand.

Roffe nahm die Laterne, und ohne ein weiteres Wort waren sie weg.

Ulla lag in der Dunkelheit, das Sykurn-Messer in den Fingern. Sie spürte die Stille des Zimmers, den kalten Herd, die kühle Anwesenheit der ausgehöhlten Leiche auf dem Bett. Sie konnte ihr Leben jetzt beenden. Einfach, sauber. Niemand würde jemals erfahren, was geschehen war. Sie würde begraben werden in der Erde oder verbrannt. Was immer man mit Verbrechern hier tat. Doch hell hinter ihren Augenlidern sah sie Signys Gesicht, als sie sich Roffe zuwandte und nach der Billigung ihres Prinzen suchte. Sie konnte nicht aufhören, das zu sehen. Ulla spürte den Hass in ihrem Herzen erblühen.

Was gab ihr Kraft? Wir wissen es nicht sicher. Das widerspenstige Ding in ihr? Der harte Stein der Wut, den allen einsamen Mädchen besitzen?

Sie schleppte sich durch das Zimmer, hörte die Uhr schlagen. Sie hatte nur eine Viertelstunde. Ihre Stimme war weg. Ihr Messer war wertlos, von sterblichem Blut verdorben. Und doch floss Hexenblut in Ullas Adern, warum hatte die Klinge bei ihr überhaupt funktioniert? Weil sie es gefertigt hatte? Weil sie seine Beschwörungen gesungen hatte? Vielleicht war es auch von Anfang an verdorben gewesen, so wie sie. Das bedeutete, dass das Messer vielleicht

wieder wirkte. Es tat nichts zur Sache. Sie konnte die Schnitte machen, doch ohne das Lied würde sie nur bluten.

Ulla zog sich an der Kante des Frisiertisches hoch und sah den Schrecken, zu dem sie geworden war. Ihre Lippen waren blasig, ihr Haar verbrannt, sodass an manchen Stellen der rosafarbene Skalp zu sehen war. Und doch sah sie den Schatten des Mädchens, das in diesen Spiegel gesehen und die Schönheit erkannt hatte, die ihr entgegenblickte. *Ich wurde nicht gemacht, um Prinzen zufriedenzustellen.*

Doch für was dann? Ulla dachte, dass sie es wusste. Sie hätte genauso gut das Messer selbst in die Brust des Jungen stoßen können. Roffe hatte sie zur Mörderin gemacht. Vielleicht würde sie jetzt beweisen, dass sie wirklich Talent dafür hatte.

Ulla lächelte, und ihre verbrannten Lippen platzten auf; Blut tropfte über ihr Kinn. Sie schlug die Hand gegen den Spiegel, spürte, wie das Glas durch ihre Knöchel schnitt, als es zersplitterte. Sie nahm das größte Stück, und dann, mit zittrigen Schritten und sich an den Wänden festhaltend, lief sie die Treppen hinab, hinab in die Eingangshalle.

Sie war jetzt leer. Die Gäste waren alle im Ballsaal. Sie konnte das Stampfen ihrer Füße hören, das ferne Wogen der Musik. Weit unten, am Fuß der Treppe, lehnten zwei Wachen an dem breiten Türrahmen, die Rücken Ulla zugewandt, und sie blickten hinaus auf die von Fackeln gesäumte Auffahrt.

Sie ging auf die Knie, kroch halb und arbeitete sich

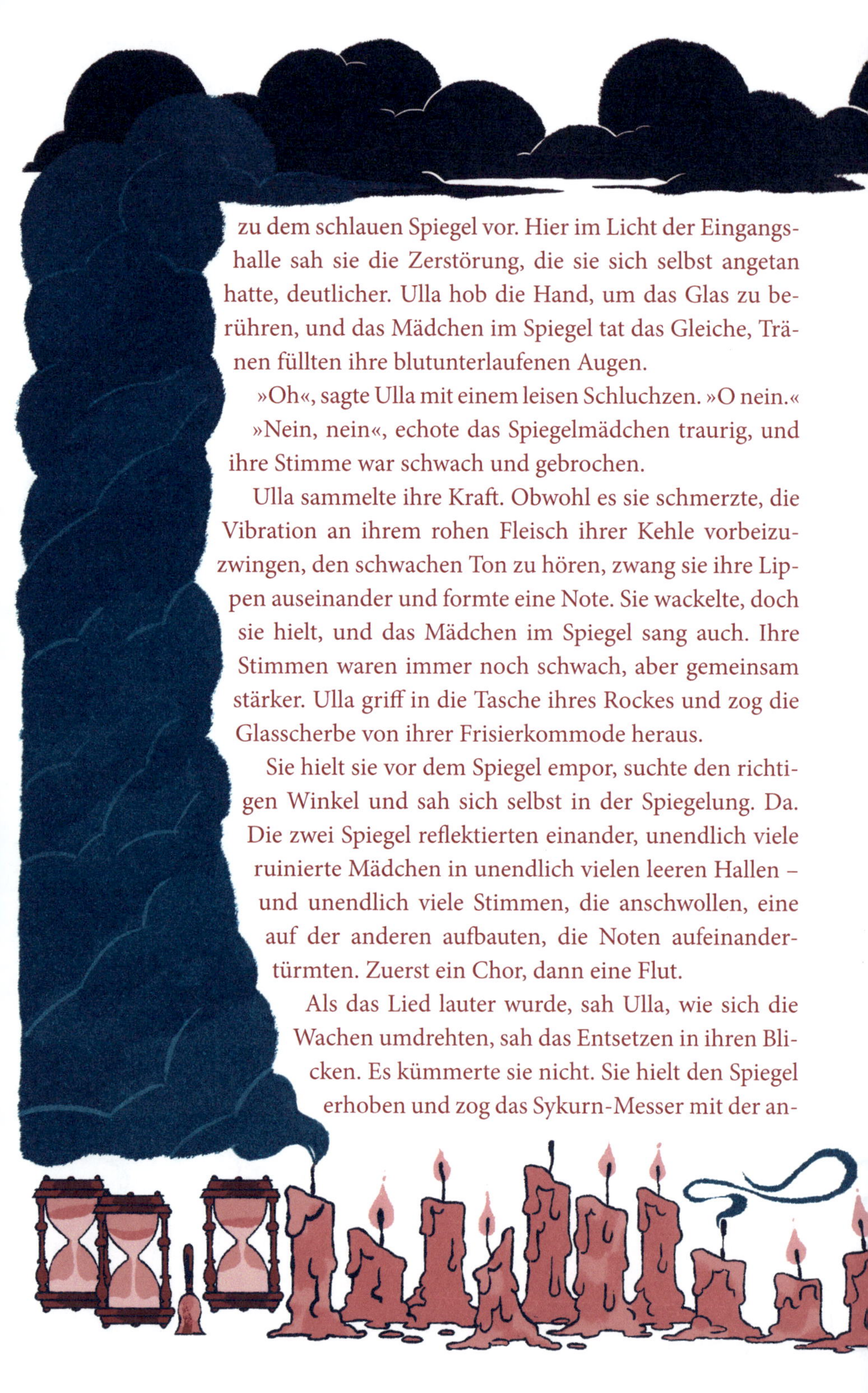

zu dem schlauen Spiegel vor. Hier im Licht der Eingangshalle sah sie die Zerstörung, die sie sich selbst angetan hatte, deutlicher. Ulla hob die Hand, um das Glas zu berühren, und das Mädchen im Spiegel tat das Gleiche, Tränen füllten ihre blutunterlaufenen Augen.

»Oh«, sagte Ulla mit einem leisen Schluchzen. »O nein.«

»Nein, nein«, echote das Spiegelmädchen traurig, und ihre Stimme war schwach und gebrochen.

Ulla sammelte ihre Kraft. Obwohl es sie schmerzte, die Vibration an ihrem rohen Fleisch ihrer Kehle vorbeizuzwingen, den schwachen Ton zu hören, zwang sie ihre Lippen auseinander und formte eine Note. Sie wackelte, doch sie hielt, und das Mädchen im Spiegel sang auch. Ihre Stimmen waren immer noch schwach, aber gemeinsam stärker. Ulla griff in die Tasche ihres Rockes und zog die Glasscherbe von ihrer Frisierkommode heraus.

Sie hielt sie vor dem Spiegel empor, suchte den richtigen Winkel und sah sich selbst in der Spiegelung. Da. Die zwei Spiegel reflektierten einander, unendlich viele ruinierte Mädchen in unendlich vielen leeren Hallen – und unendlich viele Stimmen, die anschwollen, eine auf der anderen aufbauten, die Noten aufeinandertürmten. Zuerst ein Chor, dann eine Flut.

Als das Lied lauter wurde, sah Ulla, wie sich die Wachen umdrehten, sah das Entsetzen in ihren Blicken. Es kümmerte sie nicht. Sie hielt den Spiegel erhoben und zog das Sykurn-Messer mit der an-

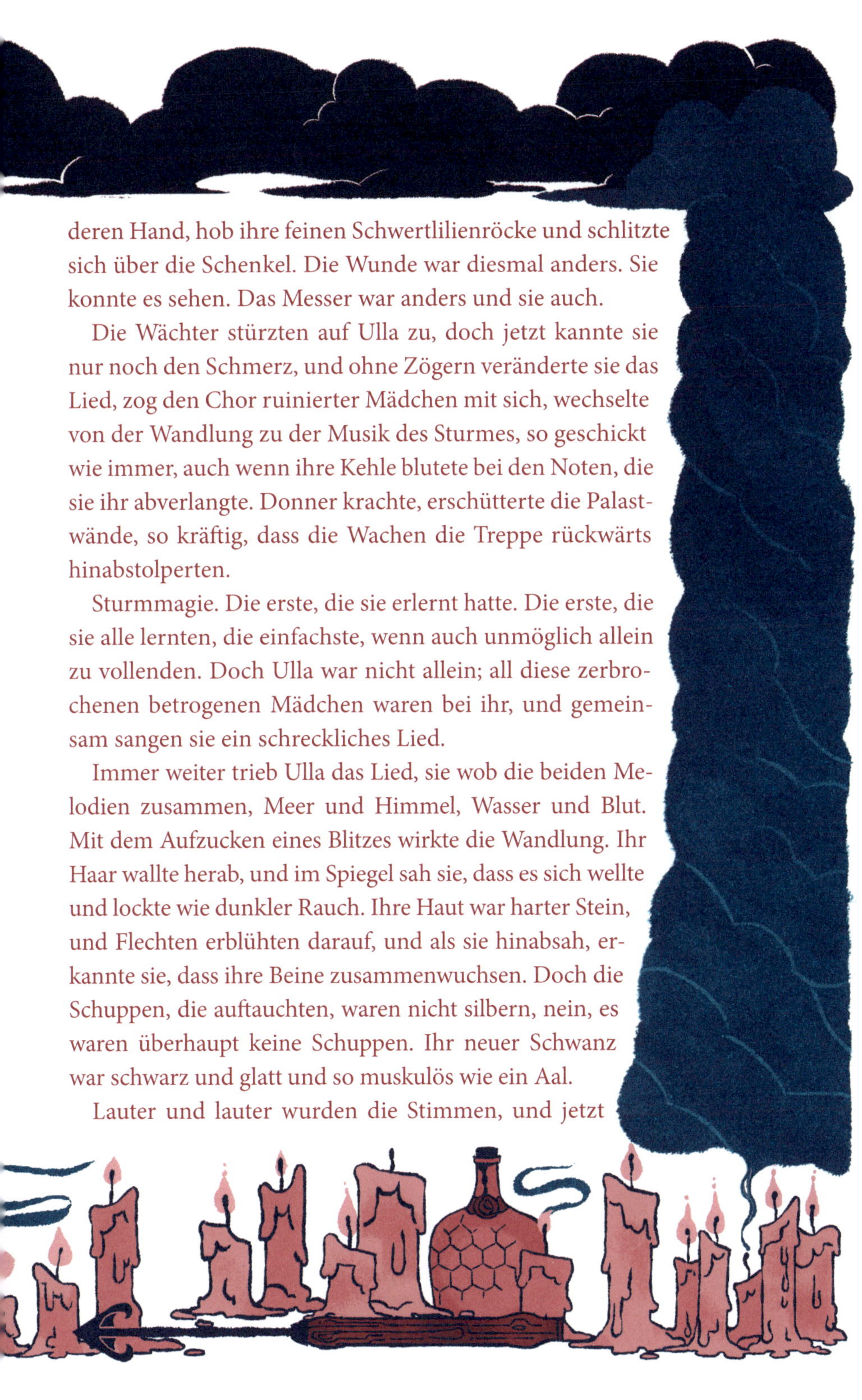

deren Hand, hob ihre feinen Schwertlilienröcke und schlitzte sich über die Schenkel. Die Wunde war diesmal anders. Sie konnte es sehen. Das Messer war anders und sie auch.

Die Wächter stürzten auf Ulla zu, doch jetzt kannte sie nur noch den Schmerz, und ohne Zögern veränderte sie das Lied, zog den Chor ruinierter Mädchen mit sich, wechselte von der Wandlung zu der Musik des Sturmes, so geschickt wie immer, auch wenn ihre Kehle blutete bei den Noten, die sie ihr abverlangte. Donner krachte, erschütterte die Palastwände, so kräftig, dass die Wachen die Treppe rückwärts hinabstolperten.

Sturmmagie. Die erste, die sie erlernt hatte. Die erste, die sie alle lernten, die einfachste, wenn auch unmöglich allein zu vollenden. Doch Ulla war nicht allein; all diese zerbrochenen betrogenen Mädchen waren bei ihr, und gemeinsam sangen sie ein schreckliches Lied.

Immer weiter trieb Ulla das Lied, sie wob die beiden Melodien zusammen, Meer und Himmel, Wasser und Blut. Mit dem Aufzucken eines Blitzes wirkte die Wandlung. Ihr Haar wallte herab, und im Spiegel sah sie, dass es sich wellte und lockte wie dunkler Rauch. Ihre Haut war harter Stein, und Flechten erblühten darauf, und als sie hinabsah, erkannte sie, dass ihre Beine zusammenwuchsen. Doch die Schuppen, die auftauchten, waren nicht silbern, nein, es waren überhaupt keine Schuppen. Ihr neuer Schwanz war schwarz und glatt und so muskulös wie ein Aal.

Lauter und lauter wurden die Stimmen, und jetzt

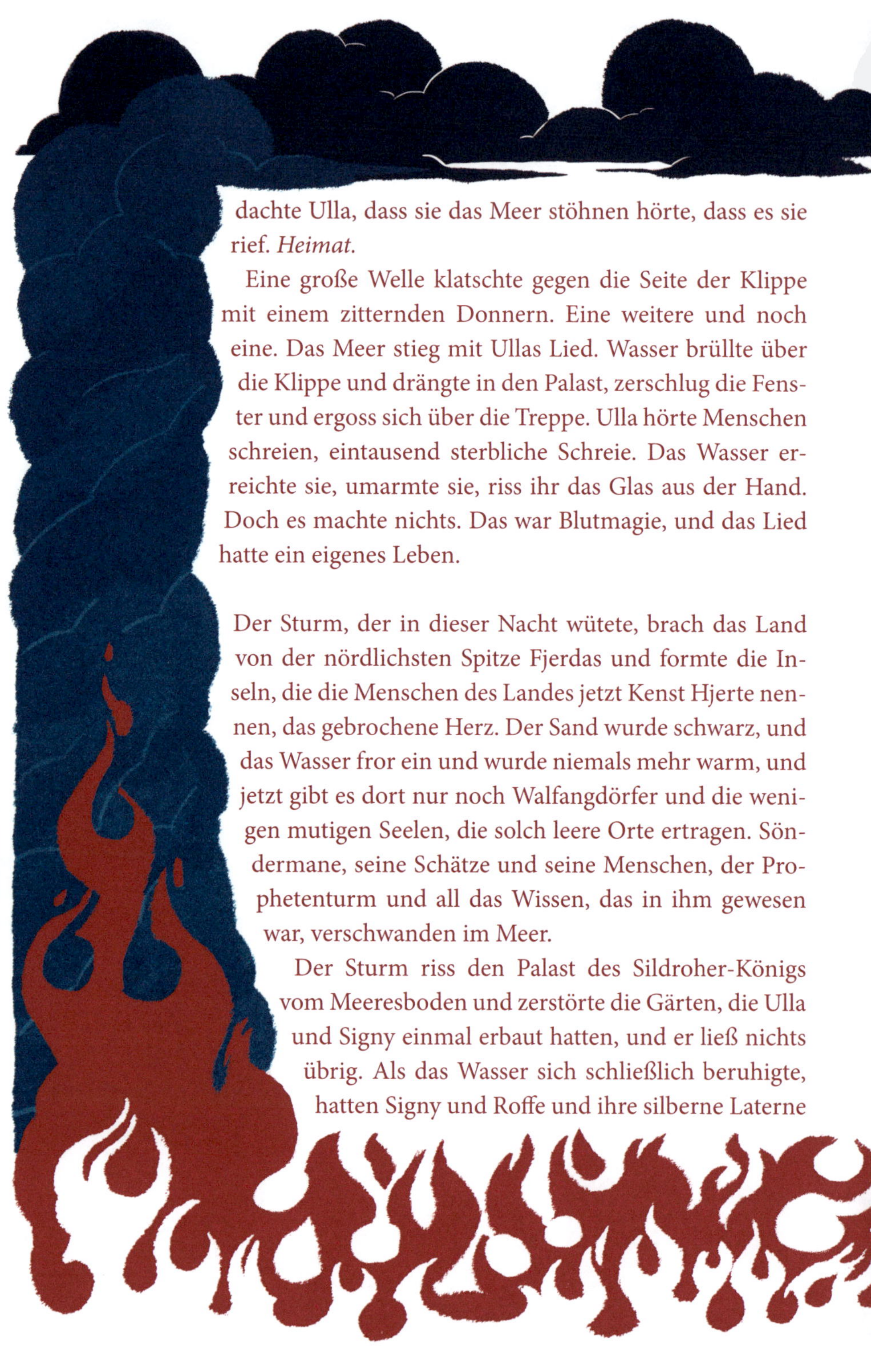

dachte Ulla, dass sie das Meer stöhnen hörte, dass es sie rief. *Heimat.*

Eine große Welle klatschte gegen die Seite der Klippe mit einem zitternden Donnern. Eine weitere und noch eine. Das Meer stieg mit Ullas Lied. Wasser brüllte über die Klippe und drängte in den Palast, zerschlug die Fenster und ergoss sich über die Treppe. Ulla hörte Menschen schreien, eintausend sterbliche Schreie. Das Wasser erreichte sie, umarmte sie, riss ihr das Glas aus der Hand. Doch es machte nichts. Das war Blutmagie, und das Lied hatte ein eigenes Leben.

Der Sturm, der in dieser Nacht wütete, brach das Land von der nördlichsten Spitze Fjerdas und formte die Inseln, die die Menschen des Landes jetzt Kenst Hjerte nennen, das gebrochene Herz. Der Sand wurde schwarz, und das Wasser fror ein und wurde niemals mehr warm, und jetzt gibt es dort nur noch Walfangdörfer und die wenigen mutigen Seelen, die solch leere Orte ertragen. Söndermane, seine Schätze und seine Menschen, der Prophetenturm und all das Wissen, das in ihm gewesen war, verschwanden im Meer.

Der Sturm riss den Palast des Sildroher-Königs vom Meeresboden und zerstörte die Gärten, die Ulla und Signy einmal erbaut hatten, und er ließ nichts übrig. Als das Wasser sich schließlich beruhigte, hatten Signy und Roffe und ihre silberne Laterne

alles überlebt. Nach einer angemessenen Zeit wurde er König. Tatsächlich blieb Roffe Signy treu. Vielleicht liebte er sie schon die ganze Zeit. Vielleicht kannte sie zu viele seiner Geheimnisse. Sie wurden verheiratet und gekrönt unter den elfenbeinernen Bögen eines neuen Palastes, der wesentlich kleiner und demütiger war als der zuvor. Signy sang ihren Schwur, band sich für immer an Roffe. Doch danach sang die neue Königin niemals mehr, nicht einmal ein Schlaflied. Das Seevolk wurde vorsichtiger, war auf der Hut vor Katastrophen, hatte mehr Angst vor der Küste, und mit der Zeit verklang auch ihre Musik. Sie lebten lange Leben und behielten wenige Erinnerungen. Sie vergaßen alte Unglücke.

Doch nicht Ulla. Sie hielt jeden Schmerz wie ein Sandkorn, das kratzte, und ließ ihren Groll wie Perlen wachsen. Als Signy Töchter gebar – sechs davon, die jüngste mit dem hell glühenden Haar ihrer Mutter geboren –, jubelte Ulla. Sie wusste, dass sie genauso verflucht sein würden wie ihr Vater, sich danach zu sehnen, was sie nicht begehren sollten, und verflucht wie ihre Mutter, aufzugeben, was ihnen am liebsten war, in der Hoffnung auf mehr. Sie wusste, dass sie mit der Zeit ihren Weg zu ihr finden würden.

Der Sturm hatte Ulla in die kalte Zuflucht der nördlichen Inseln gebracht, in die dunklen Höhlen und flachen schwarzen Tümpel, wo sie bis heute ist und auf die Einsamen, die Ehrgeizigen, die Klugen und die Zerbrechlichen wartet, die bereit sind, einen Handel einzugehen. Sie wartet niemals lange.

Die Wandernde Insel
Leflin
Jelka
Die Knochenrin
Wilki
Nowij Sem
Wedlenn
Rebber-Bucht
Ammer-Bucht
Schifferhaven
Kap Ammer
Kofton
Die Südlichen Kolonien

Die Wahre See

Ketterdam
Belendt
Kerch
Untief

Isenvee
Kenst Hjerte
Elling
Overüt
Avfalle
Fjerda
Elbjen
Djerholm
Ewiger Frost
Tsibeja
Petrazoj
Die Ödsee
Rawka
Kribirsk
Os Kerwo
Os Alta
Keramzin
Tsemna
Dwa Stolba
Sikurzoj
Koba
Bhez Ju
Shu-Han
Ahmrat Jen

Danksagung

Sarah Kipins Illustrationen schmücken beinahe jede Seite dieser Sammlung, und ich bin für jeden wilden Pinselstrich und jedes überraschende Detail dankbar.

Viele wunderbare Menschen bei MCPG und Imprint arbeiteten unermüdlich, um diesem Projekt ins Leben zu helfen – besonders meine magische Lektorin Erin Stein; Natalie Sousa und Ellen Duda, die diesem Buch ein wunderschönes Cover schenkten und das Design des Inhalts leiteten; meine geniale Pressesprecherin Molly Ellis und Morgan Dubin; die unermüdlich kreative Kathryn Little; Raymond Ernesto Colón, der dabei half, den komplizierten Prozess des Zweifarbdrucks zu verwalten; Caitlin Sweeny; Mariel Dawson; Lucy Del Priore; Tiara Kittrell; das gesamte Team von Fierce Reads; Kristin Dulaney; Allison Verost; und natürlich Jon Yaged, der aus unerfindlichen Gründen immer Nachsicht hat mit mir. Danke auch an Tor.com, die die drei Erzählungen aus Rawka veröffentlichen, die in diesem Buch vorkommen, und an Noa Wheeler, der sie so sorgfältig lektorierte.

Irgendwie bin ich in dem Glückskleefeld gelandet, das die New-Leaf-Familie darstellt. Vielen Dank an Hilary Pecheone, die immer einen Weg findet, das Unmögliche möglich zu machen; Devin Ross; Pouya Shahbazian; Chris McEwen; Kathleen Ortiz; Mia Roman; Danielle Barthel; und natürlich Joanna Volpe, die den Traum dieser Sammlung von Anfang an förderte.

Grenzenlose Dankbarkeit für meine Armee von Hexen und Königinnen, die mir großzügig Feedback und grimmige Unterstützung geben: Morgan Fahey, Robyn Kali Bacon, Rachael Martin, Sarah Mesle und Michelle Chihara. Zusammen mit Dan Braun, Katie Philips, Liz Hamilton, Josh Kamensky und Heather Joy Rosenberg halfen sie auch, dieser Sammlung einen Namen zu geben. Diese nette Lady bei der Party half mir auch dabei. Ich glaube, sie war eine Landschaftsarchitektin. Es war alles Teamarbeit. Sarah Jae-Jones gab Rat bei der Terminologie für die Musik. Susan Dennard brachte mir etwas über die Meeresbiologie bei und über die Existenz der Ohrenqualle. David Peterson half mir, meine Meerjungfrauen und meine Messer zu benennen. Marie Lu, Sabaa Tahir, Alex Bracken, Gretchen McNeil, Jimmy Freeman und Victoria Aveyard brachten mich immer wieder zum Lachen. Rainbow Rowell unterstützte mich mit erfreulichen Teerunden und vernünftigen Ratschlägen. Die Golden Patties hielten mich wunderbar in Farbe. Hafsah Faizal lieferte elegante Grafiken im Nu, genau wie Kayte Ghaffar, die dafür bekannt ist, sich an Zauberei zu versuchen. Hedwig Aerts half mir, die Festlichkeiten vom Nachtspel zu sortieren, und Josh Minuto erträgt Texte, die mit Sachen anfangen wie: »Hi, wie geht's dir? Ich habe einen seltsamen Druck in der Brust. Sollte ich wohl ins Krankenhaus gehen?« Wie immer möchte ich meiner Familie danken: Emily, Ryan, Christine und Sam; Lulu, die mich lesen ließ, was ich wollte, solange ich las; und meinem Großvater, der es niemals müde wurde, mir die Geschichte vom Monster vor der Tür zu erzählen. Und ein besonderer Dank geht an meine Leser, die bereit waren, mir in einen dornigen Wald zu folgen.

Anmerkung der Autorin

2012, bevor ich meinen ersten Roman veröffentlichte, fragte mich mein Verleger, ob ich eine Vorgeschichte zu »Grischa – Goldene Flammen« schreiben könnte. Ich war bereit dazu, doch die Idee, die ich hatte, hatte wenig mit den Figuren des Buches zu tun. Es war eine Erzählung, die die Figuren vielleicht zu hören bekommen hätten, als sie jung waren, meine eigene Annäherung an eine Geschichte, die mich als Kind verängstigt hatte – »Hänsel und Gretel«.

Meine Lieblingsversion dieser besonderen Geschichte war die mit dem unheimlichen Titel *Nibble Nibble Mousekin* von Joan Walsh Anglund, und es war nicht der Kannibale, der mich beunruhigte. Es war nicht die selbstsüchtige Stiefmutter. Für mich war der echte Schurke der Vater von Hänsel und Gretel, da er so willensschwach war, so feige, dass er seine böse Frau seine Kinder zweimal in den Wald schicken ließ, wo sie sterben sollten. *Geht nicht zurück,* flüsterte ich, wenn wir uns unweigerlich der letzten Illustration näherten – glücklicher Vater, wieder vereint mit seinen Kindern, böse Stiefmutter vertrieben –, und immer blieb ein Gefühl der Unruhe in mir zurück, wenn ich zur letzten Seite umblätterte.

Auf vielerlei Arten hat mich diese Unruhe durch diese Geschichten geführt, diese Note der Besorgnis, die viele von uns in vertrauten Märchen hören, wie ich glaube – selbst als Kinder –, dass unmögliche Aufgaben eine seltsame Art sind, um einen Verlobten zu suchen, dass Jäger in vielen Verkleidungen daherkommen, dass die Launen eines Prinzen oft grausam sind. Je mehr ich auf diese Warnung lauschte, desto mehr Inspiration fand ich.

Es gab auch noch andere Einflüsse. Die schrecklichen Legenden von Tarrares *Polyphagie* fanden in einer abgemilderten Form ihren Weg in Ayamas erster Geschichte. Das Kindheitstrauma, das mich dank des *Velveteen Rabbit* heimsuchte, und der erschütternde Gedanke, dass nur die Liebe einen echt machen könnte, nahm eine andere Gestalt im »Soldatenprinz« an. Was meine Meerjungfrauen betrifft, so diente Hans Christian Andersens Original als ein Ausgangspunkt, und so ist es eine Erwähnung wert, dass Ulla die schwedische Kurzform von Ursula ist.

Ich hoffe, euch haben diese Geschichten und die Welt, die sie bevölkern, gefallen. Ich hoffe, ihr lest sie laut, wenn das Wetter kalt wird. Und wenn eure Chance kommt, hoffe ich, dass ihr im Topf rührt und Bewegung in die Sache bringt.

ISBN 978-3-426-22679-7

9 783426 226797